맛있는
소스백과

안충훈·조원기 공저

예신 Books

머리말

우리는 태어나면서부터 어머니가 해주신 음식들을 먹으면서 알게 모르게 다양한 종류의 양념과 소스를 접해 왔다. 이런 이유에서 우리의 어머니들이야말로 진정한 소스 개발의 선구자가 아닌가 싶다. 요리사로서 일한 지가 거의 20년이 다 되어가는 지금, 아직도 어떠한 소스가 어떤 요리에 어울리는지를 많은 시간을 할애하며 고민하게 되는데, 그 고민거리를 조금이나마 덜어줄 수 있길 바라는 마음에서 이 책을 만들게 되었다.

처음 기획 단계에서는 독자 대상을 선정하는 데 큰 어려움이 있었지만, 일반인들뿐만 아니라, 요리 전문가들이나 초보 요리사들 모두에게 도움이 되고자 포괄적인 내용을 수록하였다. 물론 일반인들이 따라하기가 힘든 소스도 있지만, 좋은 소스가 만들어지기까지 구매하기 힘든 식재료들과 어렵고 복잡한 과정들이 필요하다는 것을 독자들께 알리고 싶어 함께 실었다.

이 책은 채소와 육류, 해산물류, 누들과 라이스, 디저트류 등 식재료 중심으로 카테고리를 분류하였다. 널리 알려진 기본적인 소스부터 어렵지만 유래와 전통이 있는 소스, 한국인들이 많이 애용하는 소스, 요즘 유행하는 트렌디한 소스류 등을 실었다. 또한 각 소스의 중심이 되는 식재료에 대한 일반 상식과 소스의 역사와 유래, 소스를 즐기는 방법과 보관하는 방법, 맛의 포인트 등을 구체적으로 설명하여 독자들이 소스를 이용하는 데 편리하도록 심혈을 기울였다.

이 책을 통해 달고 매운 자극적인 맛의 소스보다는 사람의 몸에 해롭지 않으며, 건강을 우선시하는 마음으로 만드는 기본적인 소스부터 상업적이거나, 입맛과 함께 입안의 질감까지 고려하는 소스로 진화하는 소스 변화의 흐름도 볼 수 있을 것이다.

끝으로 요리사 입문 과정이 순탄하지 않다는 것과 하나의 소스와 요리가 탄생하기까지 수많은 시간을 투자해야 하는 것을 잘 알기에 이 책이 요리 종사자들의 소스 연구 개발에 큰 도움이 되길 간절히 바란다. 오랫동안 고생을 같이 한 예신 식구들과 아이디어 뱅크 남상호 상무님께 감사의 마음을 전한다.

셰프 안충훈 (rpain@naver.com)

contents

- 머리말 ……………………………… 3

기본 육수
채소 육수 ……………………………… 13
쇠고기 육수 …………………………… 14
생선 육수 ……………………………… 14
닭 육수 ………………………………… 15
갈색 닭 육수…………………………… 15

모체 소스
데미글라스 소스 ……………………… 16
홀랜다이즈 소스 ……………………… 17
벨루테 소스 …………………………… 18
베샤멜 소스 …………………………… 19

Part 1 샐러드에 어울리는 소스

코코넛 밀크 소스 ………………… 22	홀스래디시 요거트 소스 ………… 48
씨겨자 소스 ………………………… 24	올리브오일 마요네즈 소스 ……… 50
인삼 허브 오일 소스 ……………… 26	시저 드레싱 ………………………… 52
호두 소스 …………………………… 28	1000 드레싱 ………………………… 54
기자메 소스 ………………………… 30	키위 오일 소스 …………………… 56
샴페인 비네가 소스………………… 32	발사믹 오일 소스 ………………… 58
망고 요거트 살사…………………… 34	레몬향 피클 소스…………………… 60
칠리 스위트 소스…………………… 36	아보카도 오일 소스………………… 62
야생초 페스토 ……………………… 38	프렌치 마요네즈 소스……………… 64
남플라 소스 ………………………… 40	프렌치 오일 소스…………………… 66
와사비 오일 소스 ………………… 42	올리브 오이 소스…………………… 68
와사비 마요네즈 소스 …………… 44	토마토 오일 소스…………………… 70
시트러스 살사 ……………………… 46	고르곤졸라 치즈 딥 ……………… 72

곰취 바나나 소스 ·········· 74	이탈리안 드레싱 ·········· 92
로메스쿠 소스 ············ 76	베이컨 크림 소스 ·········· 94
허브 오일 소스 ············ 78	베어네즈 소스 ············ 96
파인애플 살사 ············ 80	
버섯 오일 소스 ············ 82	*cooking plus*
참깨 마요네즈 소스 ········ 84	콩 푸딩 ·················· 98
토마토 살사 ·············· 86	모차렐라 풍선과 아보카도 살사 ······ 100
열대 과일 소스 ············ 88	구운 아스파라거스와 해산물 샐러드 ··· 102
매운 베이컨 소스 ·········· 90	

 **Part 2 쇠고기에 어울리는 소스**

참깨 소스 ················ 106	멕시칸 소스 ·············· 138
구운 마늘 소스 ············ 108	고르곤졸라 치즈 소스 ······ 140
발사믹 소스 ·············· 110	포메리 머스터드 소스 ······ 142
복분자 소스 ·············· 112	마늘 머스터드 소스 ········ 144
레드 와인 소스 ············ 114	버섯 퓌레 ················ 146
스파이시 버터 ············ 116	마데이라 와인 소스 ········ 148
중화풍 스테이크 소스 ······ 118	스트로가노프 소스 ········ 150
비프 데리야키 소스 ········ 120	프로방살 소스 ············ 152
양송이 소스 ·············· 122	불고기 양념 ·············· 154
후추 소스 ················ 124	L.A 갈비 양념 ············ 156
씨겨자 허니 소스 ·········· 126	소 갈비찜 양념 ············ 158
안초비 오일 소스 ·········· 128	
배 쿨리 소스 ·············· 130	*cooking plus*
양파 소스 ················ 132	비프 카르파치오 ·········· 160
오리엔탈 과일 소스 ········ 134	으깬 감자와 안심 스테이크 ·· 162
맑은 간장 소스 ············ 136	

Part 3 돼지고기에 어울리는 소스

유자 장미 소스 ···················· 166
매운 고추 소스 ···················· 168
무화과 소스 ······················· 170
액젓 소스 ························· 172
로베르 소스 ······················· 174
토마토 크림 소스 ·················· 176
토마토 마늘 오일 소스 ············· 178
대추 발사믹 소스 ·················· 180

타이 바비큐 소스 ·················· 182
오삼 불고기 양념 ·················· 184
매운 돼지갈비찜 양념 ·············· 186
등갈비 양념 ······················· 188

cooking plus
삼겹살 수육 ······················· 190
돼지 항정찜 ······················· 192

Part 4 닭고기에 어울리는 소스

애플 시나몬 소스 ·················· 196
오렌지 마멀레이드 소스 ············ 198
치킨 데리야키 소스 ················ 200
몽골리안 소스 ····················· 202
그린페퍼 소스 ····················· 204
채소 크림 소스 ···················· 206
알망드 소스 ······················· 208

사과 크림 소스 ···················· 210
로즈메리향 크림 소스 ·············· 212

cooking plus
숙주 치킨 스테이크 ················ 214
너티 치킨볼 ······················· 216

 **Part 5** 오리고기에 어울리는 소스

구운 사과 소스 ……………………… 220	자몽 비가라드 소스 ……………………… 236
뜨거운 오렌지 소스 …………………… 222	스위트 생강 소스 ……………………… 238
오렌지 민트 크림 소스 ………………… 224	졸인 오렌지 소스 ……………………… 240
망고 할라페뇨 소스 …………………… 226	쇼롱 소스 ……………………… 242
레드 와인 양파 소스 …………………… 228	
버섯 치즈 크림 소스 …………………… 230	*cooking plus*
애플 처트니 ……………………… 232	오리 가슴살 스테이크 ……………………… 244
건포도 컴포트 소스 …………………… 234	

Part 6 해산물에 어울리는 소스

- 갈릭 안초비 오일 소스 ········· 248
- 케이퍼 소스 ··················· 250
- 케이퍼 두부 퓌레 ··············· 252
- 스파이시 토마토 살사 ··········· 254
- 와사비 폰즈 ··················· 256
- 겨자 소스 ····················· 258
- 노르망디 소스 ················· 260
- 홍피망 크림 소스 ··············· 262
- 사프란 크림 소스 ··············· 264
- 뵈르 블랑 ····················· 266
- 르물라드 소스 ················· 268
- 멍게 살사 ····················· 270
- 안초비 버터 ··················· 272
- 아이올리 소스 ················· 274
- 성게알 아이올리 ··············· 276
- 스시 소스 ····················· 278
- 초고추장 소스 ················· 280
- 할라페뇨 살사 ················· 282
- 수프림 소스 ··················· 284
- 화이트 와인 소스 ··············· 286
- 모네이 소스 ··················· 288
- 허브 크림 소스 ················· 290
- 무슬린 소스 ··················· 292
- 초 된장 소스 ··················· 294
- 생강 레몬 소스 ················· 296
- 아메리칸 소스 ················· 298
- 오로라 소스 ··················· 300
- 타르타르 소스 ················· 302
- 매운 크레송 페스토 ············· 304
- 대추 오일 소스 ················· 306
- 스위트 생강 처트니 ············· 308
- 핑크페퍼 소스 ················· 310
- 멜론 오일 소스 ················· 312
- 레몬 버터 소스 ················· 314
- 민트 오일 소스 ················· 316
- 초콜릿 생강 소스 ··············· 318
- 노란 피망 소스 ················· 320
- 딜 사워 크림 소스 ··············· 322
- 시트러스 그레몰라타 ··········· 324
- 허브 머스터드 크림 소스 ······· 326
- 장어 데리야키 소스 ············· 328
- 장어 고추장 양념 ··············· 330
- 생선 조림 양념 ················· 332
- 육회 양념 ····················· 334

cooking plus
- 허브향 연어 절임 ··············· 336
- 새우 볼 ······················· 338
- 관자살 구이와 부드러운 달걀 카스텔라 340
- 구운 농어와 오븐 드라이 토마토 ······ 342

Part 7 누들과 라이스에 어울리는 소스

- 회냉면 양념 …………………………… 346
- 국수 양념장 …………………………… 348
- 비빔냉면 양념 ………………………… 350
- 명란 로제 소스 파스타 ……………… 352
- 포르치니와 치즈 크림 소스 ………… 354
- 버섯 라구 소스 ………………………… 356
- 미트 소스 ……………………………… 358
- 토마토 소스 …………………………… 360
- 소바 육수 ……………………………… 362
- 팟 타이 소스 …………………………… 364
- 짜장 소스 ……………………………… 366
- 미고렝 소스 …………………………… 368
- 비빔밥 양념 …………………………… 370
- 커리 소스 ……………………………… 372
- 나시고렝 소스 ………………………… 374

Part 8 전골과 튀김에 어울리는 소스

- 땅콩 소스 ……………………………… 378
- 칠리 소스 ……………………………… 380
- 다데기(양념장) ………………………… 382
- 레몬 소스 ……………………………… 384
- 유린기 소스 …………………………… 386
- 가라아게 소스 ………………………… 388

cooking plus
- 샤브샤브 ……………………………… 390
- 닭다리살 탕수육 ……………………… 392

Part 9 디저트에 어울리는 소스

캐러멜라이즈 소스 ········· 396	샴페인 사바용 소스 ········· 406
오렌지 캐러멜 소스 ········· 398	체리 컴포트 소스 ········· 408
민트 초콜릿 소스 ········· 400	
에스프레소 크림 소스 ········· 402	*cooking plus*
포도 컴포트 소스 ········· 404	모듬 과일과 호두 구이 ········· 410

Part 10 트렌디한 소스

시소 미스트 ········· 414	로열 밀크티 거품 ········· 426
폰즈 젤리 ········· 416	
건포도, 올리브 퓌레 ········· 418	*cooking plus*
고르곤졸라 에스푸마 ········· 420	생선회 타르타르 ········· 428
트로피컬 프루트 버블 ········· 422	소프트 크랩 튀김 ········· 430
컨템포러리 파우더 ········· 424	연어 테린 ········· 432

● 소스 용어 해설 ········· 434

● 찾아보기 ········· 443

source diary

기본 육수

채소 육수 | 쇠고기 육수 | 생선 육수 | 닭 육수 | 갈색 닭 육수

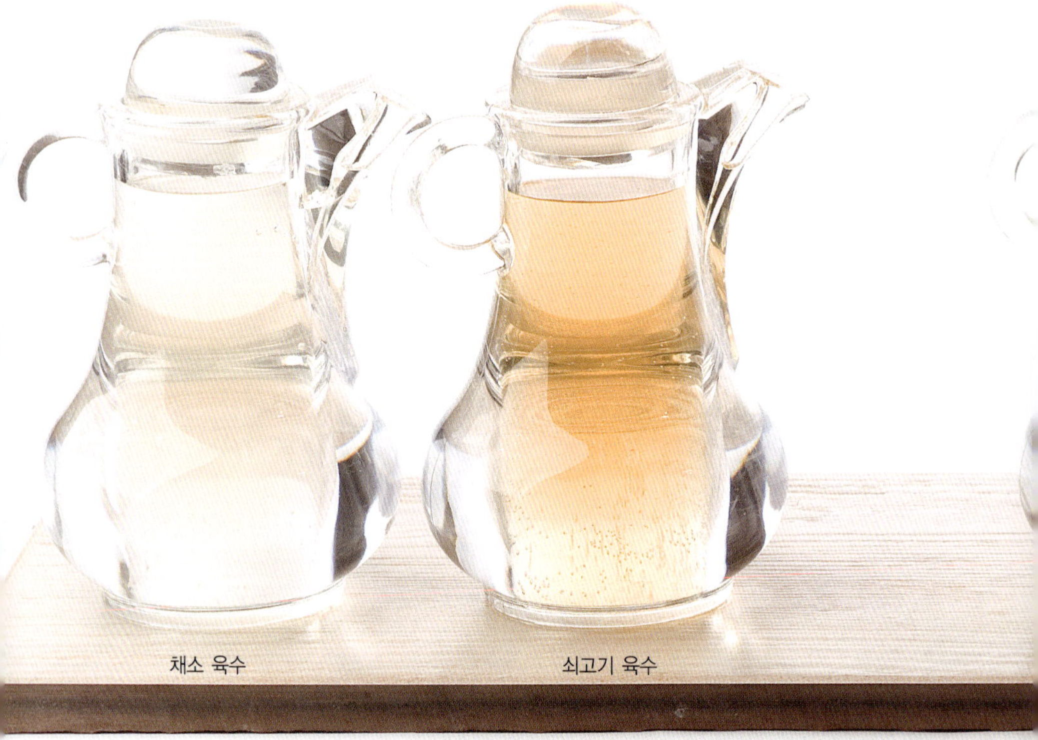

채소 육수 쇠고기 육수

채소 육수

재료

양파 1/2개
대파 1/4쪽
당근 1/3개
셀러리 1/3개
월계수잎 1장
물 1L

1 대파는 뿌리의 흙을 제거하고 얇게 썰어 준비한다.
2 셀러리는 잎을 제거한다.
3 양파, 당근, 셀러리는 얇게 썰어 준비한다.
4 냄비에 준비한 재료와 물을 넣고 강한 불에서 끓인다.
5 끓기 시작하면 약한 불로 줄이고 10분간 더 끓인다.
6 체를 이용하여 채소는 걸러내고 육수를 내려 사용한다.

❋ 가정에서 사용 가능한 채소는 모두 채소 육수의 재료가 될 수 있다. 기본적인 채소 육수에 멸치 또는 다시마 등을 넣어 원하는 육수를 만들 수 있다.

생선 육수　　　　　갈색 닭 육수　　　　　닭 육수

쇠고기 육수

재료

쇠고기(양지) 50g
양파 1/2개
당근 1/3개
셀러리 1/3개
통마늘 2쪽
월계수잎 1장
정종(또는 청주) 10mL
물 1L

1. 쇠고기는 찬물에 담가 핏물을 제거한다.
2. 채소를 얇게 썰어 냄비에 담는다.
3. 냄비에 핏물 제거한 쇠고기를 넣고 물을 넣어 강한 불에서 끓인다.
4. 3에 월계수잎과 정종을 같이 넣는다.
5. 육수가 끓기 시작하면 약한 불로 줄이고, 기름기와 거품을 자주 제거해 준다.
6. 약한 불에서 30분 더 끓여준 후, 체에 걸러 쇠고기 육수를 완성한다.

※ 물이 끓기 시작하면 강한 불을 약한 불로 조절하여 은근하게 끓여주고, 육수 위의 거품과 기름기를 중간중간 잘 제거해야 육수의 투명성과 향이 좋아진다.

생선 육수

재료

생선뼈 1마리(약 100g)
양파 1/2개
셀러리 1/3개
통마늘 2쪽
월계수잎 1장
흰색 통후추 5개
정종(또는 청주) 10mL
물 200mL

1. 생선뼈는 찬물에 넣어 핏물을 제거한다.
2. 준비한 채소와 생선뼈를 냄비에 넣고 강한 불에서 끓인다.
3. 물이 끓기 시작하면 약한 불로 줄인다.
4. 육수 위에 생기는 거품과 기름기를 자주 제거하며 끓인다.
5. 중간 불에서 15분간 더 끓인 후 체에 걸러 육수를 완성한다.

※ 생선의 향을 제거하기 위해 적은 양의 생강 첨가도 가능하다. 물이 끓기 시작하면 강한 불을 약한 불로 조절하여 은근하게 끓여주고, 육수 위의 거품과 기름기를 중간중간 잘 제거해야 완성된 육수의 투명성과 향이 좋아진다.

닭 육수

재료

닭고기뼈 1마리(약 150g)
양파 1/2개
셀러리 1/3개
대파 1/3개
통마늘 2쪽
월계수잎 1장
검은 통후추 5개
정종(또는 청주) 10mL
물 200mL

1 닭고기뼈는 지방 부분을 제거한다.
2 냄비에 **1**을 물과 함께 넣어 강한 불에서 짧은 시간 동안 데쳐 준비한다.
3 준비한 채소와 **2**를 같이 냄비에 넣고 강한 불에서 끓인다. 물이 끓기 시작하면 불을 줄이고 중간 불에서 10~20분 더 끓인다.
4 뚜껑은 덮지 않고, 육수 위의 거품과 기름기를 자주 제거하며 끓인 후 체에 걸러 육수를 완성한다.

❋ 대파는 흰색 부분을 사용하며, 당근 또한 완성된 육수의 색을 고려해 사용하지 않지만, 원칙적인 것은 아니다. 물이 끓으면 강한 불을 약한 불로 조절하여 은근하게 끓여주고, 육수 위의 거품과 기름기를 중간중간 잘 제거해야 완성된 육수의 투명성과 향이 좋아진다.

갈색 닭 육수

재료

닭고기뼈 1마리(약 150g)
양파 1/2개
셀러리 1/3개
통마늘 2쪽
월계수잎 1장
검은 통후추 5개
정종(또는 청주) 10mL
물 200mL

1 닭고기뼈는 170도의 오븐에서 10분간 갈색으로 구워낸다.
2 채소는 기름을 두른 팬에서 갈색이 나도록 볶는다.
3 냄비에 구운 닭과 채소, 물을 넣어 강한 불에서 끓인다. 육수 위의 거품과 기름기를 자주 제거하며 끓인다.
4 물이 끓기 시작하면 중간 불로 줄여 30분 더 끓인 후 체에 걸러 육수를 완성한다.

❋ 닭뼈와 채소가 타서 쓴맛이 나지 않도록 주의한다. 일반적인 닭 육수에 비해 더욱 풍부한 향과 진한 맛을 낼 수 있다. 물이 끓기 시작하면 강한 불을 약한 불로 조절하여 은근하게 끓이다가 육수 위의 거품과 기름기를 중간중간 잘 제거해야 완성된 육수의 투명성과 향이 좋아진다.

모체 소스

데미글라스 소스 | 홀랜다이즈 소스 | 벨루테 소스 | 베샤멜 소스

데미글라스 소스

- 쇠고기 육수 500mL
- 레드 와인 1/5병
- 밀가루 2큰술
- 토마토 페이스트 3큰술
- 토마토 2개
- 통마늘 5쪽
- 향신료(월계수잎 2장, 타임 1줄기)
- 소금 약간
- 검은 통후추 약간

맛의 특징 많은 육류 소스의 베이식 소스이며, 진한 쇠고기 육수와 향신료의 향을 느낄 수 있다.

1. 마늘은 껍질과 꼭지를 제거하고 갈색으로 볶는다.
2. 마늘에 레드 와인을 넣어 플람베하고, 1/2 정도로 졸인다.
3. 레드 와인에 갈색 육수를 넣고 약한 불에서 천천히 끓인다.
4. 토마토 페이스트는 팬에 볶아 **3**에 넣는다.
5. 토마토와 향신료(타임, 후추, 월계수잎)를 **4**에 넣는다.
6. 중간 불에서 1시간 이상 끓인 후 소금을 넣고 체에 걸러 소스를 완성한다.

전문 조리사들은 깊은 맛을 내기 위해 소량의 경우 2시간 이상, 대량의 경우에는 일주일 이상 끓여 사용하기도 한다. 갈색 육수 또는 쇠고기 사골을 사용하여 소스를 만들기도 한다. 주로 육류 요리에 많이 이용된다.

홀랜다이즈 소스

재료

정제 버터 300g
달걀 노른자 2개
다진 양파 1큰술
레몬 주스 10mL
소금 1작은술
화이트 와인 60mL
식초 2작은술
흰 통후추 5개
파슬리 줄기 1줄
소금 약간

맛의 특징 버터의 부드러움을 그대로 느낄 수 있는 소스이다.

1 팬에 화이트 와인을 넣고 플람베한다.
2 1에 양파, 후추, 식초, 파슬리 줄기를 넣고 약한 불에서 끓여 1/3로 졸인다.
3 버터는 약한 불에서 끓여 정제 버터를 만든다.
4 볼에 달걀 노른자를 넣고, 정제 버터를 1작은술씩 넣는다.
5 달걀 노른자와 버터를 완전히 섞은 다음, 버터를 계속해서 넣는다.
6 5의 소스가 걸쭉해지면, 2의 끓인 와인을 이용하여 농도를 조절한다.
7 소금을 넣어 소스를 완성한다.

❋ 달걀 노른자를 중탕하는 과정에서 냄비의 온도가 너무 높으면, 노른자가 덩어리지므로 익지 않도록 주의한다.(중탕 냄비의 온도는 65도 이하가 적당하다.) 처음부터 달걀 노른자에 많은 양의 버터가 들어가면 노른자와 층이 생기며, 분리될 수 있다.
더운 채소 요리와 달걀 요리에 잘 어울리는 소스이다.

벨루테 소스

닭 육수 500mL
밀가루 2큰술
버터 35g
월계수잎 1장
소금 약간
흰 후춧가루 약간

1 팬에 밀가루와 버터를 중간 불에서 녹인다.
2 버터가 모두 녹으면 불을 약하게 조절한다.
3 밀가루와 버터를 모두 섞어 색이 돌지 않도록 천천히 볶는다.
4 밀가루에서 구워진 향이 나기 전까지 계속해서 볶아 화이트 루를 만든다.
5 화이트 루가 만들어지면, 닭 육수와 월계수잎을 넣는다.
6 화이트 루와 닭 육수를 천천히 섞어준다.
7 닭 육수를 모두 섞어 소스에 농도가 생기면 소금과 후춧가루를 넣어 소스를 완성한다.

맛의 특징 닭 육수의 구수함이 우수한 소스이다.

생크림, 향신료(허브), 채소(양파, 셀러리) 등을 넣어 맛과 향을 높일 수 있다. 또한 여러 가지 식재료의 추가로 다양한 파생 소스를 만들 수 있다. 벨루테는 모체 소스 중에서 가장 널리 활용되는 소스로, 닭고기나 흰살 생선, 송아지(쇠고기) 등의 육수를 이용해서 만든 흰색 소스이다. 파생 소스로는 슈프림 소스, 백포도주 소스, 노르망디 소스 등이 있다.

베샤멜 소스

재료

버터 50g
밀가루 2큰술
우유 100mL
생크림 60mL
월계수잎 2장
소금 약간
흰 통후추 약간

맛의 특징 버터와 우유를 사용해 부드러움과 고소한 맛이 일품이다.

1 팬에 밀가루와 버터를 섞어 중간 불에서 볶아 화이트 루를 만든다.
2 밀가루에 색이 나타나지 않도록 버터가 녹으면 약하게 불을 조절한다.
3 밀가루에서 구워진 향이 나기 전까지 계속해서 저어준다.
4 화이트 루가 만들어지면, 우유를 조금씩 넣는다.
5 화이트 루의 덩어리를 모두 풀어주고, 향신료(통후추, 월계수잎)를 넣는다.
6 약한 불에서 **5**를 끓이면서 소금으로 간을 한다.
7 **6**을 소창 또는 고운 체를 이용하여 걸러 소스를 완성한다.

❋ 베샤멜 소스는 용도에 따라서 농도를 조절하여 사용할 수 있다. 주로 생선 요리에 많이 사용되지만, 채소나 육류 요리에도 사용된다. 프랑스에서 백색 소스의 기본이 되는 것이 베샤멜 소스이다. 벨루테와의 차이는 베샤멜은 육수보다 우유나 크림이 더 많이 들어간다는 것이며, 그러한 점 때문에 우유 소스로 불리기도 한다. 파생 소스로는 화이트 소스, 크림 소스, 모네이 소스 등이 있다.

part 1

코코넛 밀크 소스 coconut milk sauce 씨겨자 소스 whole grain mustard sauce 인삼 허브 오일 소스 ginseng herb oil sauce 호두 소스 walnut sauce 기자메 소스 kijame sauce 샴페인 비네가 소스 champagne vinegar sauce 망고 요거트 살사 mango yogurt salsa 칠리 스위트 소스 chilli sweet sauce 야생초 페스토 wild grass pesto 남플라 소스 nam pla sauce 와사비 오일 소스 wasabi oil sauce 와사비 마요네즈 소스 wasabi mayonaise sauce 시트러스 살사 citrus salsa 홀스래디시 요거트 소스 horseradish yogurt sauce 올리브오일 마요네즈 소스 olive oil mayonaise sauce 시저 드레싱 caesar dressing 1000 드레싱 thousand island dressing 키위 오일 소스 kiwi oil sauce 발사믹 오일 소스 balsamic oil sauce 레몬향 피클 소스 lemon perfume pickle sauce 아보카도 오일 소스 avocado oil sauce 프렌치 마요네즈 소스 french mayonaise sauce 프렌치 오일 소스 french oil sauce 올리브 오이 소스 olive cucumber sauce 토마토 오일 소스 tomato oil sauce 고르곤졸라 치즈 딥 gorgonzola cheese dip 곰취 바나나 소스 kind of groundsel banana sauce 로메스쿠 소스 romescu sauce 허브 오일 소스 herb oil sauce 파인애플 살사 pineapple salsa 버섯 오일 소스 mushroom oil sauce 참깨 마요네즈 소스 sesame mayonaise sauce 토마토 살사 tomato salsa 열대 과일 소스 tropical fruit sauce 매운 베이컨 소스 spicy bacon sauce 이탈리안 드레싱 italian dressing 베이컨 크림 소스 bacon cream sauce 베어네즈 소스 bearnaize sauce 콩 푸딩 soy bean pudding 모차렐라 풍선과 아보카도 살사 mozzalella balloon with avocado salsa 구운 아스파라거스와 해산물 샐러드 grilled asparagus with seafood salad

샐러드에 어울리는 소스

샐러드에
어울리는
소스

코코넛 밀크 소스
coconut milk sauce

information

맛의 특징 코코넛의 맛과 향이 매력적인 소스

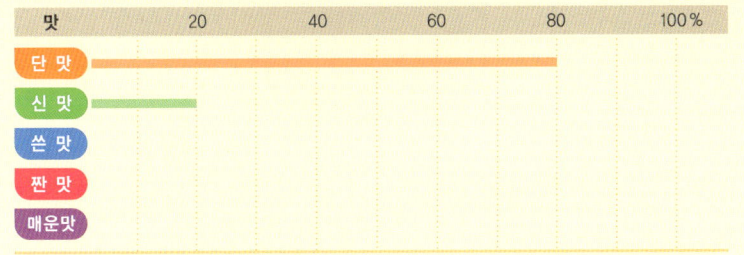

보관 기간 냉장고에서 2일 보관 가능
어울리는 요리 샐러드류, 월남쌈, 스프링롤

소스 만들기

1. 토마토는 껍질을 벗겨 속을 파낸 후 속살을 0.5cm 크기의 주사위 모양으로 자른다.
2. 셀러리와 바나나는 껍질을 벗겨 0.5cm 크기의 주사위 모양으로 자른다.
3. 홍피망도 0.5cm의 주사위 모양으로 자른다.
4. 고수는 잎만 잘게 다져 준비한다.
5. 위의 준비된 재료에 코코넛 밀크, 화이트 와인 식초를 섞고 꿀, 소금, 후춧가루를 넣어 완성한다.
6. 4시간 정도 실온에 두었다가 사용한다.(실온 15℃ 정도)

재료

코코넛 밀크 200mL
홍피망 1개
셀러리 1줄기
바나나 1/2개
토마토 1/2개
고수 3줄기
화이트 와인 식초 2큰술
꿀 2큰술
소금 약간
후춧가루 약간

memo

코코넛 밀크
코코넛은 반으로 쪼개면 과육과 물이 들어 있는데 물을 코코넛 워터라 한다. 맛은 고소하면서 약간 텁텁한 느낌이지만 열대 지방에서는 갈증 해소로 마시는 천연음료수이다. 프루트 칵테일 캔에 쫀득하고 투명한 정사각형의 묵 모양이 코코넛으로 만든 것인데, 나타 데 코코라고 한다.

샐러드에
어울리는
소스

씨겨자 소스
whole grain mustard sauce

information

⟹ **맛의 특징** 겨자의 매콤함이 살짝 느껴지고, 올리브오일과 섞여 부드러운 맛을 지닌 소스

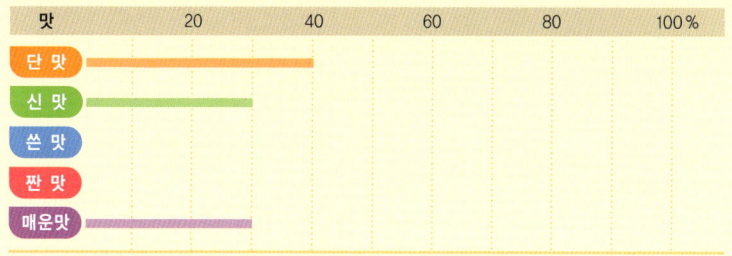

⟹ **보관 기간** 냉장고에서 2일 보관 가능
⟹ **어울리는 요리** 육류 요리, 채소 요리 등 골고루 사용

소스 만들기

1 큰 믹싱볼에 분량의 홀그레인 머스터드와 꿀, 레몬 주스, 화이트 와인, 화이트 와인 식초를 넣는다.
2 거품기로 골고루 잘 섞은 다음, 올리브오일을 조금씩 부어가며 섞는다.
3 올리브오일과 재료들이 부드럽게 잘 섞이면 소금으로 간을 하여 완성한다.
4 소스는 12시간 냉장 숙성시켜 사용한다.

재료

홀그레인 머스터드 100g
올리브오일 250mL
꿀 70mL
레몬 주스 20mL
화이트 와인 2큰술
화이트 와인 식초 40mL
소금 약간
후춧가루 약간

올리브오일의 종류

엑스트라버진 올리브오일 > 버진 올리브오일 > 퓨어 올리브오일 > 파인버진 올리브오일 > 세미파인 올리브오일

- **엑스트라버진 올리브오일** : 순수 올리브에서 압착한 오일로, 생으로 먹거나 화장오일로 만들어서 사용
- **버진 올리브오일** : 엑스트라버진 올리브오일을 착즙하고 난 후의 정제 공정을 통해 이루어지며 생으로 먹거나 볶음 오일로 많이 사용
- **퓨어 올리브오일** : 엑스트라버진과 버진 올리브오일의 혼합이며 구이, 볶음용으로 사용
- **파인버진 올리브오일**과 **세미파인 올리브오일**은 질이 낮은 올리브오일로 튀김용으로 사용

샐러드에 어울리는 소스

인삼 허브 오일 소스
ginseng herb oil sauce

information

→ **맛의 특징** 인삼의 쌉쌀한 맛과 허브향의 조화가 일품인 소스

맛	20	40	60	80	100%
단 맛					
신 맛					
쓴 맛					
매운맛					
고소한맛					

→ **보관 기간** 냉장고에서 2일 보관 가능
→ **어울리는 요리** 육류 요리, 채소 샐러드, 부침류, 치킨 구이 요리

소스 만들기

1. 수삼은 흐르는 물에 흙을 깨끗이 씻어 1cm 크기로 자른 다음, 엑스트라버진 올리브오일에 이틀 동안 담가 놓는다.
2. 양파는 다진 후 찬물에 30분 정도 담가 두고 다시 찬물에 헹궈 매운맛을 빼준다.
3. 타임은 잎사귀만 떼어내고, 배는 껍질과 속씨를 제거하여 깍둑썰기한다.
4. 믹서에 **1**과 나머지 재료를 모두 넣고, 믹서에 곱게 갈아준다.
5. 최대한 곱게 간 다음 꿀로 간을 하여 완성한다.

재료

수삼 70g
엑스트라버진 올리브오일 200mL
양파 1/4개
타임 10줄기
잣 1큰술
배 1/2개
꿀 3큰술

memo

제대로 된 꿀 고르기

꿀 제품 뒷면에 제조과정에서 식품첨가물인 캐러멜 색소가 들어 있는 것은 100% 꿀이 아니며 잡화 꿀이어도 캐러멜 색소가 있는 것은 바람직한 꿀이 아니기 때문에 제대로 된 꿀이라고 할 수 없고 설탕이 주성분인 꿀이라 할 수 있다.

> 샐러드에 어울리는 소스

호두 소스
walnut sauce

information

— 맛의 특징   고소한 호두의 풍미가 느껴지는 소스

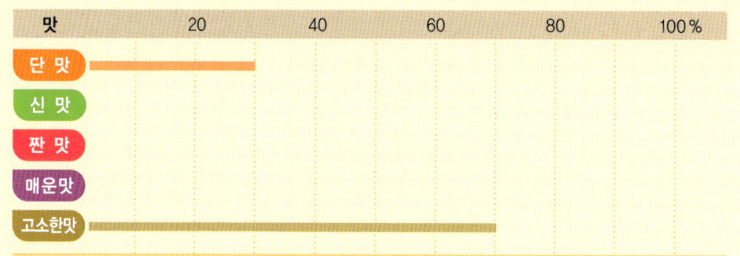

— 보관 기간   냉장고에서 2일 보관 가능
— 어울리는 요리   채소 샐러드, 육류 요리(디핑 소스)

소스 만들기

1 타임은 잎사귀만 떼어내어 차이브와 같이 잘게 다져서 준비한다.
2 건포도는 칼로 잘게 다지고, 체리 토마토는 믹서에 갈아 체에 내려 즙만 준비한다.
3 호두와 포도씨오일, 셰리 와인 식초를 믹서에 넣고 갈면서 꿀과 소금, 후춧가루를 넣어 기호에 맞게 간을 한다.
4 3에 준비한 재료를 넣고 거품기로 잘 섞는다.
5 소스는 24시간 냉장 숙성시킨 뒤 사용한다.
  (차갑게, 따뜻하게 모두 사용 가능하다.)

 재료

| 호두 100g |
| 셰리 와인 식초 20mL |
| 포도씨오일 50mL |
| 타임 2줄기 |
| 차이브 10줄기 |
| 건포도 50g |
| 체리 토마토 5개 |
| 꿀 30mL |
| 소금 약간 |
| 후춧가루 약간 |

memo

호두의 효능

호두는 뇌의 작용 발달에 매우 좋으며, 성장기 어린이에게 특히 좋다. 또한, 동맥과 관련된 심장병, 뇌졸중, 중풍 등의 발작 예방에 효과적이며, 유방암, 결장암, 전립선암 예방에도 좋다. 심장 건강에 도움을 주며, 다이어트에도 유용한 식품이다.

샐러드에
어울리는
소스

기자메 소스
kijame sauce

information

→ 맛의 특징　여러 종류의 채소의 맛과 향이 어우러진 남녀노소 좋아할 수 있는 소스

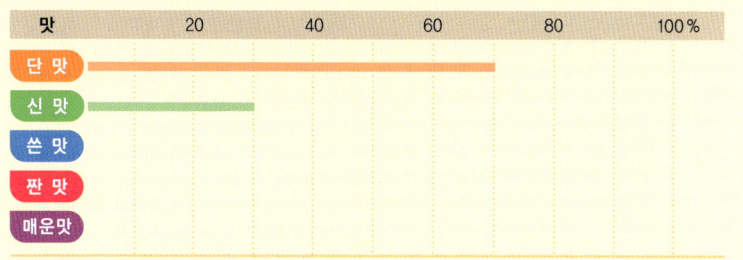

→ 보관 기간　냉장고에서 2일 보관 가능
→ 어울리는 요리　채소 샐러드, 해산물 샐러드

소스 만들기

1 사과와 배, 당근은 껍질을 제거하여 준비한다.
2 양파, 배, 사과, 당근, 파인애플은 믹서에 잘 갈릴 수 있도록 잘게 자른다.
3 분량의 모든 재료를 믹서에 넣고 곱게 갈아준다.
4 기호에 맞게 소금, 후춧가루로 간하여 완성한다.
5 소스는 12시간 냉장 숙성시킨 뒤 사용한다.

재료

양파 50g
배 210g
파인애플 50g
사과 70g
당근 1/4개
유자 식초(환만 식초) 10mL
진간장 20mL
사이다 60mL
미림 25mL
꿀 20mL
설탕 10g
소금 약간
후춧가루 약간

memo

기자메 소스
　기자메 소스는 '잘게 자르다'라는 뜻의 키자무에서 유래된 일본식 채소 소스이다.
　우리가 흔히 접하는 소스인데, 고기집에 가면 나오는 채소 소스로, 샤브샤브나 일식 레스토랑에서 많이 사용하는 채소 소스이다. 채소가 많이 들어있기 때문에 어느 샐러드류에나 잘 어울리며 만들기 간편하기 때문에 사용이 편리하다.

샐러드에
어울리는
소스

샴페인 비네가 소스
champagne vinegar sauce

information

맛의 특징 샴페인 식초의 경쾌함과 새콤함이 살아있는 소스

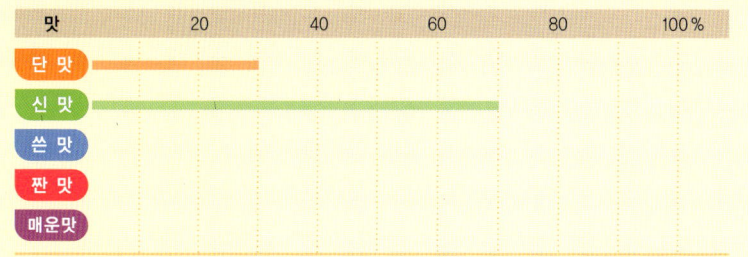

보관 기간 냉장고에서 2일 보관 가능
어울리는 요리 해산물 샐러드, 채소 샐러드

소스 만들기

1. 적양파는 0.5cm 크기의 주사위 모양으로 자르고 찬물에 30분 정도 담가 매운맛을 없앤다.
2. 홍피망은 속씨와 꼭지를 제거하고 0.5cm 크기의 주사위 모양으로 잘라 준비한다.
3. 타임과 딜, 처빌(허브류)은 잎사귀만 떼어내어 잘게 다진다.
4. 배는 껍질과 씨를 제거한 후 믹서에 샴페인 비네가, 꿀, 올리브오일을 같이 넣고 갈아준다.
5. 위의 다진 허브 재료와 양파, 피망, 배 갈은 것을 한데 섞어 거품기로 저으면서 꿀과 소금, 후춧가루로 기호에 맞게 간을 하여 완성한다.

재료

엑스트라버진 올리브오일 200mL
적양파 50g
샴페인 비네가 40mL
타임 10줄기
딜 10줄기
처빌 5줄기
홍피망 1개
꿀 50mL
배 1/2개
소금 약간
후춧가루 약간

memo

비네가(vinegar)
비네가는 식초라는 뜻으로, 각각의 식초가 갖는 맛과 향이 다르기 때문에 사용의 차이가 있다. 레드 와인 비네가, 화이트 와인 비네가, 셰리 와인 비네가, 샴페인 비네가가 있다.

샐러드에 어울리는 소스

망고 요거트 살사
mango yogurt salsa

information

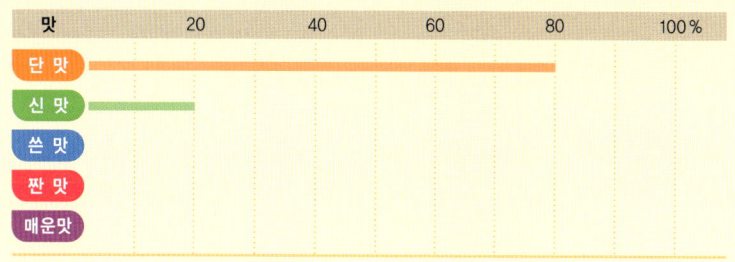

― 맛의 특징   새콤하면서 부드러우며 망고의 달콤함이 어우러진 소스

― 보관 기간   냉장고에서 2일 보관 가능
― 어울리는 요리   샐러드류에 거의 다 어울린다.

살사 만들기

1 자몽 껍질은 채 썰어 끓는 물에 3초간 데치고, 찬물에 헹군 후 물기를 제거한다.(제스트라 한다.)
2 제스트와 바질은 잘게 다져서 준비한다.
3 망고는 껍질을 벗기고, 홍피망과 함께 0.5cm 크기의 주사위 모양으로 잘라 준비한다.
4 플레인 요거트, 와인 식초, 꿀, 소금을 넣고 새콤달콤하게 만든다.
5 **4**에 망고, 홍피망, 바질, 제스트를 섞어 소스를 완성한다.

 재료

망고 1개
플레인 요거트 2개
바질 3장
홍피망 1/2개
자몽 껍질 1장
화이트 와인 식초 1큰술
꿀 1큰술
소금 약간

memo

살사(salsa)

살사는 라틴 아메리카에서 요리에 사용되는 소스이다. 멕시코 음식 중 또띠야에 함께 곁들이는 토마토 살사가 가장 유명하다.
살사에는 찍어 먹는 소스도 있고, 살사의 내용물을 일정 모양으로 썰어 스푼으로 떠서 주요리와 함께 먹는 살사도 있다.

 샐러드에 어울리는 소스

칠리 스위트 소스
chilli sweet sauce

information

맛의 특징 전체적으로 달콤하지만 끝맛이 살짝 매콤한 소스

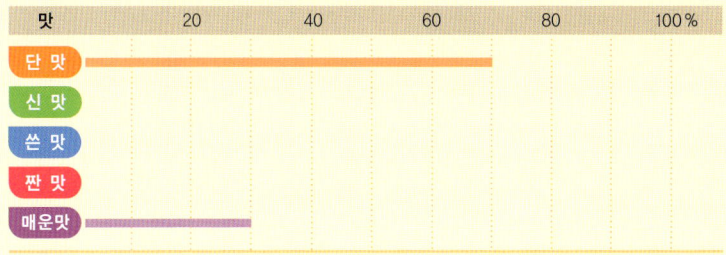

보관 기간 냉장고에서 2일 보관 가능
어울리는 요리 해산물 샐러드, 채소 샐러드

소스 만들기

1 레몬은 즙을 내서 준비한다.
2 바질은 잘게 다져서 준비한다.
3 분량의 모든 재료를 믹서에 넣고 강하게 돌려서 곱게 갈아 완성한다.
4 소스는 12시간 냉장 숙성시킨 뒤 사용한다.

재료

스위트칠리 소스 150mL
포도씨오일 120mL
레몬 1개
레몬 주스 30mL
생수 60mL
간 생강 1/2 작은술
유자청 60g
바질 5장
고수 4잎

memo

포도씨오일과 올리브오일

포도씨오일과 올리브오일은 드레싱이나 소스의 주재료의 특성에 따라 용도를 다르게 사용한다.
포도씨오일은 주재료의 향과 맛을 살리기 위해 사용하며, 올리브오일은 올리브오일 자체가 주가 되기도 하며 주재료와 섞어서 더 좋은 음식을 만들기 위해 사용한다.

샐러드에 어울리는 소스

야생초 페스토
wild grass pesto

information

맛의 특징   야생초의 쌉쌀함과 고소한 견과류의 맛이 살아있는 소스

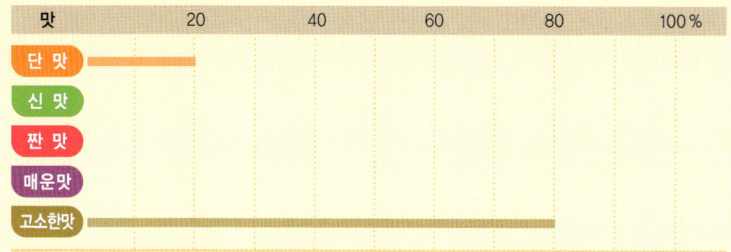

보관 기간   냉장고에서 2일 보관 가능
어울리는 요리   치즈 요리, 해산물 샐러드, 파스타

소스 만들기

1. 취나물, 참나물은 잎사귀만 뜯어내어 깨끗이 헹군 후 물기를 털어내고 잘게 잘라 준비한다.
2. 블렌더에 나물과 잣, 다진 마늘을 넣고 올리브오일을 넣어가며 갈아준다.
3. 곱게 갈리기 시작하면 파마산 치즈가루와 소금, 후춧가루로 기호에 맞게 간을 하여 완성한다.
4. 곱게 갈아 준비한 소스는 냉장고에 하루 정도 숙성시켜 사용한다.

 재료

취나물 50g
참나물 50g
잣 1큰술
다진 마늘 1/2큰술
엑스트라버진 올리브오일 200mL
파마산 치즈가루 1큰술
소금 약간
후춧가루 약간

memo

페스토(pesto)
페스토의 본명은 pesto genovese(페스토 제노베제)로 이탈리아 제노바 지역에서 유래된 소스이며, 주원료가 바질, 견과류, 올리브오일이다.

샐러드에
어울리는
소스

남플라 소스
nam pla sauce

information

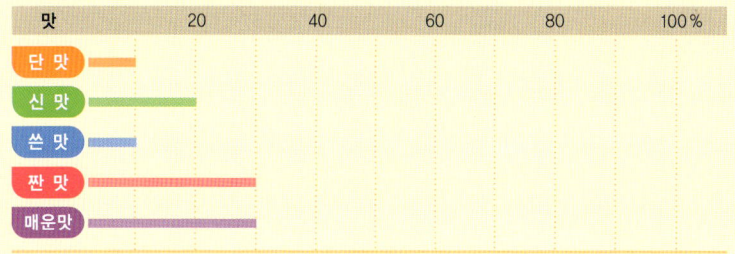

- 맛의 특징 젓갈의 짭짤함과 매콤함이 있는 소스
- 보관 기간 냉장고에서 2일 보관 가능
- 어울리는 요리 돼지고기 요리, 해산물 샐러드

소스 만들기

1 홍고추는 씨를 털어내고 적당한 크기로 자른다.
2 고수는 줄기만 뜯어 씻어 물기를 털어내고 잘게 다져서 준비한다.
3 다진 땅콩과 다진 고수를 제외한 나머지 재료를 블렌더에 넣고 곱게 갈아준다.
4 곱게 간 재료에 다진 고수와 다진 땅콩을 넣어 잘 섞어 완성한다.
5 소스는 냉장고에서 24시간 숙성한 뒤 사용한다.

 재료

피시 소스 110mL
레드 칠리 피클 40g
그린 칠리 피클 40g
홍고추 30g
다진 마늘 50g
고수 15g
레몬즙 75mL
식초 40mL
설탕 100g
다진 땅콩 30g

✽ 남플라는 태국의 유명한 발효 생선 소스이다.

memo

피시 소스나 그린·레드 칠리 피클은 일반 마트에서 구하기가 쉽지 않은 식재료이다. 전문 태국 식재료 구입처나 유통 판매처를 통해서도 들어오기가 쉽지 않으므로 우리나라 고추를 피클처럼 만든 가공품들로 대체할 수 있다. 대표적인 브랜드는 수리(SUREE)이며 인터넷에서 구매가 가능하다.

샐러드에 어울리는 소스

와사비 오일 소스
wasabi oil sauce

information

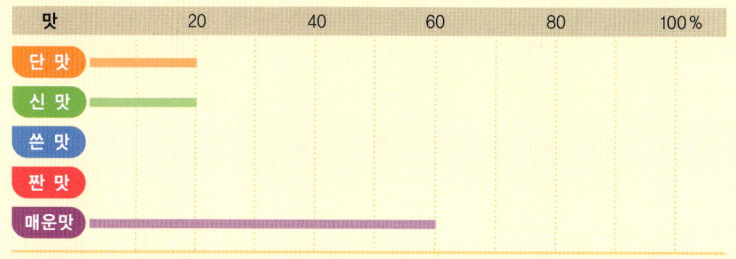

- 맛의 특징　매콤한 와사비향과 과일의 새콤함이 있는 소스
- 보관 기간　즉시 사용(오래 두면 내용물이 분리됨)
- 어울리는 요리　해산물 샐러드

소스 만들기

1 레몬은 즙을 내고, 양파는 6등분으로 잘라 준비한다. 키위는 껍질을 벗긴다.
2 무를 제외한 나머지 모든 재료를 믹서에 넣고 갈아준다.
3 무는 강판에 갈아 체에 무즙을 내리고, 무 갈은 것만 뭉쳐 준비한다.
4 기호에 따라 무 갈은 것과 **2**의 소스를 숟가락으로 휘저어 섞은 후 요리에 덜어서 사용한다.

재료

엑스트라버진 올리브오일 200mL
생 와사비 50g
파인애플 50g
키위 1개
무 300g
양파 1/2개
꿀 40mL
레몬 1개
소금 1작은술

memo

와사비의 유래
흔히 일식에서 회나 초밥 등 날 생선을 곁들이는 요리에, 날 생선으로 인한 체내의 세균 번식을 막기 위한 살균 작용으로 와사비를 곁들인 것이 유래된 것이다.

샐러드에 어울리는 소스

와사비 마요네즈 소스
wasabi mayonaise sauce

information

맛의 특징   부드러운 마요네즈와 톡 쏘는 와사비향과 달콤함을 느낄 수 있는 소스

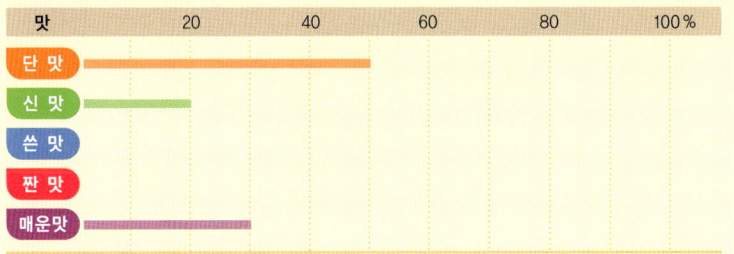

보관 기간   냉장고에서 2일 보관 가능
어울리는 요리   해산물 튀김 요리

소스 만들기

1 프라이팬에 식용유를 두르고 약한 불에서 다진 마늘을 갈색이 되도록 볶은 후 체에 내려 식용유를 제거하고 식힌다.
2 바질은 잘게 채 썰고, 레몬은 즙을 낸다.
3 모든 재료를 믹싱볼에 담고, 거품기로 설탕이 녹을 때까지 저은 후 소금, 후춧가루로 기호에 맞게 간을 하여 완성한다.

재료

생 와사비 40g
마요네즈 160g
레몬 1/2개
바질 5장
설탕 1/2큰술
꿀 2큰술
다진 마늘 1작은술
식용유 1큰술
소금 약간
후춧가루 약간

memo

마요네즈의 유래

프랑스의 리슐리외(1776~1822년)라는 백작이 지중해의 마혼(Mahon)섬을 점령하게 되었다. 조리장은 양계장으로 유명한 마혼섬에서 달걀과 올리브오일, 식초 등을 섞어 소스를 만들어 채소에 버무려 백작에게 올렸다. 섬의 이름을 따서 마오네즈(Mahonnais)라 부르다가 세월이 지나 발음하기 쉬운 마요네즈로 부르게 되었다고 한다.

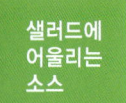
샐러드에
어울리는
소스

시트러스 살사
citrus salsa

information

→ 맛의 특징   새콤달콤한 과일의 맛을 그대로 살리고 바질의 향긋함을 느낄 수 있는 소스

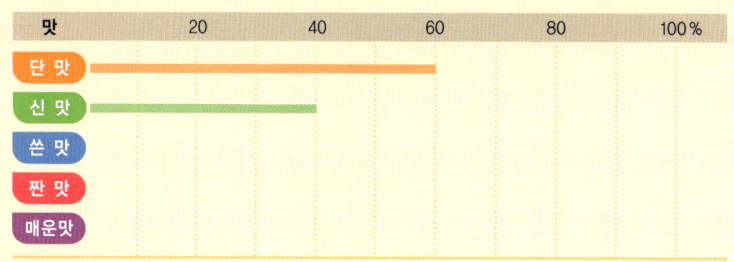

→ 보관 기간   즉시 사용
→ 어울리는 요리   각종 샐러드 요리

살사 만들기

1. 적양파는 잘게 다져 찬물에 담가 매운맛을 제거한다.
2. 오렌지와 자몽은 1/2개씩 과육만 0.5cm 크기의 주사위 모양으로 썰어서 준비한다.
3. 자몽 껍질과 오렌지 껍질은 1장씩 준비한다.
4. 자몽 껍질과 오렌지 껍질은 채 썰어 끓는 물에 3초간 데치고, 찬물에 헹궈 물기를 제거한다.(제스트)
5. 제스트와 바질은 잘게 다져서 준비한다.
6. 딜과 처빌은 흐르는 물에 헹궈 잎사귀만 떼어 다져서 준비한다.
7. 나머지 과일 재료들과 유자청, 올리브오일, 샴페인 식초를 블렌더에 넣고 갈아준다.
8. 7을 체에 걸러, 준비해 둔 재료를 전부 넣고 거품기로 잘 섞는다.
9. 소스는 12시간 냉장 숙성시킨 뒤 사용한다.

 재료

자몽 1개
오렌지 1개
유자청 1큰술
적양파 1/2개
엑스트라버진 올리브오일 100mL
딜 3줄기
처빌 3줄기
바질 3잎
샴페인 식초 1큰술
소금 약간
후춧가루 약간

memo
시트러스
자몽, 오렌지, 귤, 레몬, 유자 등을 총칭하여 시트러스라 한다.

샐러드에
어울리는
소스

홀스래디시 요거트 소스
horseradish yogurt sauce

information

— 맛의 특징   요거트의 새콤함과 입안에서 감도는 홀스래디시를 느낄 수 있는 소스

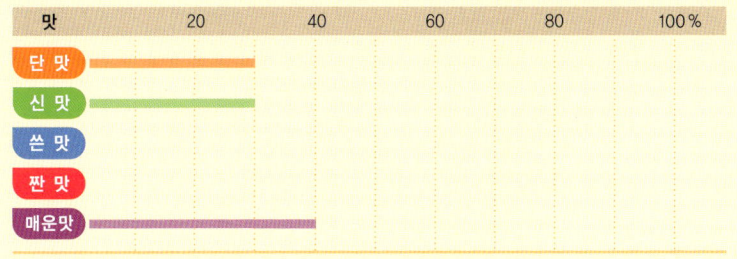

— 보관 기간   냉장고에서 2일 보관 가능
— 어울리는 요리   훈제 연어, 치킨 샐러드, 로스트 비프

소스 만들기

1 적양파는 잘게 다져서 찬물에 20분간 담가 매운 맛을 빼준다.
2 레몬 껍질은 채 썰어 끓는 물에 3초간 데치고, 찬물에 헹궈 물기를 제거한다. (제스트)
3 제스트와 애플 민트, 케이퍼를 잘게 다져서 준비한다.
4 생크림을 뺀 모든 재료를 믹싱볼에 넣고 거품기로 휘저어 잘 섞는다.
5 생크림은 거품기로 저어 크림화시킨다.
6 크림화된 생크림을 4에 골고루 섞어 완성한다.
7 소스는 12시간 냉장 숙성시킨 뒤 사용한다.

재료

홀스래디시 소스 2큰술
플레인 요거트 2개
애플 민트잎 10장
적양파 1/4개
케이퍼 10알
레몬 껍질 1장
레몬 주스 2큰술
꿀 1큰술
생크림 1큰술

케이퍼 (caper)
　케이퍼는 지중해 부근에서 자라는 식물로, 꽃봉오리를 따서 절임을 하여 향신료로 이용한다. 케이퍼는 올리브색을 띠고 있으며, 크기는 후추만한 것에서부터 케이퍼 밸리라 해서 체리 크기만한 것까지 다양하다. 연어와 잘 어울리는 향신료로 알려져 있다.

샐러드에
어울리는
소스

올리브오일 마요네즈 소스
olive oil mayonaise sauce

information

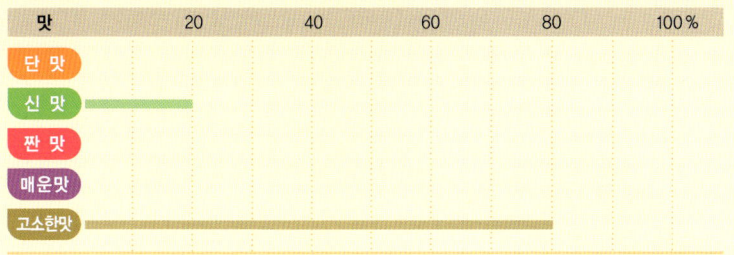

— 맛의 특징   올리브오일로 만든 마요네즈로 상쾌한 올리브향이 좋은 소스

— 보관 기간   냉장고에서 2일 보관 가능
— 어울리는 요리   채소, 과일 샐러드 요리

소스 만들기

1 레몬은 즙을 만들고, 레몬 껍질은 제스트해서 곱게 다진다.
2 큰 볼에 달걀 노른자를 넣은 후 올리브오일을 천천히 넣어 가며 섞는다.
3 달걀 노른자에 올리브오일을 1/2 정도 섞은 후 레몬즙, 식초를 넣어 농도를 만든다.
4 달걀 노른자에 나머지 올리브오일을 계속 넣어 가며 완전히 섞은 후 화이트 와인으로 농도를 조절한다.
5 다진 레몬 껍질과 소금, 흰 후춧가루로 간을 하여 소스를 완성한다.

재료

올리브오일 150mL
달걀 노른자 1개
레몬 1/2개
식초 1큰술
화이트 와인 1큰술
소금 약간
흰 후춧가루 약간

memo

- 마요네즈는 식용유와 달걀 노른자를 이용해 만드는 것이 일반적이지만 여기서는 올리브오일과 달걀 노른자를 이용해서 만들었다.
- 처음 1작은술에서 서서히 1큰술씩 양을 늘려 오일과 달걀의 분리 현상을 방지한다.
- 소스의 농도가 적당할 경우 화이트 와인은 사용하지 않는다.

샐러드에 어울리는 소스

시저 드레싱
caesar dressing

information

— **맛의 특징**   안초비 특유의 맛과 향이 식욕을 왕성하게 만드는 소스

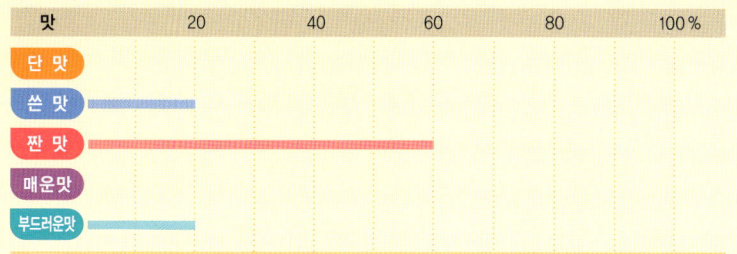

— **보관 기간**   냉장고에서 2일 보관 가능
— **어울리는 요리**   해산물 요리, 치킨 로메인 샐러드

소스 만들기

1 양파와 마늘은 곱게 다져 찬물에 1분간 담가 매운맛을 없애고 거즈로 걸러 물기를 제거한다.
2 파슬리는 줄기를 제거하고 잎만 곱게 다진다. 다진 파슬리를 찬물에 넣어 진한 녹색을 제거한다.
3 안초비는 기름기를 제거하고 곱게 다진다.
4 달걀 노른자에 식용유를 조금씩 섞어 마요네즈를 만든다.
5 큰 볼에 마요네즈와 다진 양파, 마늘, 파슬리, 안초비를 넣어 섞는다.
6 5에 화이트 와인을 넣어 농도를 조절하여 소스를 완성한다.

재료

달걀 노른자 1개
식용유 150mL(약 10큰술)
안초비 2개
다진 양파 2큰술
다진 마늘 1작은술
다진 파슬리 1작은술
화이트 와인 1큰술

 위의 재료 중 달걀 노른자와 식용유는 마요네즈를 만들기 위한 재료이다. 시중에서 유통 중인 마요네즈를 사용하면 아주 간단히 시저 드레싱을 만들 수 있다.

memo

시저 유래의 잘못된 상식

로마의 정치가 시저에 의해서 유래된 것이라 알고 있으나 잘못된 상식이다. 1920년대 미국에서 서부 지역 개발이 활발한 시기에 이탈리아 레스토랑의 주방장인 시저 카르디니에 의해서 생긴 소스이다. 멕시코와 미국의 국경 지역에 있는 이 레스토랑이 발디딜 틈 없이 손님이 많아지자 주방장 시저 카르디니가 남아 있는 식재료로 만들게 된 것에서 유래되었다.

 샐러드에 어울리는 소스

1000 드레싱
thousand island dressing

information

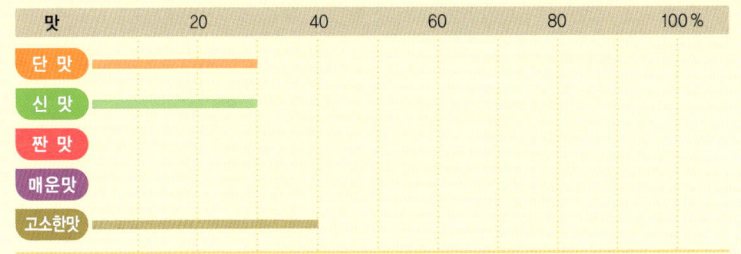

→ 맛의 특징   다양한 식재료의 맛이 녹아 있는 소스

→ 보관 기간   냉장고에서 2일 보관 가능
→ 어울리는 요리   신선한 채소 요리

소스 만들기

1 달걀은 끓는 물에 삶아 완전히 익힌다.
2 양파, 피클, 파슬리는 곱게 다진다.
3 레몬은 즙을 내어 준비한다.
4 삶은 달걀은 흰자와 노른자로 나누어 각각 곱게 다진다.
5 볼에 분량의 마요네즈와 토마토케첩을 섞은 후 다진 양파와 피클, 파슬리, 준비한 재료를 모두 넣어 섞는다.
6 5에 화이트 와인을 넣어 농도를 조절하여 소스를 완성한다.

재료

마요네즈 100g
토마토케첩 3큰술
다진 양파 1큰술
피클 5개
달걀 1개
화이트 와인 2큰술
다진 파슬리 1작은술
식초 1큰술
레몬 1/4개

memo

1000 드레싱의 유래

1000 드레싱은 너무나 사랑하는 아내가 병에 걸려서 음식조차 먹지 못하게 되자 남편이 아내를 위해서 만든 드레싱에서 유래된 것이다.
그들이 사는 캐나다 동부 세인트로렌스 강 위에 있는 수많은 섬들(약 1,800여 개)과 드레싱이 뿌려진 모습과 흡사하다 하여 붙여진 이름이다.

샐러드에
어울리는
소스

키위 오일 소스
kiwi oil sauce

information

맛의 특징 키위의 새콤함과 오일의 부드러움이 잘 어울리는 소스

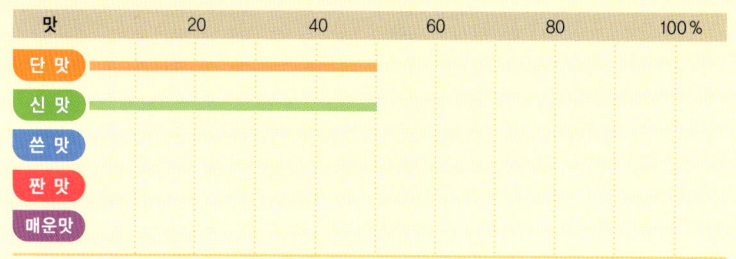

보관 기간 냉장고에서 2일 보관 가능
어울리는 요리 참치, 구운 육류 요리

소스 만들기

1 키위는 껍질을 제거하고 잘게 자른다.
2 양파는 곱게 다져 찬물에 1분간 넣어 매운맛을 없애고 거즈로 걸러 물기를 제거한다.
3 팬에 화이트 와인을 넣어 강한 불에서 플람베한다.
4 플람베한 화이트 와인에 양파, 설탕, 소금, 식초를 넣고 설탕이 모두 녹을 때까지 섞어준다.
5 4에 잘게 자른 키위를 섞는다.
6 호두오일과 5를 잘 섞어 믹서에 갈아 소스를 완성한다.

 재료

키위 5개
호두오일 또는 올리브오일 200mL
화이트 와인 20mL
식초 1큰술
설탕 2작은술
소금 1작은술
양파 1/4개

memo

플람베(flambee)
볶음 요리에서 고기나 채소, 생선 등 식재료를 팬에 볶을 때 와인, 브랜디, 소주, 청주 등을 이용하여 살짝 불을 붙여 잡냄새를 없애주는 방법이다.

샐러드에 어울리는 소스

발사믹 오일 소스
balsamic oil sauce

information

맛의 특징   산뜻한 향과 신맛이 일품인 소스

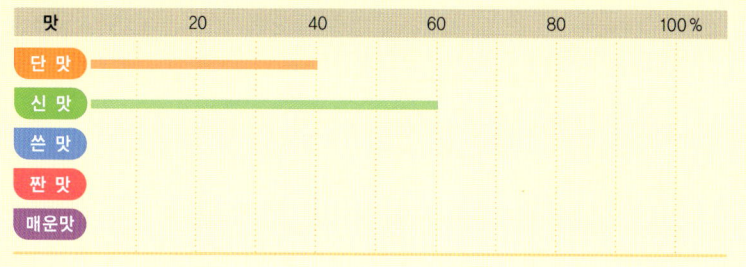

보관 기간   냉장고에서 2일 보관 가능
어울리는 요리   과일을 곁들인 샐러드 요리, 해산물 요리

소스 만들기

1 사과는 껍질과 씨를 제거한다.
2 사과와 양파는 0.2~0.3cm 크기의 주사위 모양으로 썰어 준비한다.
3 타임은 줄기를 제거하고 곱게 다진다.
4 팬에 발사믹 식초와 사과, 양파, 타임, 월계수잎, 설탕을 넣어 약한 불에서 끓인다.
5 4를 약한 불에서 약 10분 정도 끓인 후 월계수잎을 제거한다.
6 5에 소금과 사과 식초를 넣어 섞는다.
7 6에 올리브오일을 넣어 분리되지 않도록 잘 섞어서 완성한다.

 재료

발사믹 식초 4작은술
올리브오일 4큰술
양파 20g
사과 10g
사과 식초 1작은술
타임 2줄기
월계수잎 1장
설탕 1큰술
소금 약간

✱ 개인 취향에 따라 발사믹 식초와 올리브오일의 양을 1:2로 맞추어 사용할 수도 있다. 하지만 1:2 비율로 재료를 사용할 때는 사과 식초가 아닌 환만 식초를 사용하는 것이 좋다.

샐러드에 어울리는 소스

레몬향 피클 소스
lemon perfume pickle sauce

information

— **맛의 특징**   향기로운 레몬향과 맛이 식욕을 상승시키는 소스

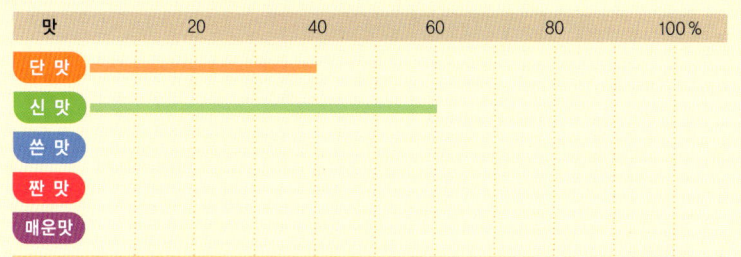

— **보관 기간**   냉장고에서 2일 보관 가능
— **어울리는 요리**   샐러드, 해산물 구이, 각종 튀김

소스 만들기

1 다시마는 흐르는 물에 씻어 염기를 제거한다.
2 냄비에 준비한 물과 다시마를 넣고 중간 불에서 끓인다.
3 냄비의 물이 끓기 시작하면 불을 끄고, 다시마를 건져낸다.
4 파슬리는 줄기와 잎을 분리하여 잎을 곱게 다진다.
5 3의 다시마물에 통마늘과 통계피, 월계수잎, 파슬리 줄기, 설탕을 넣어 중간 불에서 끓인다.
6 간장과 레몬즙, 식초를 섞어 중간 불에서 5분간 끓여 불을 끈다.
7 준비한 다시마물과 간장, 다진 파슬리잎을 섞어 소스를 완성한다.

 재료

간장	5mL
다시마	10g
설탕	60g
통마늘	2쪽
통계피	10g
식초	15mL
레몬	1/2개
월계수잎	1장
파슬리	10g
물	100mL

memo

간장의 강한 맛과 향을 부드럽게 중화시켜 주기 위해서는 사용하기 전 강한 불에서 한번 끓여 사용하거나, 레몬즙을 넣어 사용한다.

아보카도 오일 소스
avocado oil sauce

information

맛의 특징   부드러움에 부드러움을 더해 입에서 녹아 없어지는 소스

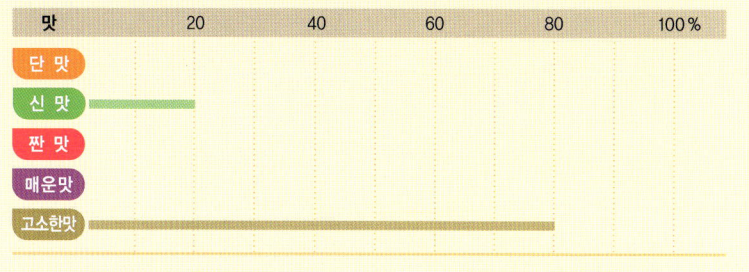

보관 기간   냉장고에서 2일 보관 가능
어울리는 요리   견과류를 곁들인 샐러드, 롤 요리

소스 만들기

1 양파는 곱게 다져 찬물에 1분간 넣어 매운맛을 없애고 거즈로 걸러 물기를 제거한다.
2 레몬은 즙을 내고, 레몬 껍질은 제스트한다.
3 아보카도는 껍질과 씨를 제거한다.
4 믹서에 아보카도, 양파, 레몬즙, 소금, 식초를 넣고 올리브오일을 조금씩 넣어 가며 갈아준다.
5 **4**에 레몬 제스트를 넣어 소스를 완성한다.

 재료

아보카도 2개
양파 50g
레몬 50mL
올리브오일 400mL
식초 2큰술
소금 약간

memo

아보카도(avocado)

아보카도는 초록색에서 검은색으로 껍질이 변할 때가 가장 맛이 좋다. '버터'라는 별명을 가지고 있는 아보카도는 지방이 30% 이상이며, 비타민이 풍부한 열매이다.

사용하고 남은 아보카도는 공기와의 접촉을 차단시켜 보관해야 갈변 현상을 줄일 수 있다. 아보카도 오일 소스에 올리브오일을 사용하지 않고 마요네즈(400g)를 넣어 만들 수도 있다.

샐러드에
어울리는
소스

프렌치 마요네즈 소스
french mayonaise sauce

information

→ **맛의 특징**   식초의 새콤함과 과일, 채소의 신선한 맛이 어우러진 소스

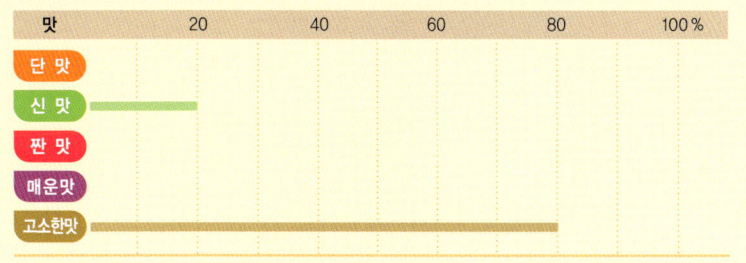

→ **보관 기간**   냉장고에서 2일 보관 가능
→ **어울리는 요리**   구운 채소, 꼬치 요리

소스 만들기

1 달걀 노른자는 볼에 담아 잘 풀리도록 저어준다.
2 1에 올리브오일을 조금씩 넣어 섞어가며 마요네즈를 만든다.
3 만들어진 마요네즈에 머스터드, 레몬즙, 소금, 후춧가루를 넣는다.
4 통마늘은 껍질과 꼭지를 제거해 준비한다.
5 배는 껍질과 씨를 제거하고 2cm 정도의 크기로 자른다.
6 양파는 배와 같은 크기로 잘라 준비한다.
7 믹서에 마늘, 배, 양파, 식초, 닭 육수를 넣고 곱게 간다.
8 3의 마요네즈에 7을 섞어 소스를 완성한다.

재료

달걀 노른자 2개
올리브오일 400mL
머스터드 1큰술
식초 60mL
물(또는 닭 육수) 50mL
레몬 1개
배 100g
양파 1/2개
통마늘 2쪽
소금 약간
흰 후춧가루 약간

memo

프렌치 소스는 우리의 김치만큼이나 그 종류가 다양하다. 올리브오일 형태의 것도 있고, 마요네즈 형태의 것도 있다. 색상 또한 흰색, 붉은색 등 다양하고, 사용 가능한 재료도 거의 제한이 없다. 시중에서 판매되는 마요네즈를 사용하여 만들기도 한다.

샐러드에 어울리는 소스

프렌치 오일 소스
french oil sauce

information

맛의 특징   상큼한 레몬향과 여러 가지 재료에서 나온 달콤한 맛이 조화를 이룬 소스

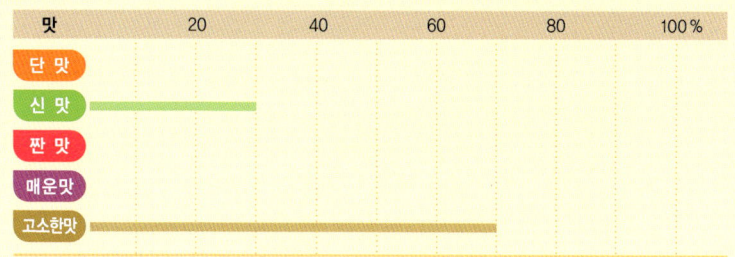

보관 기간   냉장고에서 2일 보관 가능
어울리는 요리   육류를 이용한 샐러드 요리

소스 만들기

1. 레몬은 즙을 내고, 레몬 껍질은 제스트한다.
2. 통마늘은 껍질과 꼭지를 제거한다.
3. 양파와 통마늘은 곱게 다진다.
4. 파슬리는 줄기를 제거하고 곱게 잎을 다진다.
5. 다진 파슬리는 거즈를 이용해 찬물에서 2회 정도 세척한 다음 물기가 제거되도록 넓은 접시에서 펼쳐 놓고 잠시 말린다.
6. 청·홍피망은 씨를 제거하고 잘게 잘라 준비한다.
7. 큰 볼에 레몬즙과 식초, 설탕을 섞어 설탕을 완전히 녹인다.
8. 설탕이 모두 녹으면 준비한 모든 재료를 섞는다.
9. 8에 올리브오일을 조금씩 섞어 소스를 완성한다.

재료

올리브오일 200mL
식초 80mL
레몬 1개
통마늘 1쪽
양파 1/2개
청피망 1/5개
홍피망 1/5개
설탕 2작은술
파슬리 1큰술
소금 약간
흰 후춧가루 약간

 올리브오일은 1작은술 또는 1큰술씩 섞어가며 다른 재료와 유화되도록 한다.

 샐러드에 어울리는 소스

올리브 오이 소스
olive cucumber sauce

information

맛의 특징   오이의 시원한 맛이 올리브오일과 하나 되어 조화를 이룬 소스

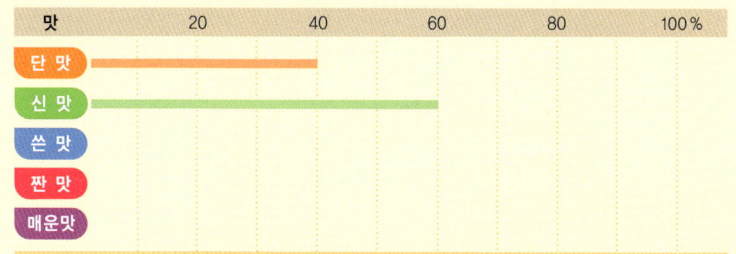

보관 기간   실내 서늘한 곳에서 2일 보관
어울리는 요리   차가운 샐러드 요리

소스 만들기

1. 오이는 가시와 꼭지, 씨를 제거하여 강판을 이용해 갈아준다.
2. 그린 올리브는 곱게 다지고, 레몬은 즙을 낸다.
3. 파슬리는 줄기를 제거하고 잎을 곱게 다진다.
4. 다진 파슬리는 거즈를 이용해 찬물에서 2회 정도 세척한 다음 물기가 제거되도록 넓은 접시에서 펼쳐 놓고 잠시 말린다.
5. 큰 볼에 오이, 그린 올리브, 설탕을 섞어 설탕이 완전히 녹으면 소금, 식초, 레몬즙, 올리브오일, 파슬리를 넣는다.
6. 모든 재료를 섞어 믹서에 곱게 갈아 완성한다.

재료

오이 2개
그린 올리브 5개
올리브오일 100mL
식초 1큰술
레몬 1/2개
파슬리 1줄기
설탕 1큰술
소금 약간

memo

- 올리브오일을 이용한 오이 소스는 해산물을 이용한 차가운 샐러드 요리에 잘 어울린다.
- 오이는 90% 이상이 수분으로 이루어져 있기 때문에 갈증 해소에 탁월한 효과를 가지고 있다. 칼륨의 함량이 높은 알칼리성이며, 비타민 C가 풍부해 신진대사를 원활하게 하여 감기 예방에 효과가 있다.

샐러드에 어울리는 소스

토마토 오일 소스
tomato oil sauce

information

맛의 특징 신선한 바질향과 토마토의 맛이 환상적인 조합을 이룬 소스

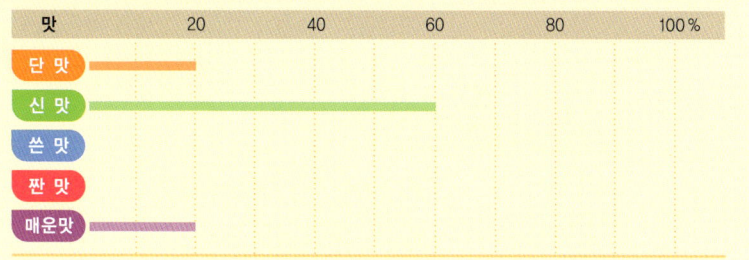

보관 기간 냉장고에서 2일 보관 가능
어울리는 요리 해산물 샐러드 요리

소스 만들기

1 토마토는 꼭지를 제거하고, +로 칼집을 넣은 후 끓는 물에 3~5초 동안 데친다.
2 데친 토마토는 찬물에 재빨리 넣어 껍질을 제거하고 4등분해서 씨를 제거한다.
3 씨를 제거한 토마토는 타월을 이용해 물기를 제거하고 1cm 크기의 주사위 모양으로 토마토를 자른다.(콩까세라 한다.)
4 양파는 곱게 다져 찬물에 1분 동안 넣어 매운맛을 없애고 거즈로 물기를 제거해 준비한다.
5 바질은 줄기를 제거하고 얇게 자른다.
6 큰 볼에 토마토, 양파, 설탕, 소금, 식초, 레드페퍼 크러시를 넣고 섞어 설탕과 소금이 모두 녹으면 바질을 넣는다.
7 올리브오일을 1작은술 또는 1큰술씩 넣어가며 섞어 소스를 완성한다.

재료

토마토(완숙) 2개
다진 양파 3큰술
바질(프레시) 10장
레드페퍼 크러시 1작은술
설탕 1큰술
식초 2큰술
올리브오일 60mL(4큰술)
소금 약간

memo

레드페퍼 크러시는 레드페퍼를 거칠게 갈아서 말린 것으로, 서양의 식재료이면서 매운맛을 가진 것이 특징이다.

샐러드에
어울리는
소스

고르곤졸라 치즈 딥
gorgonzola cheese dip

information

맛의 특징   치즈를 생크림과 와인을 사용해 더욱더 부드럽게 만든 소스

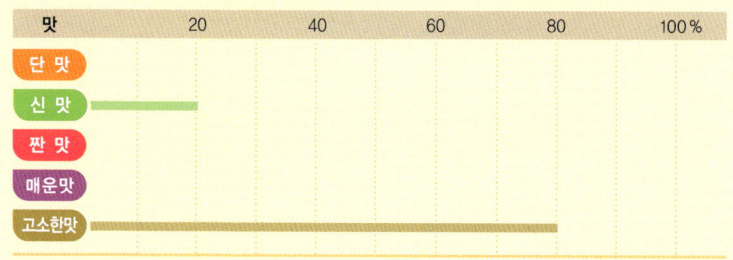

보관 기간   냉장고에서 2일 보관 가능
어울리는 요리   차가운 파스타 샐러드, 파스타 요리

소스 만들기

1. 팬에 생크림을 넣어 약한 불에서 끓인다.
2. 고르곤졸라 치즈를 잘게 잘라 **1**에 섞는다.
3. 고르곤졸라 치즈가 생크림에 골고루 섞이면 우유를 1/2로 나누어 넣는다.
4. 우유를 넣어 약한 불에서 1~2분간 서서히 끓인 후 불을 끈다.
5. 레몬은 즙을 내어 준비한다.
6. 레몬 껍질은 제스트를 만들어 곱게 다진다.
7. 마요네즈에 설탕과 레몬즙, 다진 레몬 껍질, 화이트 와인을 넣어 섞는다.
8. 마요네즈의 설탕이 모두 녹으면 **4**의 끓인 고르곤졸라 치즈를 넣는다.
9. 마요네즈와 섞은 고르곤졸라 치즈에 나머지 우유를 섞어 소스의 농도를 조절해 소스를 완성한다.

재료

고르곤졸라 치즈 100g
생크림 100mL
우유 60mL
마요네즈 4큰술
레몬 1개
올리브오일 2작은술
화이트 와인 3큰술
설탕 1큰술

memo

고르곤졸라 치즈는 이탈리아의 대표적인 푸른 곰팡이 치즈로, 이탈리아 동쪽 지방에 있는 고르곤졸라 지방에서 많이 생산된다.

샐러드에 어울리는 소스

곰취 바나나 소스
kind of groundsel banana sauce

information

→ **맛의 특징** 곰취의 쓴맛을 바나나의 부드러움으로 감싸 상쾌한 맛을 낸 소스

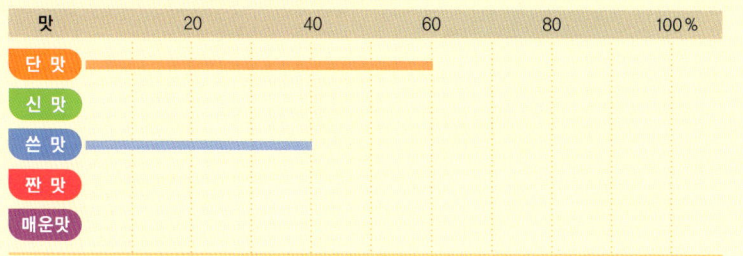

→ **보관 기간** 즉시 사용
→ **어울리는 요리** 산나물을 이용한 샐러드 요리

소스 만들기

1 곰취는 줄기를 제거하고 잎만 사용한다.
2 바나나는 껍질을 제거해서 준비한다.
3 곰취와 바나나를 4~5등분으로 자른다.
4 검은깨는 중간 불에서 1~2분간 볶아 준비한다.
5 믹서에 곰취, 바나나, 요구르트, 꿀, 검은깨를 넣어 갈고 소금 간을 하여 소스를 완성한다.

  재료

곰취 5장
바나나 1/2개
요구르트(마시는 것) 3개
꿀 1작은술
검은깨 1작은술
소금 약간

- 곰취의 사용량은 바나나의 당도에 따라 달라진다.
- 떠먹는 요구르트를 사용해 소스를 만들 수 있다.

곰취

산나물의 제왕이라 불리는 곰취는 곰이 즐겨 먹는다고 해서 곰취라 불리게 되었다. 4~5월이 제철이지만 시설 재배에 성공하여 4계절 재배가 가능하다. 상추에 비해 비타민 C가 6배 많고 섬유소는 8배 많다. 비타민 C와 베타카로틴은 항암 작용과 감기 예방에 좋으며, 특히 고기를 구울 때 타르질이라는 발암 물질을 억제하는 효과가 있어 고기와 궁합이 잘 맞는다.

또한 혈관에 노폐물이 쌓이는 것을 막아 혈액 순환과 고혈압 예방에도 좋으며, 섬유소가 많아 변비 예방에 효과적이다.

샐러드에
어울리는
소스

로메스쿠 소스
romescu sauce

information

맛의 특징   구운 아몬드와 견과류의 고소한 맛이 일품인 소스

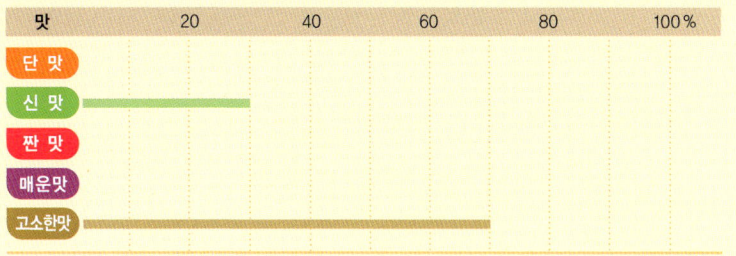

보관 기간   즉시 사용
어울리는 요리   구운 채소 샐러드

소스 만들기

1 토마토는 꼭지를 제거하여 8등분한 다음 130도로 예열한 오븐에 10분간 익힌다.
2 통마늘은 껍질과 꼭지를 제거하여 칼등으로 으깨어 토마토와 같이 오븐에 넣어 익힌다.
3 아몬드와 코코넛은 각각 팬에 담아 오븐에서 갈색으로 굽는다.
4 믹서에 구운 토마토와 마늘, 아몬드, 코코넛 등 준비한 모든 재료를 넣고 곱게 간다.
5 4를 팬에 담아 약한 불에서 약 10분간 끓인 후 차게 해서 사용한다.

 재료

토마토 3개
통마늘 2쪽
아몬드 50g
코코넛 10g
레드페퍼 크러시 1작은술
올리브오일 5컵
레드 와인 식초 1작은술
레몬 1/2개
소금 약간
검은 후춧가루 약간

로메스쿠 소스

스페인 바르셀로나 지방의 전통 음식인 깔솟은 주로 봄에 먹는데, 양파의 일종으로 우리나라의 대파와 비슷하며 숯불에 구워서 탄 부분은 버리고 안에 익은 부분만 먹는다. 이때 깔솟에 찍어 먹는 소스가 로메스쿠 소스이다.

허브 오일 소스
herb oil sauce

information

⇒ **맛의 특징**   여러 종류의 허브의 신선함이 그대로 녹아 있는 상큼한 소스

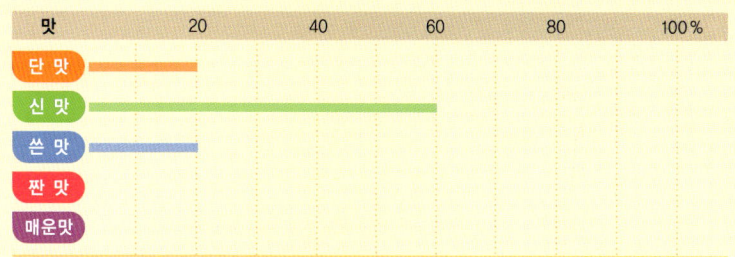

⇒ **보관 기간**   실내 서늘한 곳에서 2일 보관
⇒ **어울리는 요리**   그린 샐러드 요리

소스 만들기

재료

1. 양파는 곱게 다진다.
2. 통마늘은 껍질과 꼭지를 제거하고 곱게 다진다.
3. 타임과 로즈메리는 줄기를 없애고 곱게 다진다.
4. 레몬은 즙으로 만든다.
5. 팬에 화이트 와인 식초를 넣고, 위의 손질한 재료를 모두 넣어 약한 불에서 7~8분 동안 끓인다.
6. 5에 올리브오일을 섞는다.
7. 마지막에 레몬즙을 넣고 기호에 맞게 소금, 후춧가루로 간하여 소스를 완성한다.

양파 1개
통마늘 5쪽
레몬 1/2개
화이트 와인 식초 2큰술
타임 1줄기
로즈메리 1/3줄기
바질 1팩(약 15g)
올리브오일 100mL
설탕 1큰술
소금 약간
후춧가루 약간

memo

허브 오일 소스에 사용되는 허브는 개인의 취향에 따라 다른 허브를 사용하여 소스를 만들 수도 있다. 예를 들면 바질, 오레가노, 민트 등이 있다.

샐러드에
어울리는
소스

파인애플 살사
pineapple salsa

information

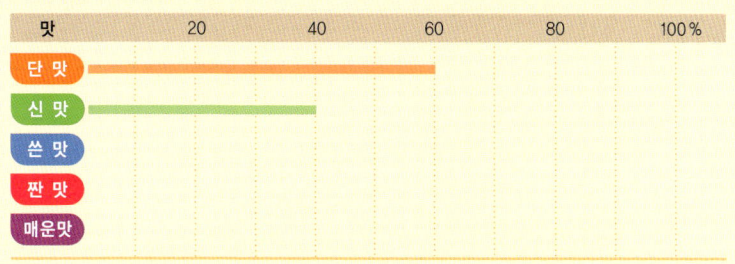

- 맛의 특징　새콤달콤한 파인애플과 부드러운 올리브오일이 느껴지는 소스
- 보관 기간　즉시 사용
- 어울리는 요리　생선, 가금류를 곁들인 샐러드 요리

살사 만들기

1. 파인애플은 껍질과 중앙의 딱딱한 심을 제거한다.
2. 배는 껍질과 씨를 제거한다.
3. 피망은 꼭지와 씨를 제거한다.
4. 레몬은 즙으로 만들고, 레몬 껍질은 제스트한다.
5. 파인애플과 배, 피망을 0.5cm 크기의 주사위 모양으로 썰어 준비한다.
6. 큰 볼에 준비한 5의 재료와 설탕을 넣고 섞는다.
7. 설탕이 모두 녹으면 소금, 후춧가루, 레몬즙, 레몬 제스트, 올리브오일을 넣어 소스를 완성한다.

재료

파인애플 150g
배 50g
빨간 피망 2큰술
레몬 1개
올리브오일 50g
설탕 1큰술
소금 약간
흰 후춧가루 약간

memo

- 멕시코의 토마토 살사를 응용해 토마토가 아닌 주재료의 변경으로 다양하고 많은 살사(소스)를 만들 수 있다.
- 배 살사 : 파인애플과 배의 배합을 반대로 만들고, 여기에 콩까세한 토마토와 다진 고수잎을 넣어 배 살사를 만든다.

샐러드에 어울리는 소스

버섯 오일 소스
mushroom oil sauce

information

맛의 특징　버섯의 감칠맛과 레몬의 상큼하고 새콤한 맛의 조화

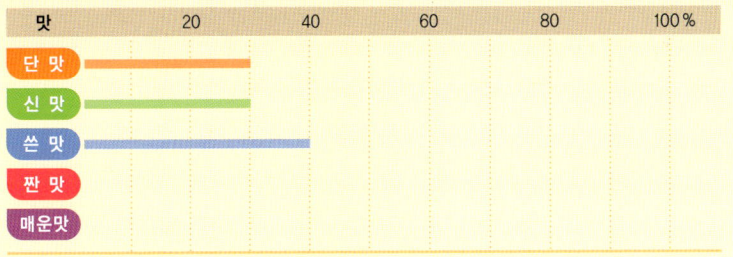

보관 기간　즉시 사용
어울리는 요리　버섯 샐러드, 구운 채소 샐러드, 나물 샐러드

소스 만들기

1 양송이와 새송이버섯은 0.5cm 크기의 주사위 모양으로 썬다.
2 양파는 버섯 크기보다 조금 작은 크기로 썰어 찬물에 1분간 담가 매운맛을 없앤 다음 거즈로 물기를 제거한다.
3 팬에 올리브오일 1큰술을 넣어 강한 불에서 양파를 갈색으로 볶는다.
4 양파에 갈색이 돌면 버섯을 넣어 볶는다.
5 4에 물, 설탕, 식초를 넣어 중간 불에서 5분간 끓인다.
6 5에 레몬즙과 올리브오일, 파슬리를 섞고 소금으로 간하여 넣어 소스를 완성한다.

 재료

양송이버섯 5개
새송이버섯 1개
양파 30g
식초 3큰술
올리브오일 8큰술
물 5큰술
레몬 1개
파슬리 1/5작은술
설탕 2큰술
소금 약간

❋ 양송이버섯과 새송이버섯 외에도 식용 버섯이면 모두 가능하다.

샐러드에
어울리는
소스

참깨 마요네즈 소스
sesame mayonaise sauce

information

맛의 특징   참깨와 참기름의 고소한 향기가 가득한 소스

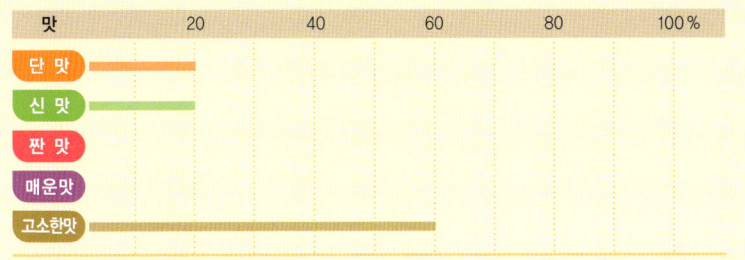

보관 기간   냉장고에서 2일 보관 가능
어울리는 요리   삶은 콩, 셀러리를 곁들인 샐러드 요리

소스 만들기

1 검은깨와 흰깨는 약한 불에서 고소한 향이 나도록 볶는다.
2 레몬은 즙을 내어 준비한다.
3 파슬리는 줄기를 제거하고 잎만 다져 거즈에 넣어 찬물에서 2~3회 헹군다.
4 찬물에 헹군 파슬리는 넓은 접시에 담아 수분이 충분히 마르도록 햇빛 없는 실온에 보관한다.
5 큰 볼에 정수 1/2과 설탕을 넣어 설탕을 완전히 녹인다.
6 설탕이 모두 녹으면 준비한 모든 재료를 섞는다.
7 나머지 정수로 농도를 조절하여 소스를 완성한다.

 볶은 깨는 절구를 이용해 깨소금으로 만들어 사용하면, 더욱 진한 향의 소스를 만들 수 있다.

재료

검은깨 20g
흰깨 50g
파슬리 1작은술
레몬 1큰술
마요네즈 150g
참기름 2큰술
화이트 와인 1큰술
설탕 1큰술
소금 약간
정수(생수) 4큰술

샐러드에
어울리는
소스

토마토 살사
tomato salsa

information

→ **맛의 특징** 토마토의 새콤함과 고추의 매콤함이 조화를 이룬 소스

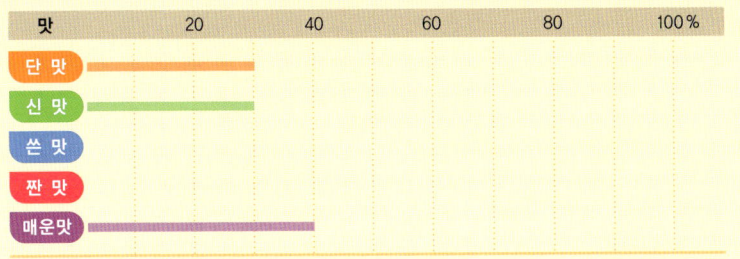

→ **보관 기간** 즉시 사용
→ **어울리는 요리** 해산물을 곁들인 또띠야 요리

살사 만들기

1 토마토는 껍질과 씨를 제거하고 콩까세한다.
2 양파는 곱게 다져 물기를 제거한다.
3 붉은 고추는 꼭지와 씨를 제거하고 곱게 다진다.
4 파슬리는 줄기를 제거하고 곱게 다진다.
5 레몬은 즙을 내어 준비한다.
6 팬에 손질한 모든 재료와 핫소스, 레몬즙을 골고루 섞은 후 약한 불에서 10분간 끓인다.
7 소금과 후춧가루로 간을 하여 소스를 완성한다.

토마토 5개
붉은 고추 2개
양파 1개
식초 30mL
레몬 15mL
다진 파슬리 1큰술
핫소스 30mL
소금 약간
흰 후춧가루 약간

memo

파슬리의 효능

　지중해가 원산지이며 미나리과의 채소로 네덜란드 셀러리라고도 한다. 잎은 비타민 A와 비타민 C, 비타민 B₁, B₂, 그리고 고칼슘을 함유하고 있으며 영양적으로 우수하다. 파슬리 향은 가금류나 물고기의 잡냄새를 없애는 효과가 있고, 다진 파슬리는 말리거나 생으로 소스나 드레싱, 수프에 많이 쓰인다.

> 샐러드에 어울리는 소스

열대 과일 소스
tropical fruit sauce

information

➡ **맛의 특징**   열대 과일의 풍성함을 느낄 수 있는 소스

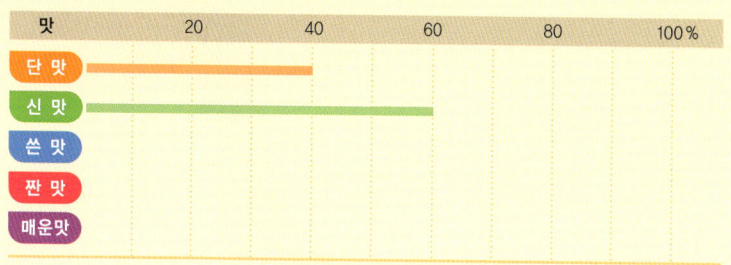

➡ **보관 기간**   즉시 사용
➡ **어울리는 요리**   구운 과일 요리(바나나, 파인애플 등)

소스 만들기

1 망고, 파인애플, 리치는 껍질과 씨를 제거한다.
2 손질한 과일은 0.5cm 크기의 주사위 모양으로 썰어 준비한다.
3 올리브는 링으로 썰어 준비한다.
4 볼에 과일과 올리브, 설탕을 넣고 설탕을 완전히 녹인다.
5 설탕이 모두 녹으면 소금과 식초를 섞어 소스를 완성한다.

재료

망고 50g
파인애플 20g
리치(캔 제품) 30g
올리브(그린, 블랙) 20g
올리브오일 80mL(5큰술)
설탕 1큰술
식초 2큰술
소금 약간

- 열대 과일 소스는 트로피컬 소스라고 부르며, 부드럽고 달콤한 것이 특징이다.
- 열대 지방의 과일은 모두 소스의 주재료로 이용할 수 있다.

memo

리치(litch)
중국 남부가 원산지이고, 열매는 둥글게 생겼으며 겉면에는 거북의 등처럼 거칠고 돌기가 있다. 과육은 시고 달며 독특한 향기가 있어 생으로 먹는다. 피부 미용과 스태미너에 좋고 혈액 증강에 도움이 된다. 또한 양귀비가 즐겨 먹던 과일로 중국 남부에서는 과일 중의 왕이라 불린다.

매운 베이컨 소스
spicy bacon sauce

information

→ 맛의 특징 베이컨의 바삭한 맛과 레몬의 상큼한 맛이 조화를 이룬 소스

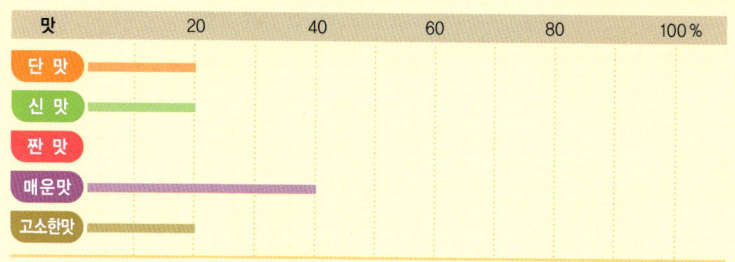

→ 보관 기간 즉시 사용
→ 어울리는 요리 생시금치를 이용한 샐러드 요리

소스 만들기

1. 베이컨은 잘게 썰어 준비한다.
2. 양파는 곱게 다져 찬물에 1분간 넣어 매운맛을 없애고 거즈로 물기를 제거한다.
3. 토마토는 꼭지 제거 후 +로 칼집 넣어 끓는 물에 3~5초 데쳐 재빨리 찬물에 넣어 껍질을 제거한다.
4. 껍질을 제거한 토마토는 4등분해 씨를 제거한 다음 타월을 이용해 물기를 제거한다. 1cm 크기의 주사위 모양으로 토마토를 자른다.(콩까세)
5. 팬에 베이컨을 넣고 중간 불에서 볶는다.
6. 베이컨에서 기름이 나오면 양파를 넣어 갈색으로 볶은 다음 사과 식초를 넣어 1/3로 졸인다.
7. 졸인 베이컨에 쇠고기 육수와 화이트 와인을 넣어 중간 불에서 1분간 끓인다.
8. 7에 콩까세한 토마토와 레몬즙을 넣어 섞는다.
9. 전분을 이용하여 베이컨 소스의 농도를 조절해 소스를 완성한다.

재료

베이컨 200g
양파 100g
토마토 50g
화이트 와인 2큰술
레몬즙 3큰술
설탕 50g
사과 식초 10mL (2작은술)
쇠고기 육수 400mL
전분(농도 조절용) 약간

memo

식초는 한번 끓여 신맛을 조금 휘발시킨 뒤 사용하는 것이 좋다. 사과 식초의 경우는 1/3로, 일반 식초의 경우는 1/5 정도로 졸인 다음 사용하는 것이 좋다.

샐러드에
어울리는
소스

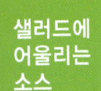

이탈리안 드레싱

italian dressing

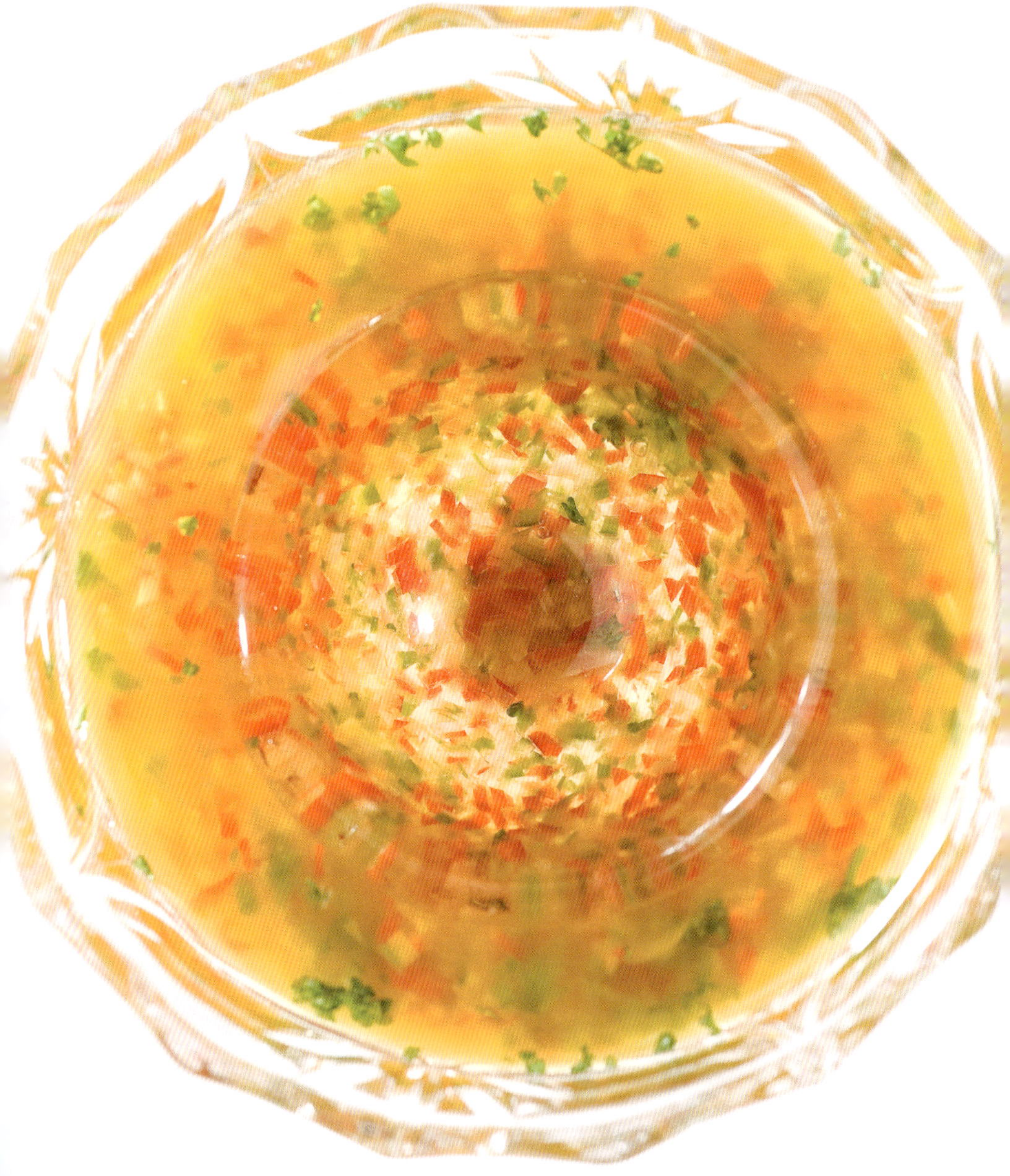

information

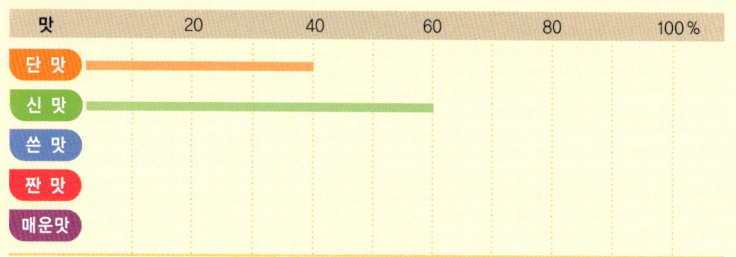

→ 맛의 특징   상큼한 레몬향에 여러 색의 피망과 양파를 섞어 눈을 즐겁게 하는 소스

→ 보관 기간   실내 서늘한 곳에서 2일 보관 가능
→ 어울리는 요리   채소 샐러드 요리

소스 만들기

1 레몬은 즙을 만들고, 레몬 껍질은 제스트해 곱게 다진다.

2 양파는 곱게 다져 찬물에 1분간 넣어 매운맛을 없애고 거즈로 물기를 제거해 준비한다.

3 큰 볼에 양파, 피망, 파슬리, 제스트한 레몬 껍질을 넣는다.

4 3에 화이트 와인과 설탕, 소금, 후춧가루를 넣어 섞어 설탕을 모두 녹인 후 머스터드와 식초를 순서대로 섞는다.

5 마지막에 레몬즙과 올리브오일을 섞어 소스를 완성한다.

올리브오일 100mL
다진 양파 1큰술
다진 빨간 피망 (또는 파프리카) 1작은술
다진 파슬리 1/2작은술
레몬 1/2개
머스터드 1작은술
화이트 와인 2큰술
식초 30mL
설탕 1작은술
소금 약간
흰 후춧가루 약간

memo
- 올리브오일을 재료에 혼합하기 전에 간을 먼저 하는 것이 좋다.
- 올리브오일과 식초의 비율은 3:1이 적당하며, 개인의 취향에 따라 다른 재료를 넣어 사용할 수도 있다.

샐러드에 어울리는 소스

베이컨 크림 소스
bacon cream sauce

information

→ **맛의 특징** 생크림의 부드러움 속에 느껴지는 베이컨과 통후추의 강한 맛의 소스

맛	20	40	60	80	100%
단 맛					
신 맛					
짠 맛	■■				
매운맛	■				
고소한맛	■■■■■				

→ **보관 기간** 즉시 사용
→ **어울리는 요리** 구운 채소 요리

소스 만들기

1 베이컨은 잘게 잘라 중간 불에서 굽는다.
2 베이컨에서 생긴 오일은 따로 모아 준비한다.
3 양파는 곱게 다진다.
4 마늘은 껍질과 꼭지를 제거한 후 곱게 다진다.
5 다진 양파와 마늘을 베이컨에서 생긴 오일을 사용해 중간 불에서 갈색으로 볶는다.
6 구운 베이컨과 양파, 마늘에 생크림을 넣어 약한 불에서 3~4분간 서서히 졸인다.
7 통후추는 칼등을 이용해 으깬 후 6에 넣는다.
8 7에 소금과 후춧가루로 간을 한다.
9 믹서를 이용해 8을 곱게 간 다음 화이트 와인으로 농도를 조절해 소스를 완성한다.

재료

생베이컨 2장
생크림 50mL
양파 20g
마늘 2쪽
화이트 와인 1큰술
통후추 5~10알
소금 약간
후춧가루 약간

✻ 로즈메리 또는 다양한 허브를 사용하여 더욱 풍미 가득한 소스를 만들 수 있다.

> 샐러드에 어울리는 소스

베어네즈 소스
bearnaize sauce

information

➡ **맛의 특징** 허브향이 살짝 가미된 부드럽고 고소한 소스

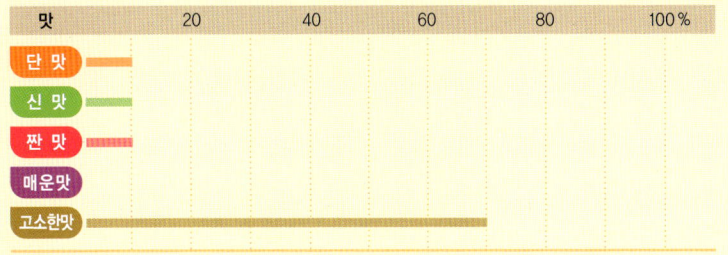

➡ **보관 기간** 즉시 사용
➡ **어울리는 요리** 삶은 채소 요리

소스 만들기

1 냄비에 버터를 넣어 약한 불에서 서서히 끓인다.
2 버터의 유지방이 분리되면 숟가락을 이용해 흰색의 불순물을 제거한다.
3 냄비에 화이트 와인, 식초, 다진 양파, 통후추, 타라곤을 넣어 중간 불에서 2~3분 끓인다.(타라곤 주스)
4 체를 이용해 재료를 걸러 주고 주스만 보관한다.
5 큰 볼에 달걀 노른자를 먼저 넣고, **2**의 정제한 버터를 조금씩 넣어가며 섞는다.
6 **5**에 버터를 섞은 후 레몬즙과 타라곤 주스를 넣어 농도를 조절한다.
7 소금, 후춧가루로 간을 하여 소스를 완성한다.

재료

달걀 노른자 1개
버터 150g
화이트 와인 2큰술
다진 양파 1큰술
레몬즙 1큰술
타라곤(허브류) 1/3작은술
통후추 3알
식초 2큰술
소금 약간
후춧가루 약간

 달걀 노른자에 버터를 섞는 순간에 버터의 온도가 높으면 노른자가 익으므로 55도 전후의 온도가 적당하다.

memo

베어네즈(bearnaise) 소스
정통 프랑스 소스로 식초, 와인, 타라곤, 샬롯을 넣어 졸인 후 걸러서 달걀 노른자를 넣고 중탕하여 반숙으로 익힌 다음 정제 버터로 유화시켜 만든 소스이다.

콩 푸딩
soy bean pudding

재료

백태(메주콩) 100g
땅콩 30g
크림치즈 50g
우유 300mL
꿀 40mL
젤라틴 4장
어린잎 채소 10g

요리 만들기

1 백태와 땅콩을 24시간 물에 불린 다음 손으로 눌러 뭉개질 때까지 삶는다.

2 1을 차가운 물에 완전히 식힌 후 우유, 꿀을 넣고 믹서에 곱게 갈아 체에 내린다.

3 젤라틴은 찬물에 5분 정도 불린다.

4 2에 크림치즈와 불린 젤라틴을 넣고 끓인 후 믹서에 한번 더 갈아 체에 거른 다음 빠르게 식힌다.

5 4를 모양틀에 담아 굳으면 샐러드와 함께 소스를 곁들인다.

❋ 육류나 어류 등을 먹기 전에 샐러드처럼 즐길 수 있고, 아이들의 간식으로 좋다. 또한 완두콩 등 다른 콩들을 이용하여 만드는 것도 가능하다.

요리와 어울리는 소스 칠리 스위트 소스, 참깨 마요네즈 소스, 호두 소스, 시트러스 살사

콩의 효능

소화가 잘 되는 콩은 쉽게 포만감을 주어 다이어트에 좋으며, 식이섬유는 혈액순환에 도움이 되고 변비를 예방한다. 또한 피부를 윤기있게 해주며 식물성 단백질이 풍부하여 고혈압, 당뇨병 환자에게 매우 좋다.

cooking plus

모차렐라 풍선과 아보카도 살사

mozzalella balloon with avocado salsa

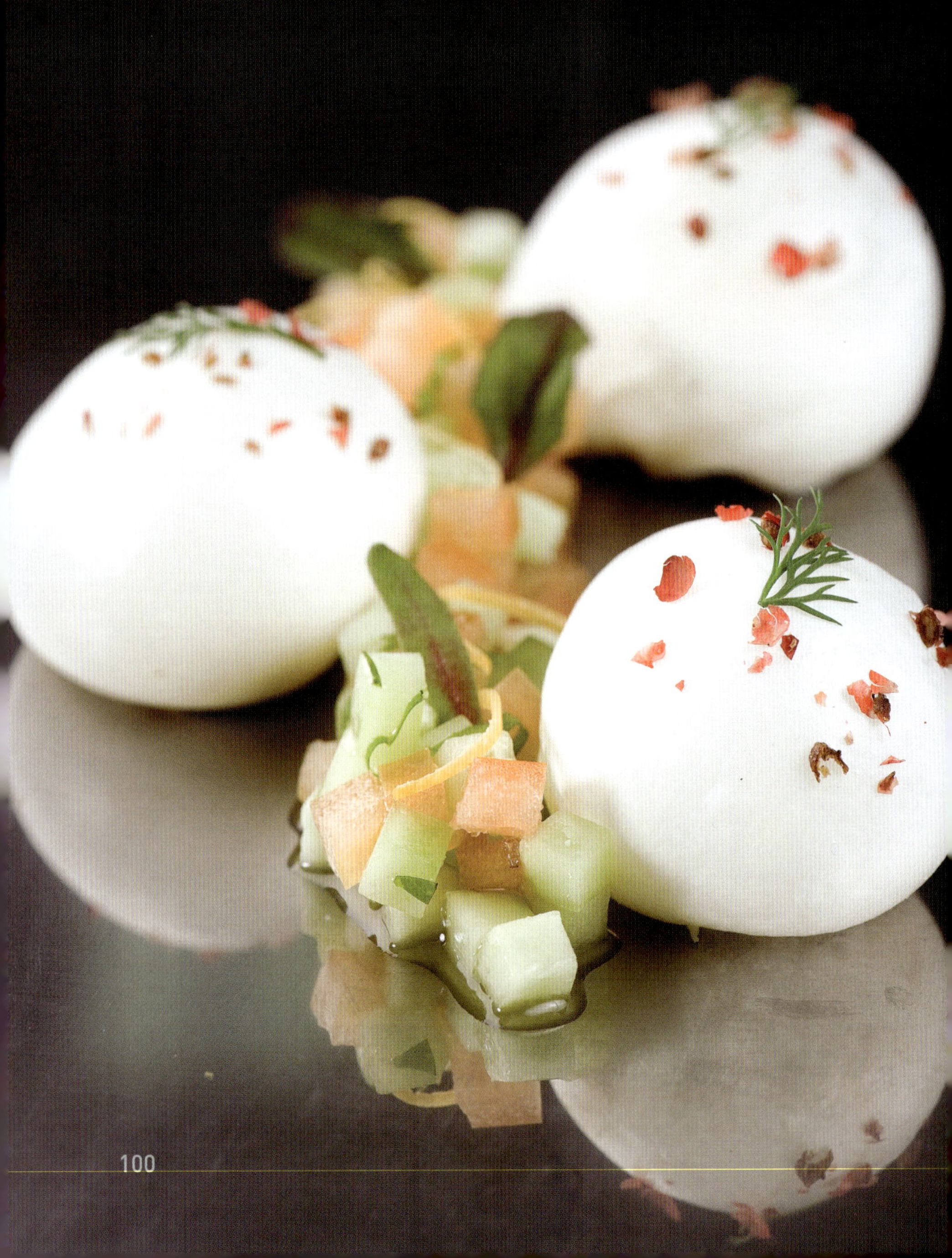

재료

모차렐라 치즈 1/2개
아보카도 1/2개
토마토 1개
핑크페퍼 5알
바질 3장
엑스트라 버진 올리브오일 2큰술
제스트 약간
소금 약간

요리 만들기

1. 토마토는 끓는 물에 데쳐서 얼음물에 담가 껍질을 벗겨 준비한다.
2. 껍질을 제거한 토마토는 씨를 제거한 후 1cm 크기의 주사위 모양으로 자른다.(콩까세)
3. 아보카도는 반으로 잘라 씨와 껍질을 제거한다.
4. 아보카도를 토마토 크기와 같이 일정한 크기로 자른다.
5. 휘핑건에 질소 가스를 충전한다.
6. 모차렐라 치즈는 3등분하여 끓는 물에 하나씩 넣어 말랑말랑해지도록 한 손가락으로 살살 눌러 평평하게 한 다음 휘핑건의 구멍에 모차렐라를 부쳐 가스가 새지 않도록 하고 질소 가스를 조금씩 넣어 부풀린다.
7. 핑크페퍼는 칼 옆면을 이용해서 으깬다.
8. 바질은 잘게 채 썰어 토마토와 아보카도, 올리브오일을 섞어 소금간하여 살사를 만든 후 접시에 담는다.
9. 모차렐라 풍선을 접시에 올리고, 핑크페퍼를 풍선 위에 뿌린 다음, 제스트를 살사 위에 올려 요리를 완성한다.

요리와 어울리는 소스   토마토 오일 소스, 고르곤졸라 치즈 딥, 발사믹 오일 소스, 아보카도 오일 소스, 프렌치 오일 소스

cooking plus

구운 아스파라거스와 해산물 샐러드

grilled asparagus with seafood salad

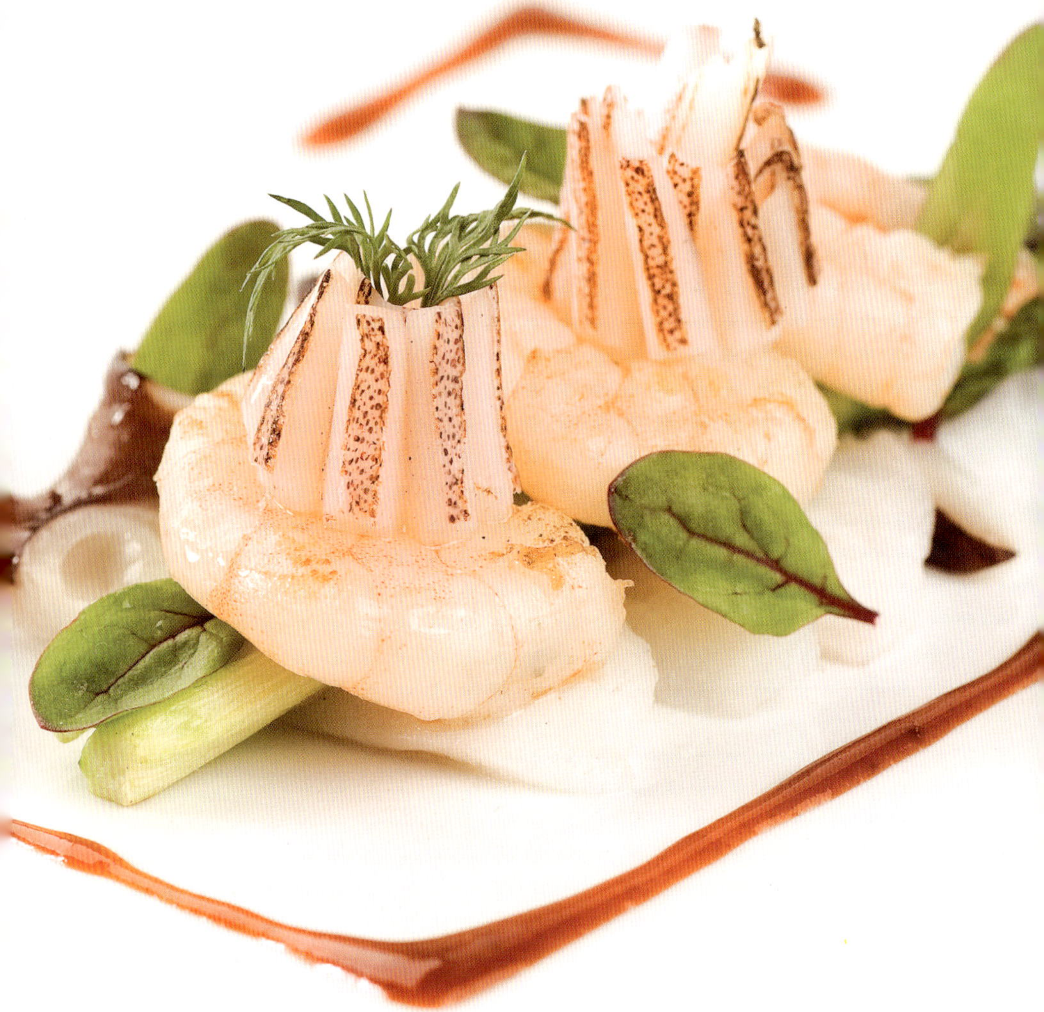

요리 만들기

1 아스파라거스는 껍질을 제거한다.
2 타임은 깨끗이 씻어 곱게 다진다.
3 팬에 올리브오일 1작은술을 넣어 강한 불에서 아스파라거스를 굽고 곱게 다진 타임과 함께 소금 간을 한다.
4 분량의 뜨거운 물을 붓고 화이트 와인을 넣어 끓인다.
5 4에 레몬, 소금, 타임, 월계수잎을 넣고 끓여 소스를 준비한다.
6 냄비에 준비한 갑오징어, 새우, 문어를 넣고 데친 후 찬물에 넣어 열기를 제거한다.
7 데친 해산물을 볼에 담고, 5의 소스를 넣어 2~3분 동안 실온에서 보관한다.
8 접시에 아스파라거스, 해산물, 어린잎 채소를 담고 소스를 뿌려 요리를 완성한다.

요리와 어울리는 소스   매운 베이컨 소스, 시트러스 살사, 베이컨 크림 소스

재료

아스파라거스 3개
작은 갑오징어 몸통 1/5개
칵테일 새우 3~5개
문어 다리 3~5조각
어린잎 채소 30g
화이트 와인 2큰술
타임(허브) 2줄
레몬 1/5개
월계수잎 약간
뜨거운 물 250mL
소금 약간
올리브오일 1작은술

아스파라거스의 효능

아스파라거스에는 비타민 A, C, K, 엽산, 망간, 칼륨 등이 많이 들어 있고, 베타카로틴, 루테인 같은 항암 물질을 많이 함유하고 있다. 채소의 황제라고 불리우기도 한다.

임산부에게 특히 좋은 것으로 알려져 있으며, 성인병에 관련한 뇌졸중, 치매, 심장마비 등을 예방한다. 또한 장내에 유익한 박테리아가 잘 자라서 장기능 개선에도 도움이 된다.

요리를 할 경우 밑둥은 잘라내고 살짝 데쳐서 먹는 방법이 가장 좋다.

part 2

참깨 소스 sesame sauce 구운 마늘 소스 baked garlic sauce 발사믹 소스 balsamic sauce 복분자 소스 raspberry sauce 레드 와인 소스 red wine sauce 스파이시 버터 spicy butter 중화풍 스테이크 소스 chinese style steak sauce 비프 데리야키 소스 beef teriyaki sauce 양송이 소스 button mushroom sauce 후추 소스 pepper sauce 씨겨자 허니 소스 whole grain mustard honey sauce 안초비 오일 소스 anchovy oil sauce 배 쿨리 소스 pear coulis sauce 양파 소스 oinon sauce 오리엔탈 과일 소스 oriental fruit sauce 맑은 간장 소스 soy sauce 멕시칸 소스 mexican sauce 고르곤졸라 치즈 소스 gorgonzola cheese sauce 포메리 머스터드 소스 pommery mustard sauce 마늘 머스터드 소스 garlic mustard sauce 버섯 퓌레 mushroom purée 마데이라 와인 소스 madeira wine sauce 스트로가노프 sauce stroganoff sauce 프로방살 소스 provencial sauce 불고기 양념 bulgogi sauce L.A 갈비 양념 L.A rib sauce 소 갈비찜 양념 boiled rib stew sauce 비프 카르파치오 beef carpaccio 으깬 감자와 안심 스테이크 beef tenderloin steak with mashed potato

쇠고기에 어울리는 소스

쇠고기에 어울리는 소스

참깨 소스
sesame sauce

information

맛의 특징 깨의 고소함과 부드러움이 어우러진 소스

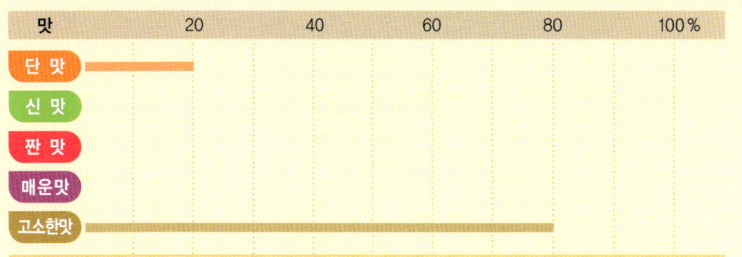

보관 기간 냉장고에서 2일 보관 가능
어울리는 요리 샤브샤브, 육류 샐러드, 채소 샐러드, 두부 요리

소스 만들기

1. 블렌더를 준비하여 정수, 기꼬망 간장, 폰즈 소스를 넣고 통깨와 설탕, 땅콩버터를 넣는다.
2. 블렌더를 강하게 하여 재료를 간 다음, 올리브오일을 흘리듯 부어가며 곱게 간다.
3. 마지막에 레몬 주스를 넣어 한 번 더 간 다음, 체에 걸러준다.(통깨가 아주 곱게 갈려야 한다.)
4. 소스는 6시간 냉장 숙성시킨 후 사용한다.

재료

통깨 100g
땅콩버터 50g
올리브오일 50mL
폰즈 소스 30mL
기꼬망 간장 30mL
정수 70mL
설탕 1/2큰술
레몬 주스 2큰술

memo

기꼬망 간장
　기꼬망 간장은 일본의 대표적인 간장 브랜드로서, 간장 종류가 300가지이며 일본에서 가장 인정받고 있는 간장이다.

깨의 효능
　깨에 들어 있는 지방은 불포화지방산으로 우리 몸에 유익한 지방이며, 필수아미노산을 다양하게 함유하고 있다. 깨에는 필수아미노산 중 리신이 모자라는데 콩에 리신이 많기 때문에 콩요리와 함께 먹으면 찰떡궁합이다.

쇠고기에 어울리는 소스

구운 마늘 소스
baked garlic sauce

information

→ **맛의 특징** 구운 마늘 향기에 한 번, 강한 맛에 또 한 번, 중독되는 소스

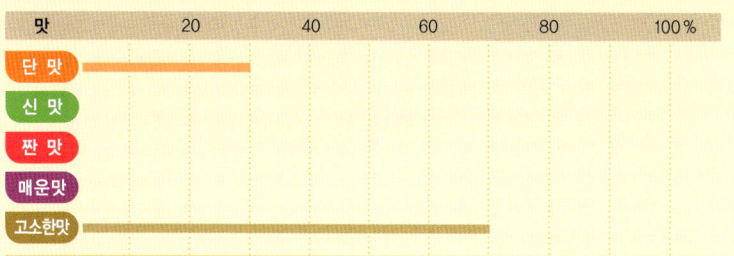

→ **보관 기간** 즉시 사용
→ **어울리는 요리** 가금류를 곁들인 샐러드 요리

소스 만들기

1 오븐은 130도로 예열해 놓는다.
2 통마늘은 껍질과 꼭지를 제거한다.
3 껍질을 제거한 마늘은 예열된 오븐에서 약 10분간 굽는다.
4 양파는 얇게 잘라 준비하여 팬에 올리브오일 1큰술을 넣어 갈색으로 볶는다.
5 양파 볶은 팬에 마늘과 두유, 꿀을 넣어 약한 불에서 5~10분간 끓인다.
6 끓인 마늘과 양파, 올리브오일, 소금을 믹서에 넣고 곱게 간 다음 체를 이용해 걸러 소스를 완성한다.

재료

통마늘 6쪽
두유 1팩(190mL)
양파 1/5개
꿀 1큰술(15mL)
올리브오일 50mL
소금 약간

 오븐이 없을 경우 팬에 오일 1큰술을 넣어 약한 불에서 굽는다.

memo

구운 마늘 주스 만들기
재료 : 통마늘 6쪽, 두유 1팩(190mL), 꿀 1큰술(15mL)
구운 마늘과 두유, 꿀을 믹서에 넣고 같이 곱게 갈아 주스를 만든다.

쇠고기에 어울리는 소스

발사믹 소스
balsamic sauce

information

— 맛의 특징   발사믹의 달콤함과 끝맛에서 느껴지는 새콤함이 있는 소스

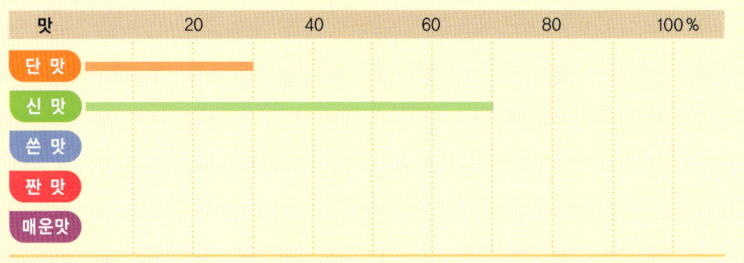

— 보관 기간   냉장고에서 2일 보관 가능
— 어울리는 요리   스테이크, 샐러드, 해산물 요리, 과일 디저트

소스 만들기

1 양파는 얇게 슬라이스한다.
2 팬에 올리브오일을 넣고 중간 불에서 통마늘과 양파를 갈색이 되도록 볶는다.
3 채소 볶은 팬에 발사믹 식초와 타임을 넣고 약한 불로 1/3 가량으로 졸인다.
4 졸여진 소스는 믹서에 곱게 갈아 고운 체에 걸러 준다.
5 4를 팬에 다시 부어 끓게 되면 꿀을 넣는다.
6 5의 소스에 기호에 맞게 소금, 후춧가루로 간하여 완성한다.

 재료

올리브오일 20mL
발사믹 식초 375mL
양파 2개
통마늘 5쪽
타임 3줄기
꿀 50mL
소금 약간
후춧가루 약간

memo

발사믹 식초
진한 단맛을 내는 포도즙을 오크통 나무나 목질이 다른 나무통에 여러 번 옮겨가며 숙성시켜 만든 것이다. 보통 올리브오일과 섞어 샐러드 또는 식전 빵에 이용된다.

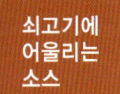 쇠고기에 어울리는 소스

복분자 소스
raspberry sauce

information

→ 맛의 특징   달콤한 복분자의 맛을 느낄 수 있는 소스

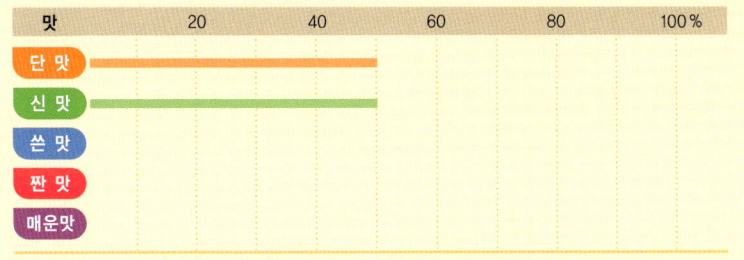

→ 보관 기간   냉장고에서 2일 보관 가능
→ 어울리는 요리   스테이크

소스 만들기

1. 포트 와인을 냄비에 붓고 끓으면 불을 붙여 알코올을 날린다.
2. 알코올이 날아간 포트 와인에 복분자, 타임, 월계수잎을 넣고 자작해질 때까지 졸인다.
3. 졸여진 소스에서 월계수 잎은 건져내고 나머지는 믹서에 곱게 갈아 고운 체에 걸러준다.
4. 3의 소스를 팬에 다시 부어 끓으면 꿀을 넣는다.
5. 4의 소스에 기호에 맞게 소금, 후춧가루로 간하여 완성한다.

 재료

포트 와인 300mL
복분자 300g
드라이 타임(허브) 1작은술
월계수잎 1장
꿀 30mL
소금 약간
후춧가루 약간

memo

포트 와인(port wine)
포르투갈에서 생산하는 포트 와인은 주정강화 와인(일반 와인에 비해 알코올 도수가 높은 와인)으로 알코올 농도는 19~22%이며, 일반 와인보다는 6~8도 알코올 도수가 높다. 와인 발효 공정 중에 브랜디를 넣어 양조하는 것이 특징이다.

쇠고기에 어울리는 소스

레드 와인 소스
red wine sauce

information

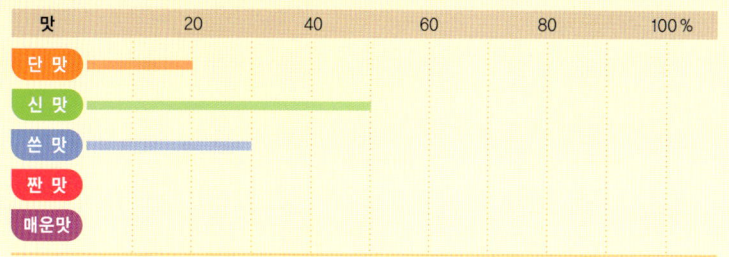

- 맛의 특징 입안에서 묵직함을 느낄 수 있는 진한 맛의 소스
- 보관 기간 냉장고에서 2일 보관 가능
- 어울리는 요리 스테이크

소스 만들기

1 양파는 얇게 슬라이스한다.
2 냄비에 올리브오일을 붓고 통마늘과 양파 슬라이스를 중간 불에서 볶는다.
3 양파의 색상이 진한 갈색이 나도록 중간 불로 볶다가 레드 와인을 넣어 끓인다.
4 와인이 끓으면 불을 붙여 알코올을 날리고 타임, 월계수잎, 통후추를 넣는다. 와인이 반으로 줄어들면 타임, 월계수잎과 통후추를 건져낸다.
5 졸인 와인에 데미글라스 소스를 넣고 농도를 맞춘 후 꿀을 넣는다.
6 5에 소금과 후춧가루로 간하여 완성한다.

 재료

올리브오일 30mL
양파 2개
통마늘 2쪽
레드 와인 1병(750mL)
데미글라스 소스 100mL
월계수잎 2장
타임(허브류) 3줄기
통후추 10알
꿀 약간
소금 약간
후춧가루 약간

memo

레드 와인
　와인은 색에 따라 레드 와인, 로제 와인, 화이트 와인으로 나뉘는데, 이 중 레드 와인은 카베르네 소비뇽, 메를로, 피노 누와, 시라, 쉬라즈 등 적포도를 원료로 하여 껍질과 씨, 알맹이를 모두 사용해 제조한 붉은 빛의 와인을 말한다.

쇠고기에
어울리는
소스

스파이시 버터
spicy butter

information

맛의 특징　매운맛의 느낌으로 시작해 부드러운 버터의 느낌으로 끝나는 소스

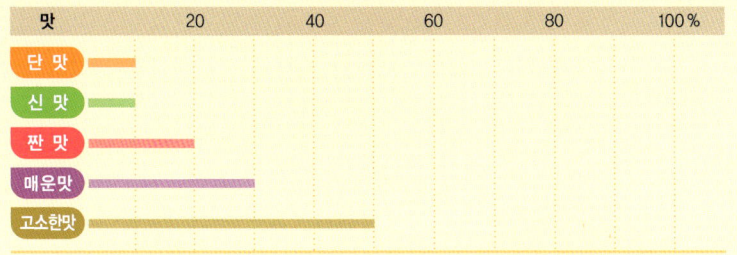

보관 기간　냉동 보관 1개월 가능, 냉장고에서 2일 보관 가능
어울리는 요리　육류 스테이크, 생선 스테이크, 볶음 요리

버터 만들기

1. 버터는 실온에 두어 마요네즈처럼 녹인다.
2. 청량고추와 칠리 피클은 반으로 잘라 씨를 제거하여 거칠게 다져 준비한다.
3. 다진 고추와 피클의 물기를 키친타월로 꼭 짜서 준비한다.
4. 프레시 타임은 잎사귀만 떼어내어 자몽 제스트와 함께 다져 준비한다.
5. 버터에 위의 재료를 넣고 숟가락으로 골고루 섞은 후 마지막에 꽃소금으로 간을 한다.
6. 랩 위에 **5**를 펼쳐서 사탕처럼 말아준 다음 냉동실에 보관한다.(사용 시 조금씩 칼로 잘라서 스테이크 위에 얹으면 녹으면서 소스가 된다.)

 재료

버터 100g
칠리 피클 4개
청량고추 1개
자몽 제스트 1/2작은술
프레시 타임 4줄기
꽃소금 약간
다진 마늘 1/2작은술

memo

타임(허브)

　타임은 '향기를 피운다'라는 뜻으로, 향기가 강하여 보존제로도 사용하며 향이 멀리까지 간다하여 '백리향'이라고 한다. 육류나 생선류, 수프, 진한 소스류 등에 사용되고, 비누나 샴푸, 미용 제품 등 생활 필수품에도 이용된다.

쇠고기에
어울리는
소스

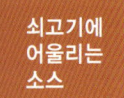

중화풍 스테이크 소스

chinese style steak sauce

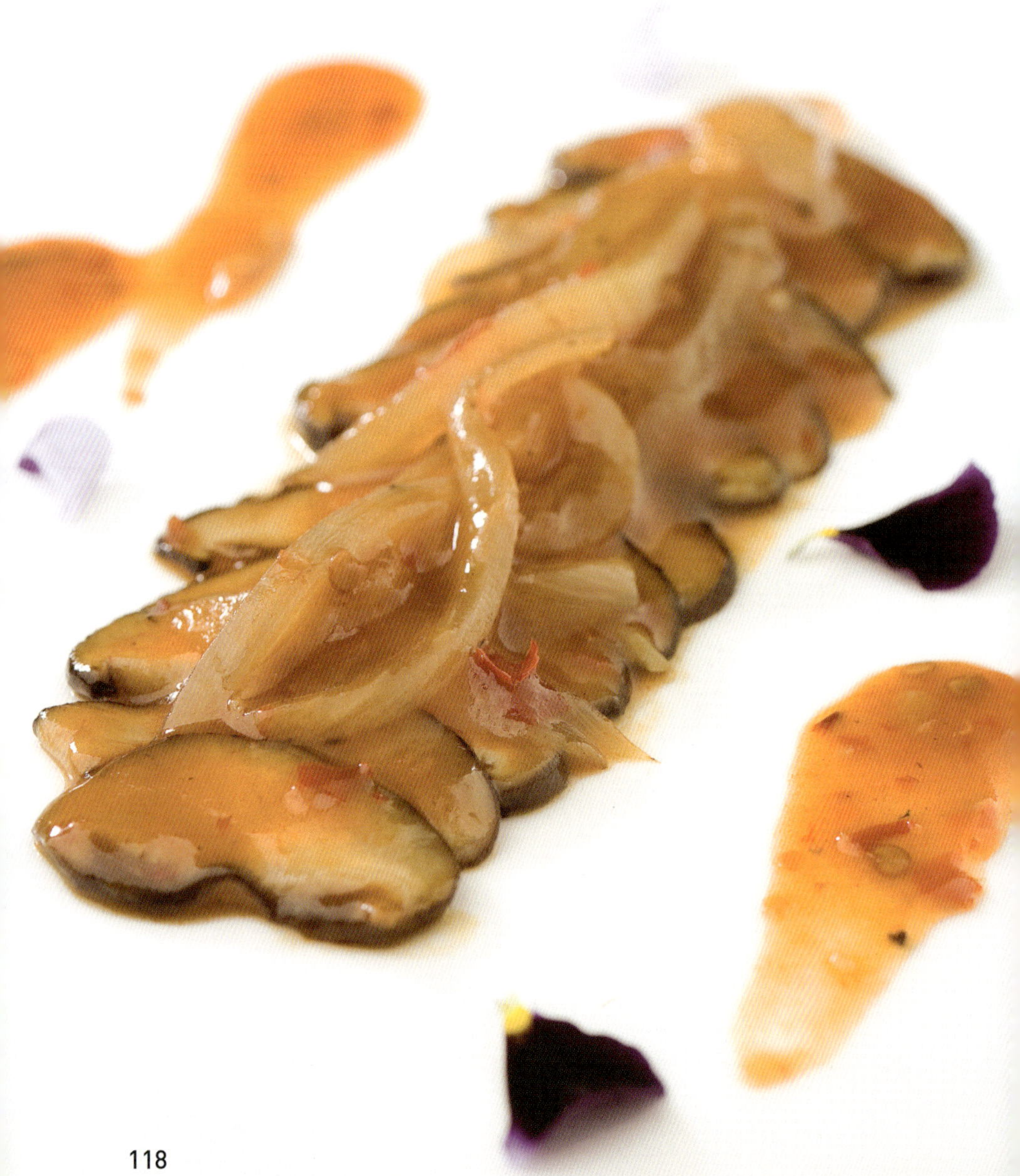

information

— 맛의 특징 채소의 맛과 혀끝을 감싸는 매콤함이 있는 소스

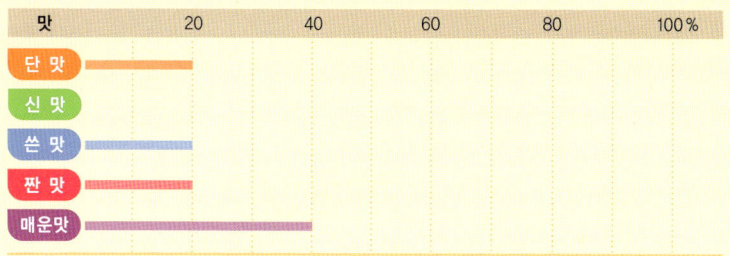

— 보관 기간
— 어울리는 요리 육류 요리, 해산물 볶음 요리, 채소 볶음 요리

소스 만들기

1. 양파와 표고버섯은 잘게 채 썰어 준비한다.
2. 그릇에 고추마늘 소스, 두반장, 굴 소스를 넣고 골고루 섞어 준비한다.
3. 달궈진 팬 위에 식용유를 두르고 양파를 갈색이 나도록 볶은 후 표고버섯을 넣는다.
4. 표고버섯이 볶아지면 후춧가루와 고추기름을 넣고 볶는다.
5. 채소의 숨이 죽으면 준비한 2를 넣어 섞는다.
6. 5를 볶다가 치킨 육수를 넣고 끓으면 물 전분으로 농도를 맞추어 완성한다.

 재료

식용유 20mL
양파 1/2개
표고버섯 2개
고추마늘 소스 1작은술
굴 소스 2큰술
두반장 1큰술
후춧가루 약간
고추기름 10mL
치킨 육수 200mL
물 전분(농도용) 약간

memo

고추마늘 소스, 굴 소스, 두반장 등은 중식 요리에서 자주 등장하는 식재료이다. 그 밖에 해선장, XO 소스류도 많이 사용된다. 거의 공산품으로 병이나 캔류를 수입하므로 인터넷 구매도 쉽다.

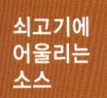
쇠고기에 어울리는 소스

비프 데리야키 소스
beef teriyaki sauce

information

→ **맛의 특징** 달콤하면서 짭짤하며 깊은 맛이 있는 소스

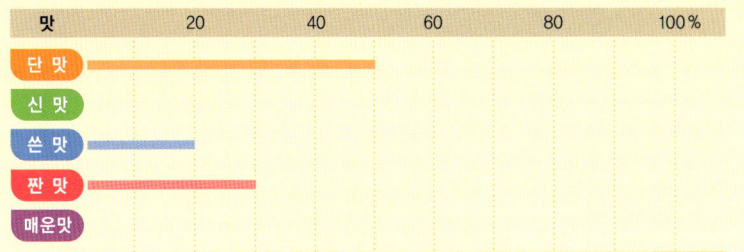

→ **보관 기간** 냉동 보관 1개월 가능, 냉장고에서 2일 보관 가능
→ **어울리는 요리** 스테이크, 샤브샤브

소스 만들기

1 양파는 깍둑썰기하고, 대파는 4등분하여 자른다.
2 250도 오븐에 채소를 갈색이 나도록 굽는다.
3 구운 채소와 나머지 재료를 냄비에 넣고 끓인다.
  (반드시 냄비 밑바닥이 타지 않도록 저어준다. 설탕류가 들어가면 탈 염려가 있다.)
4 끓고 나면 약한 불로 줄이고 1/4 가량 되면 불을 끈 후 내용물을 건져낸다.
5 내용물을 건져낸 후에 차갑게 식혀서 조금씩 사용한다.

재료

쇠고기 육수 500mL
진간장 250mL
통계피 1/3개
월계수잎 2장
통후추 10알
흑설탕 250g
미림 200mL
정종 200mL
황물엿 150mL
파인애플 1/4캔
양파 2개
대파 1줄기
통마늘 10쪽

memo

데리야키
  일본에서 처음으로 개발된 소스로 비프, 치킨, 장어 데리야키가 대표적인데 기본이 되는 재료와 채소를 구워서 간장과 물엿, 설탕을 물과 함께 첨가하여 오랫동안 졸이는 소스이다.

쇠고기에 어울리는 소스

양송이 소스
button mushroom sauce

information

→ 맛의 특징   구수한 맛과 살짝 단맛이 나는 깊은 맛의 소스

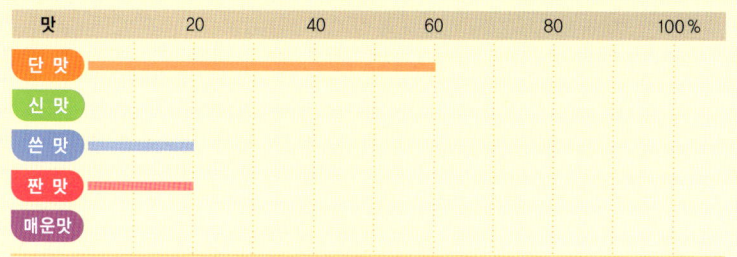

→ 보관 기간   냉장고에서 2일 보관 가능
→ 어울리는 요리   스테이크, 커틀릿(돈까스)

소스 만들기

1 양파는 얇게 슬라이스한다.
2 양송이버섯은 흙을 털어내고 살짝 씻어서 얇게 슬라이스한다.
3 팬에 올리브오일을 두르고 양파를 볶는다.
4 양파의 숨이 죽으면 양송이버섯을 넣고 볶다가 화이트 와인을 넣어 볶는다.
5 양송이버섯이 볶아지면 토마토케첩을 넣어 볶은 다음 데미글라스 소스를 넣고 계핏가루를 넣는다.
6 준비된 재료를 팬에 넣어 끓으면 꿀, 소금, 후춧가루로 간하여 완성한다.

 재료

올리브오일 30mL
데미글라스 소스 500mL
양파 1개
양송이버섯 10개
토마토케첩 2스푼
계핏가루 1작은술
화이트 와인 30mL
꿀 1작은술
소금 약간
후춧가루 약간

 16쪽 데미글라스 소스 참조

memo

굽는 요리에 사용하는 양식 용어
- **로스팅(roasting)** : 육류나 가금류를 통째로 오븐에 넣어 건식으로 굽는 방법
- **브로일링(broiling)** : 석쇠 등으로 직화로 굽는 방법
- **그릴(grilling)** : 금속을 가열하여 간접적인 방법으로 굽는 방식이지만 요즘은 브로일링과 거의 같은 뜻으로 많이 쓰인다.
- **시어링(searing)** : 강한 불에서 겉면만 굽거나 지지는 방법

후추 소스
pepper sauce

information

맛의 특징 매콤한 후추의 맛과 깊고 부드러운 맛이 있는 소스

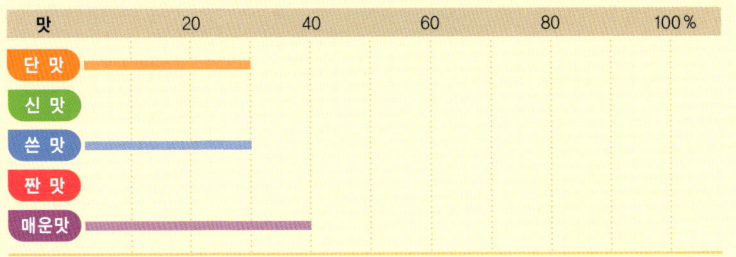

보관 기간 냉동 보관 1개월 가능, 냉장고에서 2일 보관 가능

어울리는 요리 찜, 스테이크, 고기 구이, 퐁듀 요리

소스 만들기

1. 양파는 잘게 다져 준비한다.
2. 통후추는 절구통에 넣어 거칠게 으깨 놓는다.
3. 냄비에 생크림을 넣어 끓으면 약한 불로 줄여 반으로 졸여 준비한다.
4. 냄비에 버터를 넣고 다진 양파를 넣어 볶다가 숨이 죽으면 으깬 후추를 넣어 볶는다.
5. 4에 브랜디를 넣고 불을 붙여 알코올이 사라지면 퐁드뷰를 넣어 풀어준다.
6. 5에 졸인 생크림을 넣어 잘 섞은 다음 끓여준다.
7. 소스가 끓으면 기호에 맞게 소금과 꿀로 간하여 완성한다.

재료
- 버터 1큰술
- 통후추 20g
- 양파 1/2개
- 브랜디 30mL
- 퐁드뷰 1큰술
- 생크림 300g
- 소금 약간
- 꿀 약간

❋ 퐁드뷰는 데미글라스 소스로 대체 가능

memo

퐁드뷰(fond de veau)
송아지뼈와 정강이 고기, 마늘, 양파, 셀러리, 당근, 허브, 와인, 물 등을 넣고 일주일 이상 끓이는 기본 모체 소스이다. 하지만 요즘은 송아지뼈를 구하기 힘들어 소뼈(사골, 스지), 채소, 허브, 와인 등을 넣고 끓인다.

쇠고기에
어울리는
소스

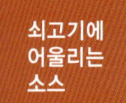

씨겨자 허니 소스

whole grain mustard honey sauce

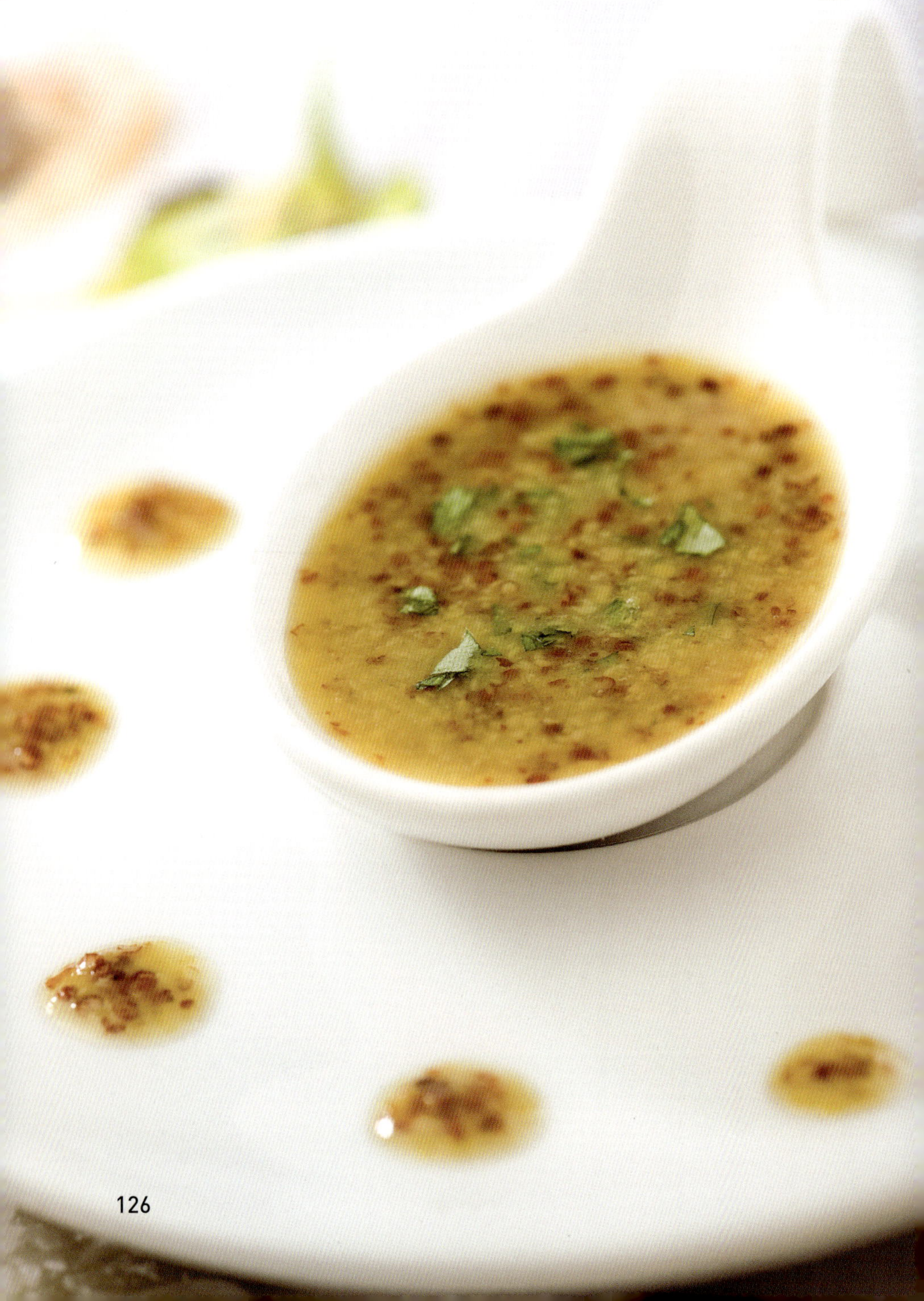

information

맛의 특징 달콤한 맛과 매콤한 겨자씨가 씹히는 소스

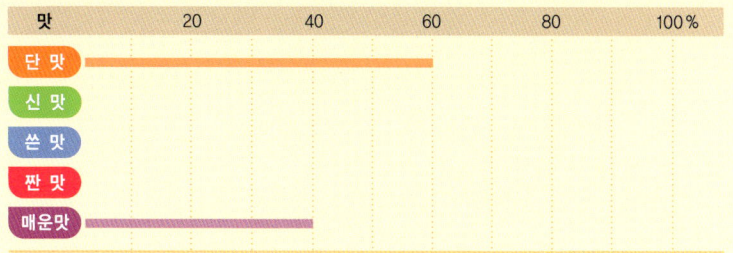

보관 기간 냉장고에서 2일 보관 가능
어울리는 요리 꼬치구이, 스테이크 디핑 소스, 고기 튀김

소스 만들기

1 통마늘은 꼭지를 제거하고, 로즈메리는 잎사귀만 떼어 준비한다.
2 믹서에 엑스트라버진 올리브오일과 로즈메리, 통마늘을 넣고 곱게 간다.
3 믹싱볼에 2를 넣고, 씨겨자를 넣어 골고루 섞는다.
4 3에 생크림을 넣어 한 번 더 골고루 섞는다.
5 기호에 맞게 꿀, 소금, 후춧가루로 간하여 소스를 완성한다.

재료

씨겨자(홀그레인 머스터드) 3큰술
엑스트라버진 올리브오일 5큰술
꿀 1큰술
생 로즈메리 1줄기
통마늘 2쪽
생크림 2큰술
소금 약간
후춧가루 약간

memo

머스터드의 종류
- **프렌치 머스터드** : 양겨자 가루를 잘 개서 만든 병조림의 총칭이다.
- **디종 머스터드** : 프렌치 머스터드 중 고급 머스터드로 1856년 프랑스 중동부에 위치한 브르고뉴의 디종에서 처음 만들어졌다. 밝은 노란색을 띠고 부드러우면서 강한 매운맛을 준다.
- **아메리칸 머스터드** : 흰 겨자씨에 소금, 향신료, 식초, 심황 등을 첨가하여 만든 것으로 밝은 노란색을 띠며 매우 부드럽다. 1904년 조지 티모시 프렌치(George Timothy French)에 의해 개발되어 크림 샐러드 머스터드로 불리다 아메리칸 머스터드의 표준으로 자리잡게 되었다.

쇠고기에 어울리는 소스

안초비 오일 소스
anchovy oil sauce

information

맛의 특징　안초비의 짭짤한 맛과 살짝 아리는 듯한 매운맛이 있는 소스

보관 기간　즉시 사용
어울리는 요리　스테이크 소스, 수육 요리, 해산물 구이 요리, 생선 찜 요리

소스 만들기

1. 통마늘은 꼭지를 떼어내고 얇게 슬라이스한다.
2. 청량고추는 씻어서 물기를 닦아내고 송송 썰어 준비한다.
3. 작은 소스팬에 올리브오일과 마늘, 타임, 안초비를 넣어 끓인다. 너무 타지 않도록 약한 불로 하여 안초비가 풀어지도록 끓인다.
4. 안초비가 풀어지면 불을 끄고 청량고추를 넣어 완성한다.

재료
엑스트라버진 올리브오일 50mL
통마늘 2쪽
안초비 6장
타임 4줄기
청량고추 1개

 안초비 오일 소스는 바로 끓여 먹는 소스이기 때문에 타지 않도록 주의하여야 한다.

memo

안초비(anchovy)
이탈리아어로 젓갈이란 뜻인데 정어리의 껍질과 뼈를 제거하고, 올리브오일에 재운 것을 말한다. 대부분은 수입하며 캔으로 가공된다. 주로 파스타, 샐러드 드레싱 등에 두루 사용된다.

 쇠고기에 어울리는 소스

배 쿨리 소스
pear coulis sauce

information

→ **맛의 특징** 달콤한 배맛과 향긋한 허브향이 어우러진 소스

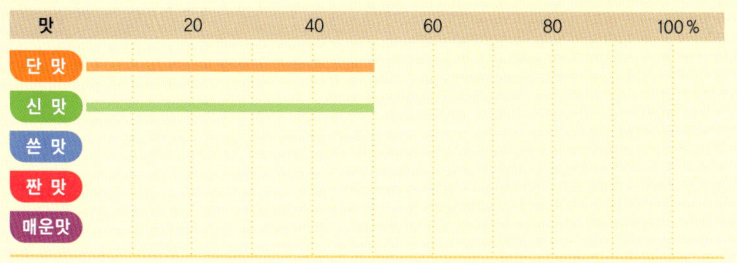

→ **보관 기간** 즉시 사용
→ **어울리는 요리** 쇠고기를 이용한 샐러드, 스테이크

소스 만들기

 재료

1 배는 깨끗이 씻어 껍질을 벗긴 후 씨를 없애고 깍둑썰기하여 믹서에 간다.

2 레몬은 깨끗이 씻어 4등분하고, 로즈메리도 깨끗이 씻어 준비한다.

3 냄비에 화이트 와인, 로즈메리, 배 간 것을 함께 넣고 끓인다. 화이트 와인이 완전히 없어지도록 졸인 후 로즈메리는 건져낸다.

4 레몬은 숟가락으로 즙을 짜내어 약간의 소금과 함께 **3**에 섞는다.

5 믹서에 **4**를 갈면서 꿀을 넣어 기호에 맞게 단맛을 조절한다.

배 2개
화이트 와인 200mL
로즈메리 1줄기
꿀 1큰술
레몬 1개
소금 약간

memo

쿨리(coulis)

쿨리는 익힌 고기의 즙(jus)을 졸인 것에서 유래되었으나, 과일, 채소 등을 허브와 함께 끓여 졸인 것을 말하기도 한다. 대표적인 것은 쿨리스 토마토로 캔으로 수입되는 제품이 있다.

쇠고기에
어울리는
소스

양파 소스
oinon sauce

information

→ 맛의 특징 잘 볶아진 황금색 양파에서 느껴지는 부드러운 단맛의 소스

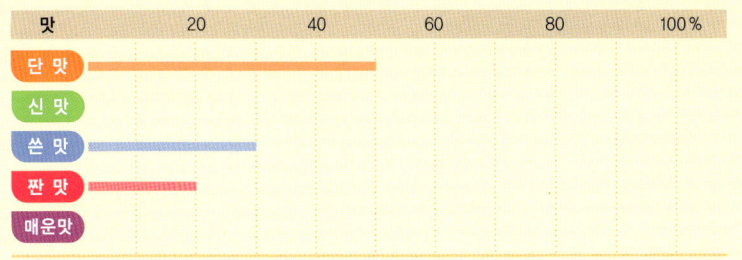

→ 보관 기간 냉장고에서 2일 보관 가능
→ 어울리는 요리 쇠고기를 이용한 튀김, 찜 요리

소스 만들기

1. 양파와 통마늘은 잘게 다진다.
2. 팬에 올리브오일 1큰술을 넣어 뜨겁게 달군다.
3. 달군 팬에 양파와 마늘을 넣고 갈색이 나도록 볶는다.
4. 3에 화이트 와인을 첨가하여 1/3로 졸인다.
5. 4에 데미글라스 소스와 월계수잎을 넣어 중간 불에서 15분 가량 끓인다.
6. 소금, 후춧가루, 식초를 조금씩 넣어가며 기호에 맞게 간을 하여 소스를 완성한다.

 재료

양파 1/2개
데미글라스 소스 100mL
화이트 와인 20mL
통마늘 5쪽
식초 1큰술
월계수잎 1장
소금 약간
후춧가루 약간
올리브오일 1큰술

memo
- 양파와 마늘을 볶을 때 고운 갈색으로 만드는 것이 중요하다.
- 양파는 콜레스테롤을 분해하여 혈압을 내리고 당뇨병 예방과 치료에 효과가 있다고 잘 알려져 있다.
- 양파 소스는 프랑스 리옹 지방에서 개발된 소스로 리요네즈(lyonnaises) 소스로 불린다.

쇠고기에 어울리는 소스

오리엔탈 과일 소스
oriental fruit sauce

information

맛의 특징 한국인 입맛에 잘 맞는 간장에 달콤한 과일향을 더한 소스

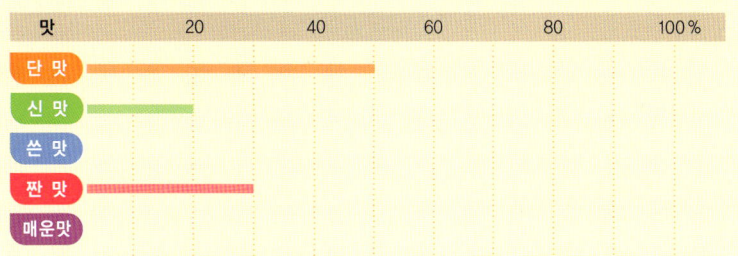

보관 기간 냉장고에서 2일 보관 가능
어울리는 요리 튀김 요리, 샐러드 드레싱

소스 만들기

1 미림은 강한 불에서 플람베한다.
2 플람베한 미림을 약한 불에서 1/2 정도로 졸여 준비한다.
3 진간장은 약한 불에서 천천히 넣어 끓인다.
4 끓인 간장과 미림을 섞어 식혀 준비한다.
5 파인애플과 배, 사과는 껍질과 씨를 제거한다.
6 강판을 이용해 양파, 파인애플, 배, 사과를 거친 느낌이 나도록 갈아 준비한다.
7 준비한 모든 재료를 볼에 넣어 섞은 후 사용한다.

재료

진간장 2큰술
미림 1큰술
파인애플 70g
배 50g
사과 50g
양파 1/4쪽
물(또는 채소 육수)150mL

 파인애플과 사과, 배는 껍질과 씨를 제거한 중량으로 사용한다.

memo

플람베(flamber)
프랑스의 조리 용어로 조리 중이나 마무리 단계에서 와인이나 브랜디 등을 넣은 다음 불을 붙여 알코올 성분을 제거하여 향이나 풍미를 만드는 것이다.

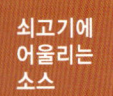

맑은 간장 소스

soy sauce

information

맛의 특징 간장 특유의 강한 향과 맛을 제거해 거부감 없는 맑은 간장 소스

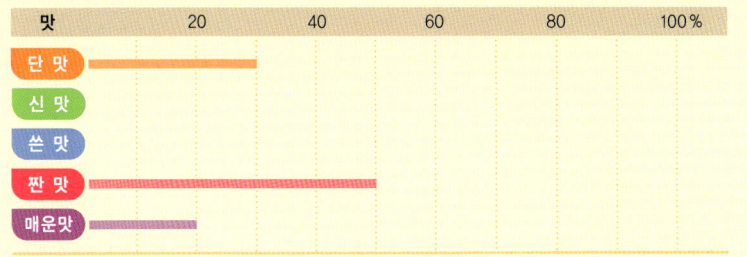

보관 기간 냉장고에서 2일 보관 가능
어울리는 요리 구이, 튀김 요리

소스 만들기

1 진간장은 약한 불에서 10분간 천천히 끓여 준비한다.
2 사과는 십자(+)로 4등분해 준비한다.(껍질과 씨는 같이 사용한다.)
3 홍고추는 길이로 반을 갈라 씨를 제거한다.
4 냄비에 준비한 모든 재료를 넣고 강한 불에서 끓인다. 재료가 끓기 시작하면 약한 불로 낮춘다.
5 약한 불에서 40분간 천천히 더 끓인다.
6 모든 재료가 물러지면 거름망을 이용해 걸러 차갑게 보관하여 사용한다.

 재료

진간장 20mL
사과 1/3개
홍고추 1개
물 200mL
통마늘 3쪽
생강 1/2개
대파 1/4개
양파 1/2개

memo

생강의 효능
　감기약과 소화제 등 약의 성분을 보면 생강을 함유하고 있는 성분이 많은데, 감기에 의한 오한이나 발열에 좋고 구토, 복통, 설사, 식욕 부진, 식중독에 효능이 있다. 또한 몸을 따뜻하게 하여 허리와 다리의 냉증을 치료한다.

멕시칸 소스
mexican sauce

information

→ **맛의 특징**   여러 가지 채소와 매콤한 맛을 한번에 즐길 수 있는 소스

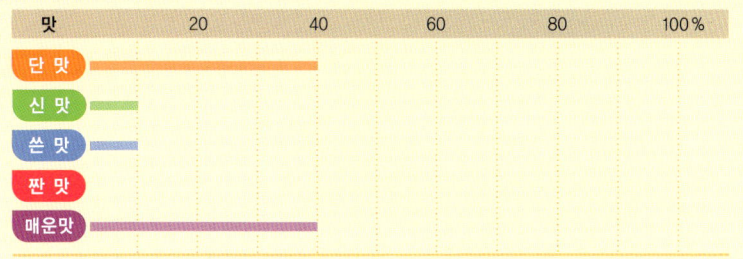

→ **보관 기간**   냉장고에서 2일 보관 가능
→ **어울리는 요리**   볶음 요리, 찜 요리

소스 만들기

1. 양파는 다지고, 양송이버섯은 얇게 자른다.
2. 통마늘은 꼭지와 껍질을 제거하고 곱게 다진다.
3. 피망은 반으로 잘라 씨를 제거한다.
4. 팬에 올리브오일을 넣고 양파, 양송이버섯, 마늘, 피망을 각각 갈색이 나도록 볶아 준비한다.
5. 볶은 채소를 한곳에 섞은 후 케첩과 토마토를 넣는다. 케첩의 신맛이 사라지도록 중간 불에서 2~3분 동안 볶는다.
6. 5에 데미글라스 소스와 핫소스를 넣어 약한 불에서 끓인다. 거품을 제거하고 10분간 천천히 끓인다.
7. 소금과 후춧가루로 간하여 소스를 완성한다.

재료

다진 양파 3큰술
청피망 20g
양송이버섯 3개
통마늘 1쪽
데미글라스 소스 200mL
핫소스 10mL(2작은술)
토마토케첩 2큰술
토마토 1/2개
올리브오일 1큰술
소금 약간
후춧가루 약간

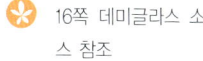 16쪽 데미글라스 소스 참조

memo
- 거품을 잘 제거해야 소스가 혼탁하지 않고 부드러운 소스로 완성할 수 있다.
- B.B.Q 요리에 많이 사용되며 육류, 닭요리에 잘 어울리는 소스이다.
- 멕시코 스테이크 소스로 많이 사용한다.

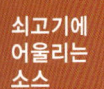

쇠고기에 어울리는 소스

고르곤졸라 치즈 소스
gorgonzola cheese sauce

information

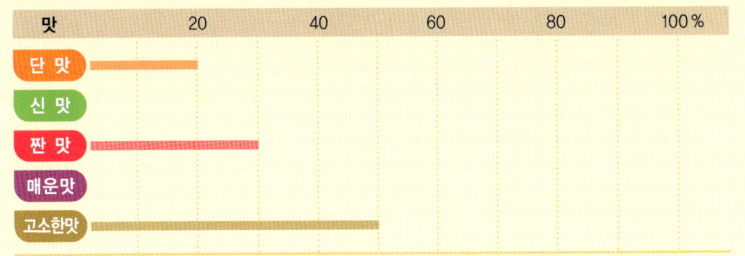

→ 맛의 특징   치즈 특유의 강한 향이 전혀 느껴지지 않으며, 독특한 맛을 느낄 수 있는 소스

→ 보관 기간   냉장고에서 2일 보관 가능
→ 어울리는 요리   스테이크

소스 만들기

1 소스 팬에 푸른 고르곤졸라 치즈와 생크림을 넣어 덩어리를 곱게 풀어준다.
2 1을 약한 불에서 끓인다.
3 팬에 포트 와인과 레드 와인을 넣고 플람베한다.
4 양파는 얇게 다진 다음 팬에 올리브오일 1큰술을 넣어 강한 불에서 갈색이 나도록 볶는다.
5 2에 볶은 양파를 넣어 섞는다.
6 5를 반으로 졸인 다음, 플람베한 와인을 섞는다.
7 6에 데미글라스 소스를 넣어 중간 불에서 5분간 끓여 소금, 후춧가루로 간하여 소스를 완성한다.

재료

고르곤졸라 치즈 1큰술
생크림 30mL(2큰술)
데미글라스 소스 120mL
포트 와인 1큰술
레드 와인 1큰술
다진 양파 2큰술
올리브오일 1큰술
소금 약간
후춧가루 약간

✽ 16쪽 데미글라스 소스 참조

memo

고르곤졸라 치즈
푸른 곰팡이를 이용해 만든 치즈로 향이 매우 강해 치즈의 왕이라 불린다. 이탈리아의 고르곤졸라와 프랑스의 로크프르 치즈가 푸른 곰팡이를 이용해 만든 대표적인 블루 치즈이다.

쇠고기에 어울리는 소스

포메리 머스터드 소스
pommery mustard sauce

information

➡ **맛의 특징** 입안에서 느껴지는 독특한 식감으로 인해 즐거운 소스

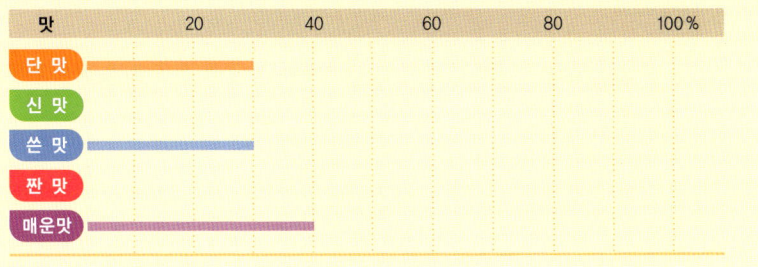

➡ **보관 기간** 냉장고에서 2일 보관 가능
➡ **어울리는 요리** 쇠고기 튀김 요리, 가금류 요리

소스 만들기

1. 양파는 곱게 다진 다음 찬물에 넣어 매운맛을 없애고 체를 이용해 물기를 제거한다.
2. 통마늘은 껍질과 꼭지를 제거하고 곱게 다진다.
3. 팬에 올리브오일 1큰술을 넣어 강한 불에서 다진 마늘을 갈색이 나도록 볶는다.
4. **3**에 양파를 넣어 갈색이 나도록 볶는다.
5. 마늘과 양파에 레드 와인을 넣어 플람베한다.
6. 포메리 머스터드와 머스터드 씨드를 중간 불에서 약 10초간 볶는다.(머스터드의 쓴맛 제거)
7. 데미글라스 소스와 쓴맛 제거한 머스터드를 **5**의 볶은 채소에 섞는다.
8. **7**를 약한 불에서 5~7분간 끓인다.
9. 마지막에 설탕과 소금을 넣어 소스를 완성한다.

포메리 머스터드 2큰술
머스터드 씨드 1작은술
데미글라스 소스 100mL
다진 양파 2큰술
통마늘 1쪽
레드 와인 45mL
올리브오일 1큰술
설탕 1/2작은술
소금 약간

쇠고기에 어울리는 소스

마늘 머스터드 소스
garlic mustard sauce

information

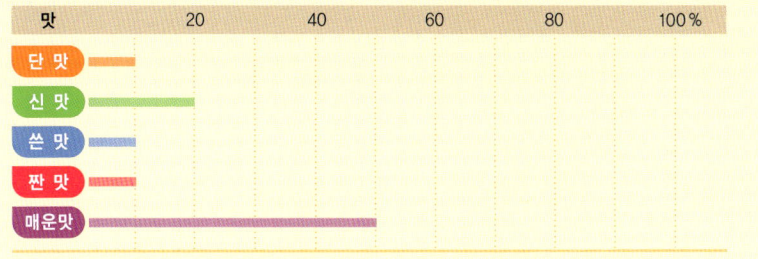

→ 맛의 특징   마늘의 향과 머스터드의 결합이 일품인 맛의 소스

→ 보관 기간   냉장고에서 2일 보관 가능
→ 어울리는 요리   쇠고기, 돼지고기 구이

소스 만들기

1 양파는 곱게 다진 다음 찬물에 넣어 매운맛을 없애고 체를 이용해 물기를 제거한다.
2 통마늘은 껍질과 꼭지를 제거하고 곱게 다진다.
3 팬에 올리브오일 2큰술을 넣고 마늘, 양파를 넣어 중간 불에서 갈색이 나도록 볶는다.
4 아메리칸 머스터드는 중간 불에서 볶아 쓴맛을 제거한다.
5 4의 머스터드에 화이트 와인을 넣어 플람베한다.
6 화이트 와인을 중간 불에서 1/2로 졸인다.
7 와인에 생크림을 넣어 중간 불에서 1/2로 졸인다.
8 볶은 마늘, 양파와 핫소스, 설탕을 넣어 소스를 완성한다.

 재료

통마늘 2쪽
아메리칸 머스터드 1큰술
다진 양파 2큰술
화이트 와인 30mL
생크림 50mL
핫소스 1작은술
설탕 1작은술
올리브오일 2큰술

memo

아메리칸 머스터드(american mustard)
미국의 핫도그에 사용되어 큰 인기를 얻었으며, 지금은 전 세계의 대중적인 식재료로 사용되고 있다. 주로 핫도그, 샌드위치, 햄버거 등에 많이 사용한다.

쇠고기에 어울리는 소스

버섯 퓌레
mushroom purée

information

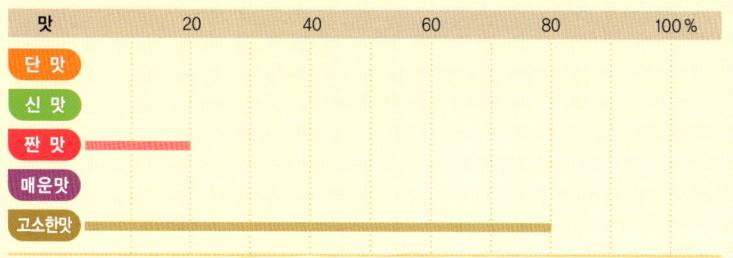

맛의 특징   생크림의 부드러운 맛과 버섯의 쫄깃한 식감이 일품인 소스

보관 기간   냉장고에서 2일 보관 가능
어울리는 요리   스테이크, 볶음 요리

퓌레 만들기

 재료

1. 양송이버섯과 표고버섯은 흐르는 물에 헹궈 물기를 닦고 0.5cm 두께로 슬라이스한다.
2. 양파는 잘게 다져서 준비한다.
3. 타임은 줄기를 제거하고 잎만 곱게 다진다.
4. 팬에 버터를 넣고 약한 불에서 녹인다.
5. 버터가 녹기 시작하면 다진 마늘과 양파를 넣어 중간 불에서 볶는다.
6. 양파가 투명하게 볶아지면 타임과 버섯들을 넣고 연해질 때까지 볶는다.
7. 6에 화이트 와인을 넣어 잡내를 없애고 데미글라스 소스를 넣어 반으로 졸인다. 반으로 졸인 후 생크림을 넣는다.
8. 생크림을 넣어 중간 불에서 자작하게 끓인 후 소금, 후춧가루로 간하여 소스를 완성한다.

양송이버섯 200g
표고버섯 100g
양파 1개
버터 2큰술
다진 마늘 1큰술
화이트 와인 30mL
타임 3줄기
데미글라스 소스 80g
생크림 30mL
소금 약간
후춧가루 약간

memo

퓌레(purée)
육류나 채소류를 갈아 체에 걸러 농축시켜 요리에 기본적인 맛을 내는 소스이다. 대표적으로 토마토 퓌레가 있으며 그 밖의 다양한 채소나 과일 등으로 만든다.

쇠고기에 어울리는 소스

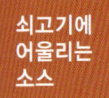

마데이라 와인 소스

madeira wine sauce

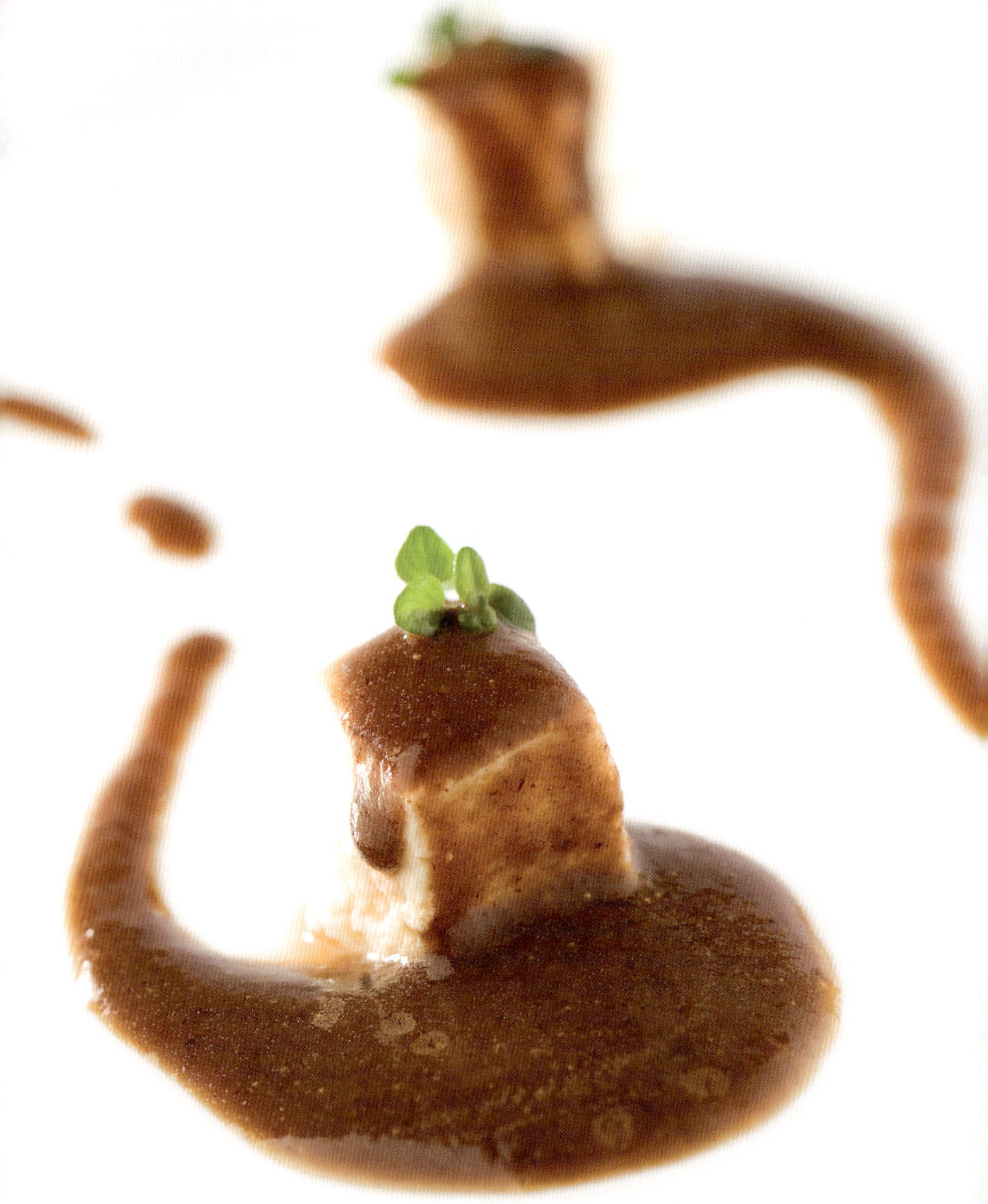

information

➡ **맛의 특징** 마데이라 와인 특유의 향과 감칠맛이 우수한 소스

➡ **보관 기간** 냉동 보관 1개월 가능, 냉장고에서 2일 보관 가능
➡ **어울리는 요리** 육류 스테이크, 스튜 요리

소스 만들기

1. 냄비에 마데이라 와인을 넣어 강한 불에서 플람베한다. 중간 불로 낮추어 1/2이 되도록 서서히 졸인다.(마데이라 와인은 플람베한 후 사용해야 완성된 소스에 쓴맛이 나지 않는다.)
2. 양파와 통마늘은 곱게 다진다.
3. 팬에 올리브오일 1큰술을 넣고 중간 불에서 양파와 마늘을 갈색이 나도록 볶는다.
4. 3의 갈색 도는 양파, 마늘과 데미글라스 소스를 1의 마데이라 와인에 넣어 함께 끓인다.
5. 향신료와 꿀, 소금을 넣고 약한 불에서 10분 정도 더 끓인 다음 체에 걸러 소스를 완성한다.

재료

데미글라스 소스 100mL
마데이라 와인 100mL
(또는 레드 와인)
다진 양파 2큰술
통마늘 1쪽
향신료(월계수잎 1장, 타임 2줄기)
꿀 1작은술
소금 약간
올리브오일 1큰술

 소스의 농도는 루를 이용하여 조절할 수도 있지만, 깔끔한 소스의 뒷맛을 위해 사용하지 않는 것이 좋다.

memo

마데이라 와인

포르투갈에서 생산되는 대표적인 와인에는 주정강화 와인인 포트와 식전 와인으로 유명한 마데이라가 있다. 포르투갈 마데이라 섬에서 생산되며, 인터넷 와인 구입처에서 쉽게 구매 가능하다.

쇠고기에 어울리는 소스

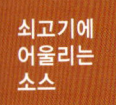

스트로가노프 소스

stroganoff sauce

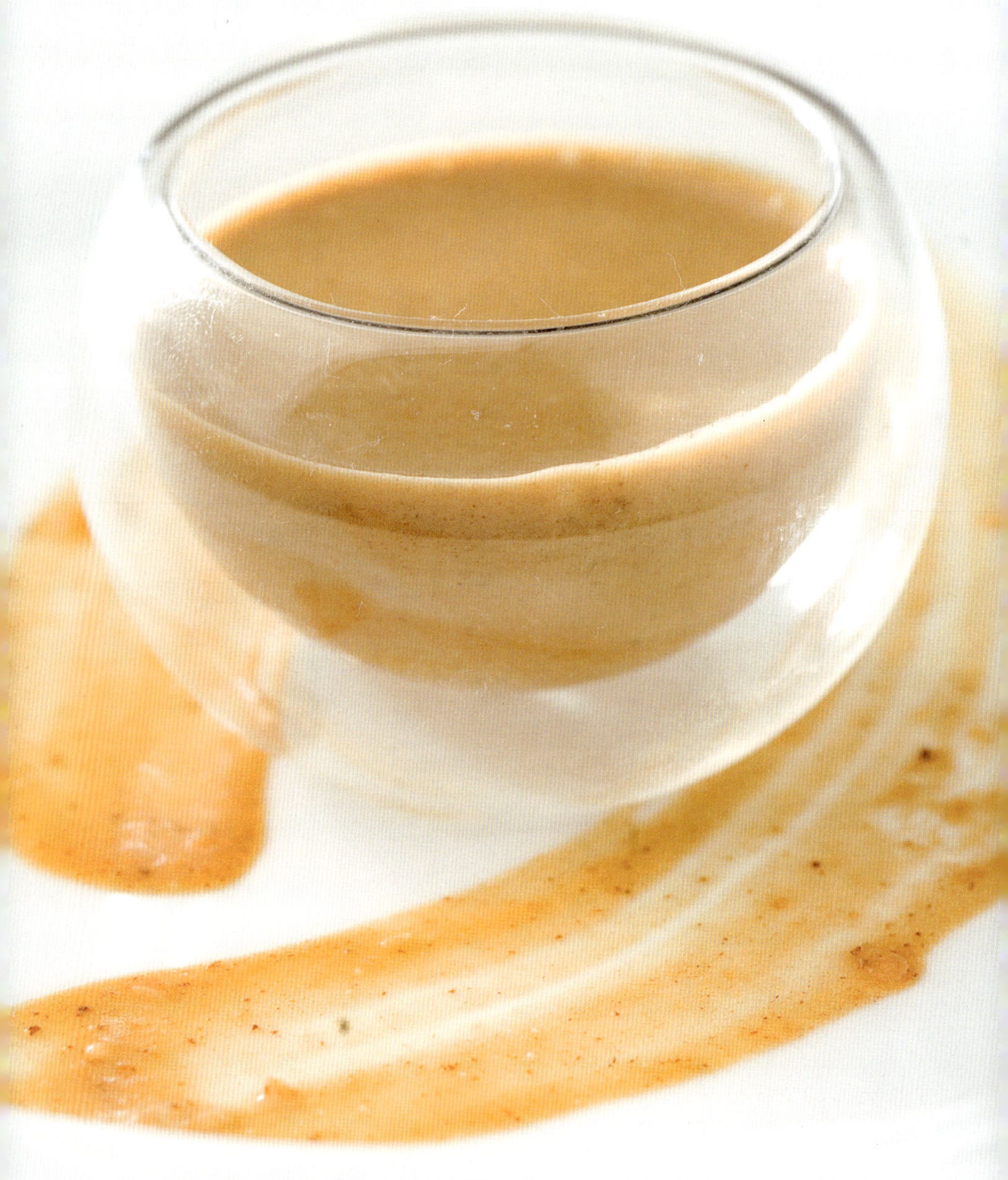

information

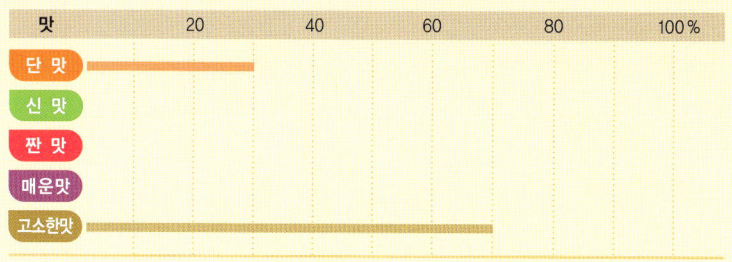

맛의 특징   부드럽고 깊은 맛이 일품인 소스

보관 기간   즉시 사용

어울리는 요리   쇠고기 구이, 스튜 요리

소스 만들기

1 양파와 통마늘은 곱게 다진다.
2 팬에 올리브오일 1큰술을 넣어 중간 불에서 다진 양파와 마늘을 갈색으로 볶는다.
3 2에 레드 와인을 넣고 1/2로 서서히 졸인다.
4 3에 데미글라스 소스와 향신료를 넣어 중간 불에서 끓인다.
5 소스가 끓어오르면 약한 불로 낮추고, 생크림을 넣어 1~2분간 더 끓인다.
6 소금과 후춧가루로 간하여 소스를 완성한다.

 재료

데미글라스 소스 100mL
양파 1/4개
통마늘 2쪽
레드 와인 2큰술
생크림 4큰술
향신료(월계수잎 1장, 타임 또는 로즈메리 1줄기)
올리브오일 1큰술
소금 약간
후춧가루 약간

✱ 채소는 당근, 셀러리, 토마토 등 여러 종류를 사용할 수 있다. 전분을 많이 함유하는 감자, 고구마 등은 잘 사용하지 않는다.

memo

스트로가노프(stroganoff)
옛날 러시아의 거상 스트로가노프 백작이 만찬을 하는데 쇠고기가 모자라 요리의 양을 늘리기 위해서 채소를 넣어 요리를 만든 것에서 유래가 되었다.

쇠고기에 어울리는 소스

프로방살 소스
provencial sauce

information

— 맛의 특징   올리브와 마늘의 향이 가득 풍기는 진정한 지중해 맛의 소스

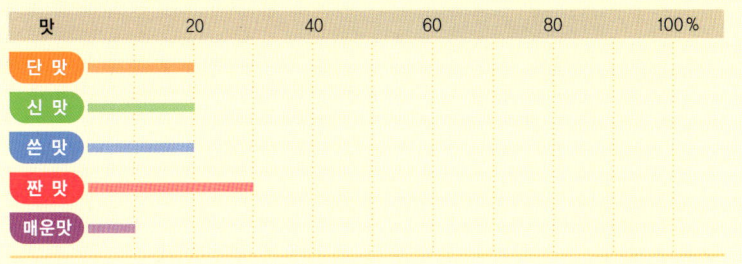

— 보관 기간   즉시 사용
— 어울리는 요리   구운 육류 요리

소스 만들기

1. 통마늘, 양파, 그린 올리브는 곱게 다진다.
2. 팬에 오일을 넣고 토마토 페이스트를 볶는다.
3. 토마토는 끓는 물에 데쳐 껍질과 씨를 제거하고 주사위 모양으로 썬다.(콩까세)
4. 팬에 올리브오일 1큰술을 넣어 마늘, 양파, 올리브를 갈색이 나도록 볶는다.
5. **4**에 레드 와인, 월계수잎과 데미글라스 소스를 넣어 1/3로 졸인 후 **2**의 토마토 페이스트를 넣어 섞어 준다.
6. 마지막으로 토마토를 넣고 소금과 후춧가루로 간하여 소스를 완성한다.

재료

데미글라스 소스 100mL
토마토 페이스트 3큰술
다진 양파 2큰술
토마토 1개
통마늘 2쪽
그린 올리브 3개
레드 와인 50mL
월계수잎 1장
올리브오일 2큰술
소금 약간
후춧가루 약간

memo

- 프로방살은 프로방스 지방 스타일의 음식을 지칭하는 용어이다. 요리의 특징은 프랑스의 타 지역보다 토마토, 마늘, 올리브오일을 많이 사용하며, 버터는 많이 사용하지 않는 점이다.
- **토마토 페이스트** : 기본 소스 요리에 많이 사용하는 것으로 토마토를 으깨거나 갈아서 농축하여 수분만 체에 거른 것을 말한다.

불고기 양념
bulgogi sauce

information

→ 맛의 특징 달콤 짭짤하며 참기름의 향이 가득한 소스

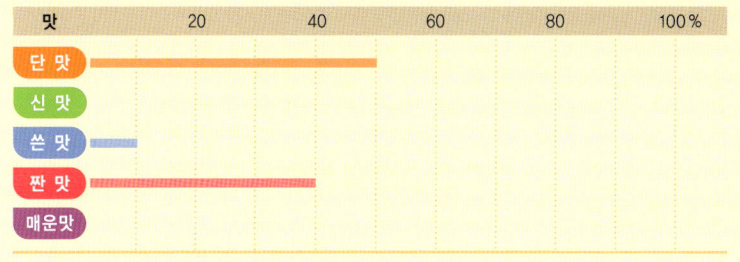

→ 보관 기간 냉동 보관 1개월 가능, 냉장고에서 2일 보관 가능

양념 만들기

믹서에 모든 재료를 넣고 갈아 2시간 동안 냉장 숙성시킨다.

불고기 만들기

1. 불고기감에 숙성시킨 양념과 준비한 채소를 넣어 3~4회에 걸쳐 치댄다.(채소는 모두 슬라이스한다.)
2. 육즙이 빠져나가지 않도록 치댄 불고기를 여러 개로 나누어 밀봉하여 1시간 동안 냉장 숙성시킨다.
3. 뜨거운 프라이팬에 식용유를 두르고 센 불에서 빠르게 볶아 마지막에 참기름을 넣어 완성한다.

 양념 재료

[쇠고기 1.2kg 분량]
유자청 4큰술
배즙 3큰술
저염 간장 60mL
대파 흰부분 3줄기
양파 1/2개
다진 마늘 3큰술
통깨 2큰술
후춧가루 1/2큰술
정종 30mL
미림 30mL

 요리 재료

양파 1개
대파 1줄기
홍고추 2개
식용유 1큰술
참기름 1큰술

memo

저염 간장

일반 양조간장에 비하여 염도 수치를 낮춰서 제조한 것이다. 일반 양조간장의 염도는 15% 정도인데 비하여, 저염 간장은 11% 정도로 낮춰서 만들기도 하는데 짠맛의 느낌은 거의 구분이 없다고 한다. 신안에서 나오는 소금은 저염으로 유명한데 이 소금을 가지고 간장을 많이 만든다고 한다.

쇠고기에 어울리는 소스

L.A 갈비 양념
L.A rib sauce

information

→ **맛의 특징**   과일의 달콤함과 약간 짭짤한 맛이 감도는 소스

→ **보관 기간**   냉동 보관 1개월 가능, 냉장고에서 2일 보관 가능

양념 만들기

믹서에 모든 재료를 넣고 곱게 간다.

L.A 갈비 만들기

1. 갈비에 칼집을 내고 체에 받쳐 2시간 가량 핏물을 빼준다.
2. 갈비에 양념 소스를 켜켜이 넣고 재워 반나절 숙성시킨다.
3. 팬을 중간 불에 놓고 식용유를 넣어 달궈지면 갈비를 앞뒤로 노릇하게 굽는다.(스테이크처럼 미디엄으로 굽는 게 좋다. 너무 구우면 갈비가 질겨진다.)

재료

[L.A 갈비 1.5kg 분량]
양파 1개
대파 1줄기
다진 마늘 3큰술
다진 생강 1/2큰술
매실 엑기스 50mL
알로에 속살 50g
배 1/2개
파인애플 1/2개
저염 간장 50mL
정종 50mL
올리고당 3큰술
후춧가루 1/2큰술
통깨 1큰술
참기름 1큰술

memo

매실의 효능

　우리의 몸은 삶이 과학적이고 현대화될수록 산성으로 바뀌어 가고 있다. 우리 몸이 산성화되면 성인병에 취약해진다.
　매실은 우리 몸을 알칼리로 만드는 최상의 식재료로 우리 몸에서 해독 작용을 하며 위산 과다를 조절해 준다. 특히 매실의 유기산은 피로 회복에 효과적이며, 장의 연동 운동을 도와 장의 기능을 활발하게 하여 변비를 예방한다.

쇠고기에 어울리는 소스

소 갈비찜 양념

boiled rib stew sauce

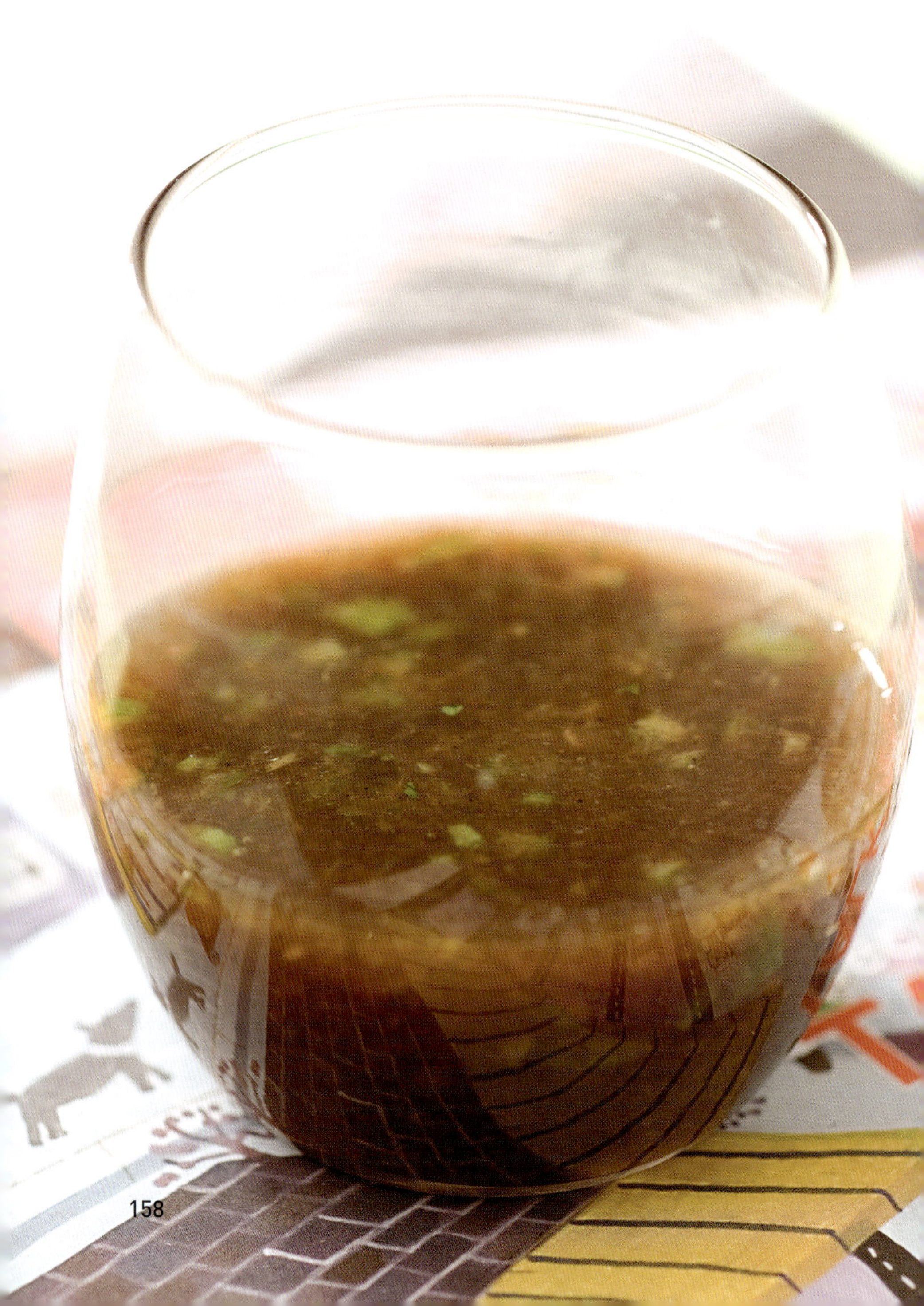

information

→ 맛의 특징 과일의 달콤함과 약간 짭짤한 맛, 매실의 새콤함이 있는 소스

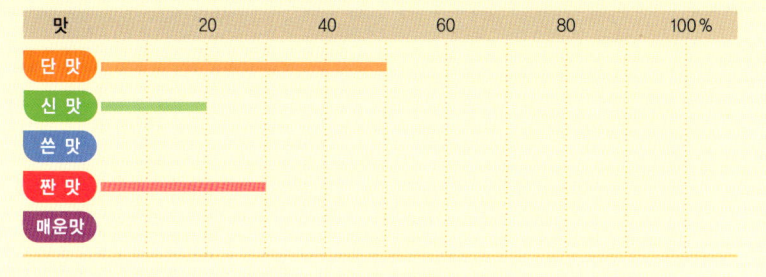

→ 보관 기간 냉동 보관 1개월 가능, 냉장고에서 2일 보관 가능

양념 만들기

믹서에 모든 소스 재료를 넣고 갈아 하루 동안 냉장 숙성시킨다.

소 갈비찜 만들기

1 갈비는 칼집을 넣고 찬물에 2시간 동안 담가 핏물을 빼고 한번 더 헹군다.
2 핏물 뺀 갈비를 끓는 물에 살짝 데쳐서 완전히 식혀 놓는다.
3 데친 갈비를 양념 소스에 켜켜이 재워 하루 동안 냉장 숙성시킨다.
4 무, 고구마, 당근은 한입 크기로 둥근 모양으로 만든다.
5 숙성된 갈비를 양념 소스와 함께 냄비에 넣고 약한 불로 반쯤 익었을 때 무, 고구마, 대추, 당근을 넣고 익힌다.
6 마지막에 참기름을 넣어 요리를 완성한다.

[소 갈비 1.6kg 분량]

간장 100mL
정종 50mL
배즙 80g
양파 1개
대파 1줄기
올리고당 50mL
설탕 30g
다진 마늘 3큰술
다진 생강 1/2큰술
매실액 2큰술
인삼 1개
물 500mL
후춧가루 1작은술

무 1/4개
고구마 1개
대추 10개
당근 1개
참기름 2큰술

비프 카르파치오
beef carpaccio

소 안심 100g
으깬 후추 1큰술
올리브오일 2큰술
블랙 올리브 파우더 1작은술
그라나다 파다노 30g
양송이버섯 2개
생밤(껍질 깐 것) 2개

요리 만들기

1 소 안심을 으깬 후추에 굴려가며 무친다.

2 팬에 올리브오일 1큰술을 넣고 달아 오르면 후추 묻힌 고기를 굴려가며 겉만 익힌 다음 빨리 식혀서 랩으로 감싼 후 냉동고에 얼린다.

3 양송이버섯은 껍질을 까고, 생밤은 채칼로 얇게 벗긴 후 튀겨서 준비한다.

4 그라나다 파다노를 잘라 접시에 놓고, 얼린 고기를 채칼로 얇게 여러 장 밀어서 치즈 위에 올린 후, 양송이버섯과 생밤을 골고루 올린다.

5 나머지 올리브오일을 뿌리고 블랙 올리브 파우더를 뿌려 완성한다.

요리와 어울리는 소스　발사믹 소스, 씨겨자 허니 소스, 마데이라 와인 소스

블랙 올리브 파우더 만드는 법

블랙 올리브의 물기를 키친타월로 제거하고, 대충 잘라서 식품 건조기에 70도로 5시간 동안 말려 수분을 완전히 증발시킨다. 그런 다음에 블렌더에 곱게 갈아 사용한다.

cooking plus

으깬 감자와 안심 스테이크

beef tenderloin steak with mashed potato

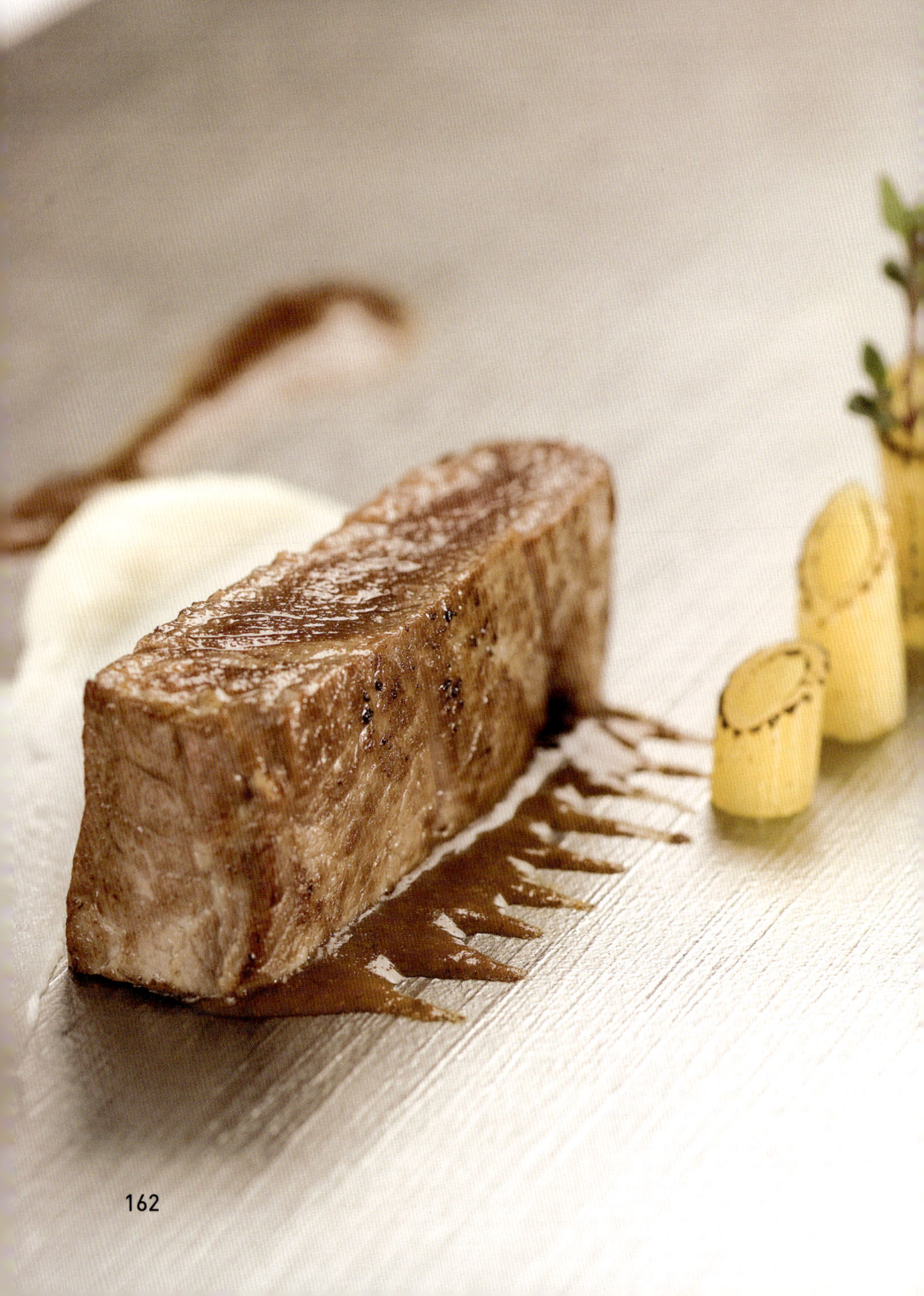

재료

소 안심 120g
감자 1/2개
샐러드 오일 100mL
양파 1/2개
통마늘 2쪽
생크림 100mL
소금 약간
검은 통후추 약간
버터 1작은술
올리브오일 1큰술

요리 만들기

1 통후추는 칼등을 이용하여 으깬다.

2 소 안심은 원하는 크기로 잘라 으깬 후추와 소금으로 간을 한다.

3 팬에 올리브오일 1큰술을 넣고 강한 불에서 안심을 갈색이 나도록 굽는다.

4 **3**을 180도로 예열된 오븐에서 5~6분간 굽는다.(중간 정도로 익힘 : 미디엄)

5 감자는 껍질과 싹을 제거하고, 양파는 얇게 썬다.

6 냄비에 물과 버터를 넣고 감자와 통마늘, 양파를 넣어 삶는다.

7 삶은 감자와 마늘, 양파에 생크림(60mL)과 삶은 물(20mL)을 넣고 믹서에 곱게 간다.

8 팬에 **7**과 나머지 생크림(40mL)을 넣어 중간 불에서 끓인다.

9 감자에 어느 정도 농도가 생기면 **4**의 스테이크와 **8**의 감자를 접시에 모양내어 담아 완성한다.

요리와 어울리는 소스   고르곤졸라 치즈 소스, 복분자 소스, 레드 와인 소스, 후추 소스, 멕시칸 소스, 마데이라 와인 소스

감자의 효능

탄수화물의 대표 식품인 감자에는 비타민 C가 많이 들어있다. 그렇지만 비타민 C는 열에 약해 녹거나 사라지는 게 대부분인데 감자의 비타민은 열을 가해도 전분 성질이 보호막을 만들기 때문에 사라지지 않는다.

part 3

유자 장미 소스 citron rose sauce 매운 고추 소스 spicy chili pepper sauce 무화과 소스 fig coulis sauce 액젓 소스 fish sauce 로베르 소스 robert sauce 토마토 크림 소스 tomato cream sauce 토마토 마늘 오일 소스 tomato and garlic oil sauce 대추 발사믹 소스 jujube balsamic sauce 타이 바비큐 소스 thai B.B.Q sauce 오삼 불고기 양념 chilli spicy sweet sauce 매운 돼지갈비찜 양념 spicy pork rib stew sauce 등갈비 양념 back ribs sauce 삼겹살 수육 돼지 항정찜

돼지고기에
어울리는
소스

돼지고기에 어울리는 소스

유자 장미 소스

citron rose sauce

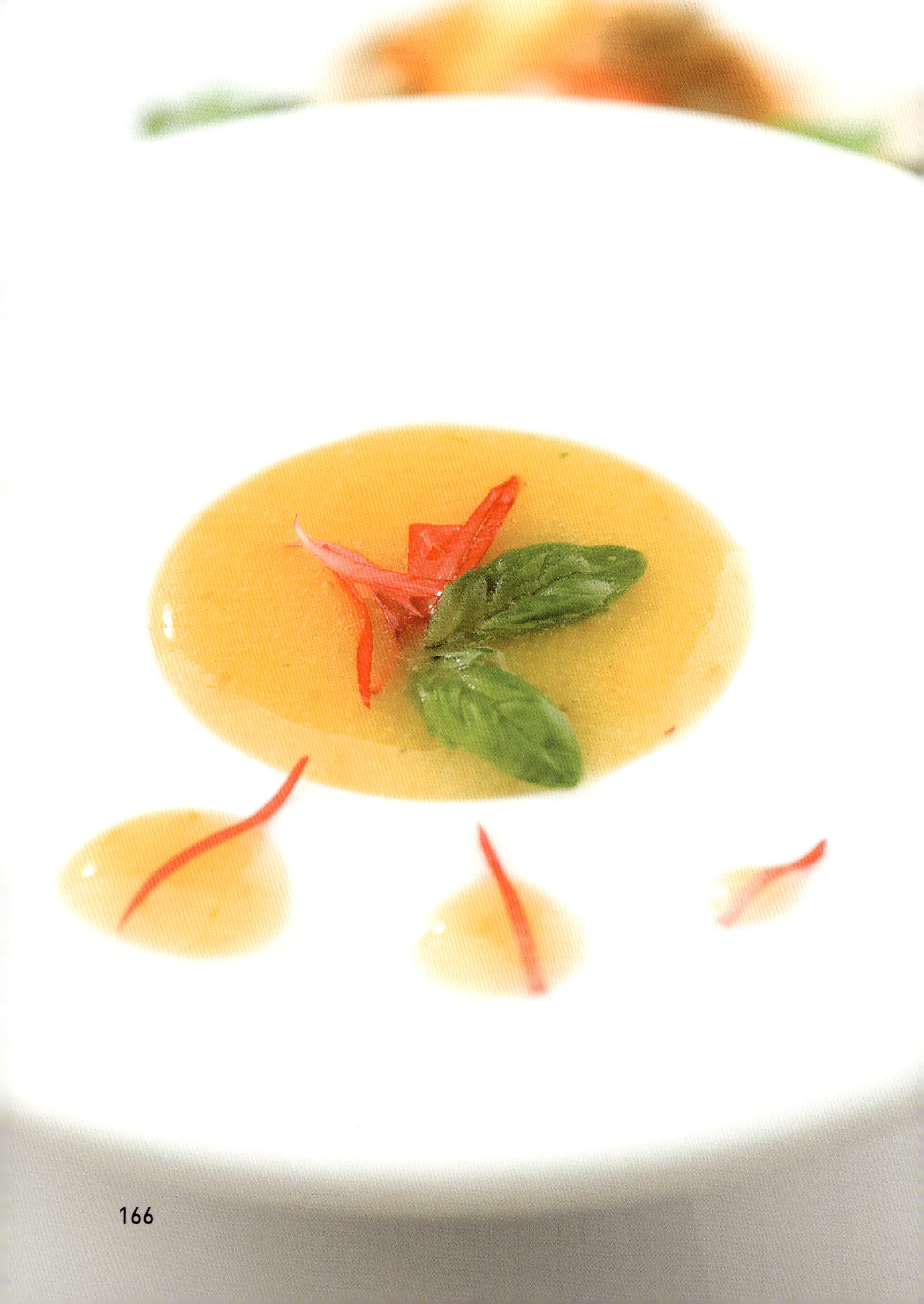

information

맛의 특징   유자의 향긋한 달콤함을 지닌 소스

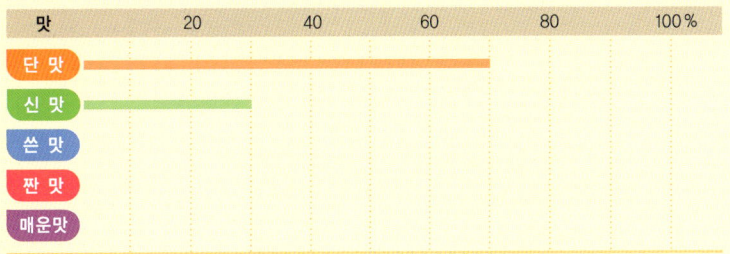

보관 기간   냉장고에서 2일 보관 가능
어울리는 요리   채소 샐러드, 쇠고기 샐러드, 해산물 샐러드

소스 만들기

1. 자몽 껍질은 채 썰어 끓는 물에 3초간 데치고, 찬물에 헹궈 물기를 제거한다.(제스트)
2. 제스트는 잘게 다지고, 바질도 잘게 다져서 준비한다.
3. 장미는 잎을 뜯어내어 물에 헹궈 준비한다.
4. 분량의 모든 재료를 블렌더에 넣고 곱게 간다.
5. 곱게 간 소스는 6시간 냉장 숙성시킨 후 사용한다.

유자청 100g
엑스트라버진 올리브오일 200mL
정수 100mL
바질 6장
유자 식초 20mL
자몽 껍질 1장
(자몽의 1/4 크기)
식용 미니 장미 8송이

memo

유자의 효능

유자는 11월에 수확한 것이 가장 좋다. 겨울에 우리 몸은 체온 유지를 위해 체내 대사가 증가하는데 이때 비타민 C의 소비가 늘어난다. 체내 비타민 C 소비가 늘어나면 운동 능력이 저하되며, 피로가 오기 쉽다. 그래서 겨울철에는 비타민 C 공급이 필요한 것이다.

유자는 비타민 C가 오렌지, 레몬보다 1.5배 많고, 귤보다는 2배 많다. 또한 숙취 해소와 입냄새 제거에 탁월한 효능이 있는 것으로 본초강목, 동의보감에도 실려 있다.

돼지고기에 어울리는 소스

매운 고추 소스
spicy chili pepper sauce

information

맛의 특징 어떠한 채소 샐러드에도 잘 어울리는 새콤달콤, 매콤한 소스

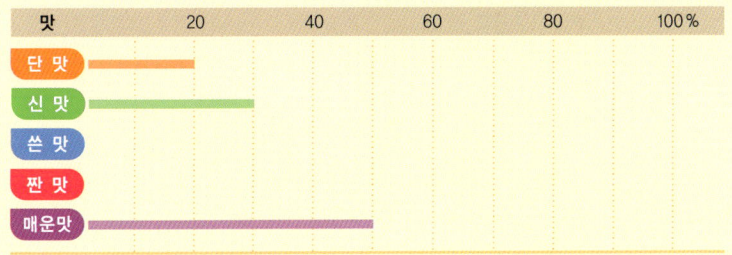

보관 기간 즉시 사용
어울리는 요리 튀긴 닭, 육류 요리

소스 만들기

1 청량고추와 홍고추는 꼭지와 씨를 제거한 후 곱게 다져 준비한다.
2 통마늘은 껍질과 꼭지를 제거하고 곱게 다진다.
3 레몬은 즙을 만들고, 레몬 껍질은 제스트해 곱게 다진다.
4 제스트를 만들고 남은 레몬 껍질을 진간장에 넣어 중간 불에서 3분간 끓인다.
5 **4**의 진간장에 넣은 레몬 껍질을 제거하고 식힌다.
6 큰 볼에 진간장과 설탕, 물을 넣어 설탕을 완전히 녹인다.
7 설탕이 모두 녹으면 레몬즙과 다진 마늘, 다진 홍·청고추를 넣어 섞는다.
8 모든 재료를 섞은 다음 식초와 참기름을 넣어 소스를 완성한다.

재료

청량고추 1개
홍고추 1개
진간장 2큰술
통마늘 1쪽
식초 2큰술
설탕 1큰술
물 75mL
레몬 1개
참기름 1큰술

memo
진간장은 끓인 후 식혀 사용하면 간장 특유의 강한 짠맛을 부드럽게 만들 수 있다. 진간장을 끓여 사용할 경우 레몬즙을 같이 넣어 끓이는 것도 좋은 방법이다.

| 돼지고기에 어울리는 소스 |

무화과 소스
fig coulis sauce

information

맛의 특징   잘 익은 무화과의 고급스런 단맛이 나는 소스

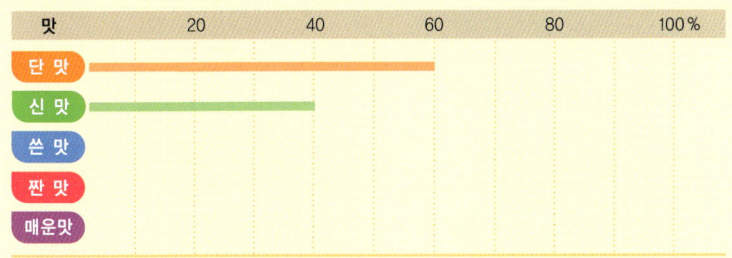

보관 기간   즉시 사용
어울리는 요리   육류 찜 또는 구이, 해산물 구이, 샐러드, 디저트

소스 만들기

1 자몽 껍질의 하얀 부분을 제거하고 노란 부분만 잘게 채 썬다.(제스트)
2 채썬 자몽 껍질을 끓는 물에 10초간 담갔다 꺼내 얼음물에 식혀 물기를 닦아낸다.
3 제스트를 잘게 다져 1작은술을 준비한다.
4 무화과는 반을 잘라 과육만 파서 준비한다.
5 믹서에 3, 4와 나머지 재료, 소금, 꿀을 넣고 거칠게 갈아준다.
6 기호에 맞게 꿀로 단맛을 조절하여 완성한다.

무화과 4개
엑스트라버진 올리브오일 30mL
딜 5줄기
자몽 껍질 1장
꿀 약간
소금 약간

memo

무화과의 효능

무화과는 피를 맑게 하고, 위를 건강하게 하며, 장을 깨끗하게 한다. 또한 종기를 삭히며, 비타민, 미네랄, 단백질 분해 효소인 피신(ficin)이 다량 함유되어 있어 주독, 어독 해소에 효과가 있다.

돼지고기에 어울리는 소스

액젓 소스
fish sauce

information

→ **맛의 특징**   맛있는 매콤함과 짠맛이 교차되는 소스

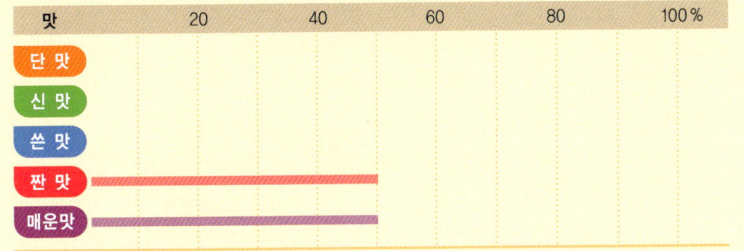

→ **보관 기간**   냉장고에서 3일 보관 가능
→ **어울리는 요리**   수육, 생선 찜 소스

소스 만들기

1 통마늘과 청량고추는 깨끗이 씻어서 꼭지를 따고, 청량고추는 반을 잘라 씨를 제거한다.
2 배는 껍질을 벗겨내고, 바질은 슬라이스한다.
3 블렌더에 모든 재료를 넣고 곱게 갈아 소스를 완성한다.

재료
피시 소스 100mL
청량고추 2개
통마늘 2쪽
바질 3잎
배 1/4개
양파 1/4개
꿀 30mL

memo

피시 소스
　생선으로 만든 소스로, 서양 요리의 맛을 돋우기 위해 넣어 먹는 걸쭉한 액체이다. 피시 소스를 구입할 때는 갈색의 투명함이 선명하며 바닥에 가라앉은 것이 없는 것이 좋다. 통조림의 통이 부풀거나 많이 찌그러진 것은 피한다.

> 돼지고기에 어울리는 소스

로베르 소스
robert sauce

information

➡ **맛의 특징**   머스터드의 맛을 가장 부드럽고 고급스럽게 살린 소스

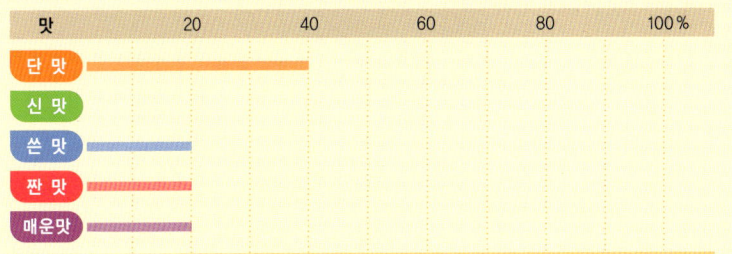

➡ **보관 기간**   냉장고에서 2일 보관 가능
➡ **어울리는 요리**   돼지고기 구이, 돼지고기 찜

소스 만들기

1. 양파는 곱게 다져 찬물에 넣어 매운맛을 없애고 체에 걸러 물기를 제거한다.
2. 팬에 버터를 넣고 강한 불에서 다진 양파를 갈색으로 볶은 다음 화이트 와인을 넣어 플람베한다.
3. 약한 불에서 와인을 1/3이 되도록 졸인다.
4. 3에 데미글라스 소스를 넣어 약한 불에서 10분간 끓인다.
5. 팬에 머스터드를 넣어 중간 불에서 볶아 쓴맛을 제거한다.
6. 4에 머스터드, 설탕, 소금, 후춧가루를 넣어 소스를 완성한다.

재료

양파 1/2개
화이트 와인 70mL
머스터드 1작은술
데미글라스 소스 200mL
버터 2작은술
설탕 1작은술
소금 약간
후춧가루 약간

memo
- 소스는 약한 불에서 끓여야 분리되는 것을 방지할 수 있다.
- 취향에 따라 머스터드의 양을 줄이고, 꿀 또는 설탕을 첨가할 수 있다.
- 프랑스에서 유래된 로베르 소스는 식초와 화이트 와인을 이용해 만든 소스이다. 돼지고기, 쇠고기 등 육류 요리에 많이 사용한다.

돼지고기에 어울리는 소스

토마토 크림 소스
tomato cream sauce

information

맛의 특징　부드러운 크림에 매운 맛을 더해 단조로운 맛을 날려버린 소스

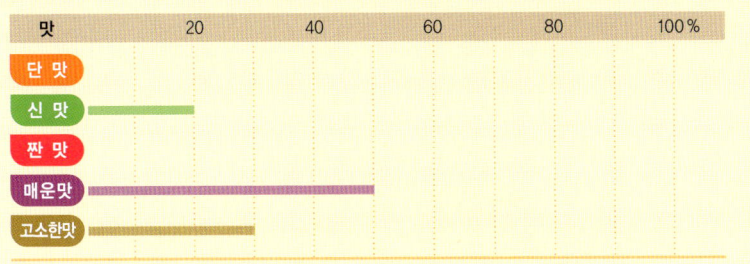

보관 기간　즉시 사용
어울리는 요리　구이, 꼬치 요리

소스 만들기

1 토마토는 끓는 물에 데쳐 콩까세한다.(토마토에서 분리한 씨는 사용할 수 있도록 준비한다.)
2 통마늘은 껍질과 꼭지를 제거하고, 양파와 같이 곱게 다진다.
3 홍고추는 반으로 잘라 씨를 제거하고 곱게 다진다.
4 소스 팬에 올리브오일 2큰술을 넣고 마늘, 홍고추, 양파, 바질 순으로 볶는다.
5 재료에 갈색이 돌면 화이트 와인을 넣어 플람베한다.
6 약한 불에서 화이트 와인을 1/3이 되도록 졸인다.
7 6에 손질한 토마토와 생크림을 함께 넣는다.
8 7을 약한 불로 낮추어 20분간 천천히 끓인다.
9 소금과 후춧가루로 간하고 토마토 주스로 농도를 조절하여 소스를 완성한다.

 재료

토마토(완숙) 3개
생크림 60mL
다진 양파 2큰술
바질(프레시) 15g
통마늘 1쪽
홍고추(매운 것) 1개
화이트 와인 2큰술
토마토 주스 30mL
올리브오일 2큰술
소금 약간
후춧가루 약간

• 홍고추와 바질은 드라이한 것을 사용해도 무방하다.
• 토마토 주스는 시중에서 판매되는 것을 사용하며, 생수로도 사용 가능하다.

돼지고기에 어울리는 소스

토마토 마늘 오일 소스
tomato and garlic oil sauce

information

⇒ **맛의 특징**　토마토와 마늘의 조합으로 가장 기본적인 본질의 맛을 낸 소스

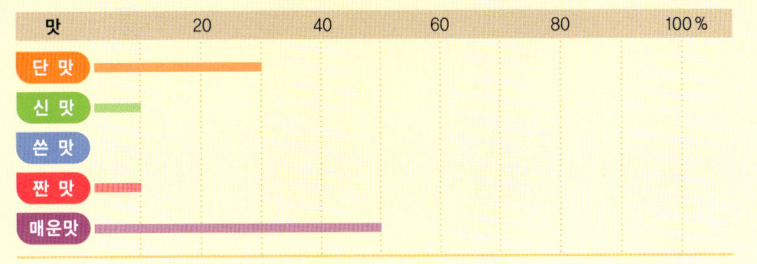

⇒ **보관 기간**　냉장고에서 2일 보관 가능
⇒ **어울리는 요리**　구이, 볶음 요리

소스 만들기

1. 토마토는 끓는 물에 데쳐 콩까세한다.
2. 도마에 냅킨을 깔고 땅콩을 곱게 다진다.
3. 통마늘은 껍질과 꼭지를 제거하고 곱게 다진다.
4. 양파는 곱게 다진 다음 찬물에 넣어 매운맛을 없애고 체에 걸러 물기를 제거한다.
5. 볼에 준비한 재료를 모두 섞어 설탕과 소금으로 간을 한다.
6. 마지막에 올리브오일과 바질을 섞어 소스를 완성한다.

토마토(완숙) 3개
올리브오일(퓨어) 50mL
통마늘 3쪽
바질 15g
땅콩 2작은술
양파 20g
소금 약간
설탕 약간

memo
토마토 마늘 오일 소스는 차가운 소스로 튀김이나 찜 요리에 잘 어울린다. 양파의 매운맛을 제거하기 위해 쓰는 찬물에 소금을 조금 넣어 주면 양파 특유의 단맛을 느낄 수 있다.

돼지고기에 어울리는 소스

대추 발사믹 소스
jujube balsamic sauce

information

맛의 특징   대추와 발사믹의 달콤함 맛과 새콤한 맛이 있는 소스

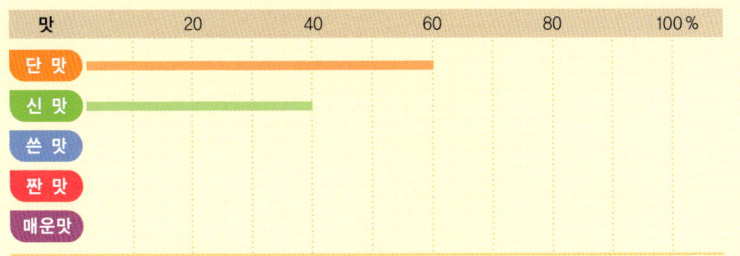

보관 기간   냉장고에서 2일 보관 가능
어울리는 요리   육류를 곁들인 샐러드, 치킨 요리

소스 만들기

1 타임은 잎사귀만 떼어내어 씻고, 대추는 씨를 제거하여 준비한다.
2 냄비에 발사믹 식초와 대추, 타임 잎사귀를 함께 넣어 끓인 후 믹서에 갈아서 차갑게 식힌다.
3 2에 올리브오일, 꿀, 소금, 후춧가루를 넣고 믹서에 다시 한번 갈아서 완성한다.

 재료

대추 100g
발사믹 식초 200mL
꿀 2큰술
타임 5줄기
엑스트라버진 올리브오일 100mL
소금 약간
후춧가루 약간

대추의 효능

가을이 제철인 대추는 말려서 먹기도 하지만 잠들기 전 차로 마시면 불면증에 도움이 된다. 또한 스트레스를 풀어주며, 진정제로도 좋다. 베타카로틴 물질이 들어있어 활성산소 해독작용을 하며, 항암효과를 지니고 있다.

돼지고기에 어울리는 소스

타이 바비큐 소스
thai B.B.Q sauce

information

→ **맛의 특징** 모든 바비큐 요리에 이상적인 맛을 낼 수 있는 달콤, 매콤한 소스

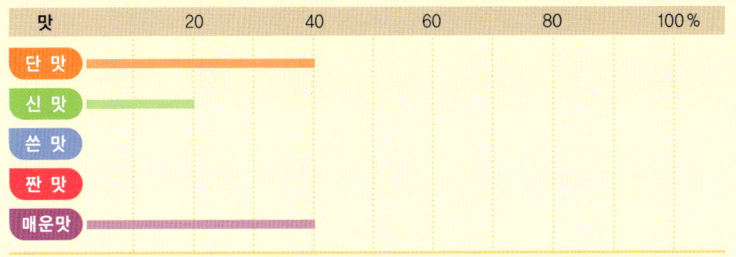

→ **보관 기간** 냉장고에서 2일 보관 가능
→ **어울리는 요리** 돼지고기 구이, 치킨 구이, 바비큐 요리

소스 만들기

1 통마늘은 껍질과 꼭지를 제거하고 곱게 다진다.
2 양파는 곱게 다져 찬물에 1분간 넣어 매운맛을 없애고 거즈로 물기를 제거한다.
3 레몬 껍질은 제스트를 만들어 곱게 다진다.
4 레몬 과육은 즙을 만들어 준비한다.
5 고수는 줄기를 제거하고 잎은 잘게 다진다.
6 통후추는 칼의 옆 부분을 이용해 으깬다.
7 모든 재료를 한꺼번에 섞어 소스를 완성한다.

다진 고수잎(코리안더) 10g
고운 고춧가루 2큰술
굵은 고춧가루 1작은술
식초 20mL
통마늘 2쪽
다진 양파 2큰술
레몬 1개
토마토케첩 200g
설탕 1큰술
통후추 3알

고수(코리안더)
동양에서 많이 사용하는 허브 식재료로 쓰임새가 다양하다. 하지만 독특한 쌉싸름한 맛이 있어 싫어하는 사람도 많다. 쌀국수, 커리, 중국 음식과 김치류에도 많이 사용한다.

돼지고기에
어울리는
소스

오삼 불고기 양념
chilli spicy sweet sauce

information

➡ 맛의 특징   매콤, 달콤하지만 매콤함이 더 강한 느낌의 소스

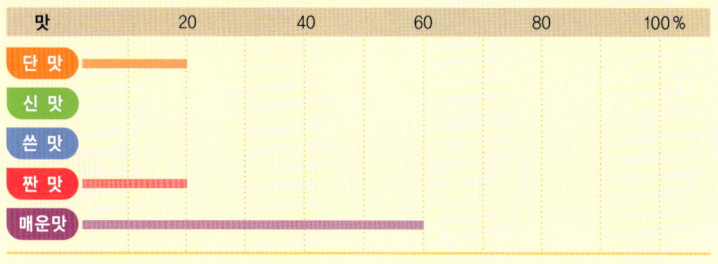

➡ 보관 기간   냉장고에서 2일 보관 가능

양념 만들기

모든 재료를 치대듯이 섞어서 1시간 정도 냉장고에 두고 사용한다.

오삼 불고기 만들기

1. 오징어는 껍질을 벗기고 손가락 크기만큼 자른다.
2. 삼겹살은 3cm 크기로 자른다.
3. 청량고추는 0.5cm 두께로 어슷썬다.
4. 오징어, 삼겹살, 청량고추, 양파, 대파를 볼에 담고 양념을 넣어 치대듯이 무친다.
5. 2시간 동안 숙성시킨 후 요리한다.

memo

오징어와 돼지고기의 궁합

오징어는 스테미너에 좋고, 눈을 밝게 해주며, 여성 생리작용을 돕는다. 돼지고기는 차가운 성질이 있어 오장의 기운을 보하지만, 과다 섭취 시 풍기가 올 수 있으므로 적당히 섭취해야 한다.

그래서 오징어의 성질이 돼지고기의 찬 성질을 중화시키며 빨갛게 불고기를 해서 먹으면 차가운 성질이 더욱더 중화되므로 궁합이 좋다.

 양념 재료

[500g (2인 분량)]

고춧가루 4큰술
고추장 2큰술
간장 2큰술
설탕 2큰술
물엿 3큰술
미림 500mL
식용유 3큰술
다진 마늘 2큰술

 요리 재료

오징어 1마리
삼겹살 400g
청량고추 2개
홍고추 2개
양파 2개(깍둑썰기)
대파 3줄기(엄지크기 썰기)

돼지고기에 어울리는 소스

매운 돼지갈비찜 양념
spicy pork rib stew sauce

information

맛의 특징 단맛과 매콤함이 조화로운 소스

맛	20	40	60	80	100%
단 맛					
신 맛					
쓴 맛					
짠 맛					
매운맛					

보관 기간 냉장고에서 2일 보관 가능

양념 만들기

1 생강은 껍질을 벗기고, 마늘은 꼭지를 떼어낸다.
2 양파는 깍둑썰기로 대충 썰고, 청량고추는 듬성듬성 자른다.
3 믹서에 액체류의 재료를 넣고, 설탕, 생강, 마늘, 양파, 청량고추, 파인애플, 고춧가루를 섞어 갈아준다.
4 3을 통에 담아 하룻동안 냉장 숙성시킨다.

돼지갈비찜 만들기

1 돼지갈비는 찬물에 4시간 동안 담가 핏물을 뺀다.
2 돼지갈비보다 물을 2배로 넣고 향신료와 함께 1시간 정도 약한 불에 끓인다.
3 향신료를 건져내고 육수는 체에 밭쳐 맑은 것만 준비한다.
4 2의 돼지갈비를 식혀 숙성된 양념에 골고루 비벼 반나절 숙성시킨 후 육수와 함께 약한 불에 끓여 완성한다.

재료

[돼지갈비 1.5kg 분량]
다진 마늘 2큰술
흰 대파 4줄기
생강 2개
청량고춧가루 1과1/2큰술
고춧가루 3큰술
청량고추 2개
양파 2개
파인애플 130g
간장 40mL
육수 200mL
정종 50mL
미림 50mL
참기름 2큰술
통깨 1큰술
설탕 3큰술

[돼지고기 삶을 때 향신료]
통후추 1/2큰술
월계수잎 3장
통마늘 3쪽
통생강 1개
양파 1/2개

돼지고기에 어울리는 소스

등갈비 양념
back ribs sauce

information

— 맛의 특징   허브향이 가미된 깊고 자연스러운 달콤한 소스

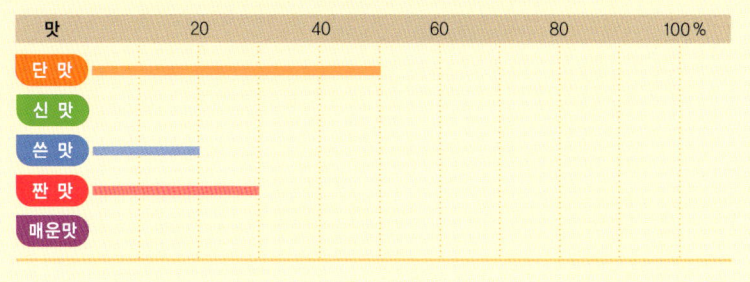

— 보관 기간   냉장고에서 2일 보관 가능

양념 만들기

1 허브를 뺀 나머지를 믹서에 곱게 갈아 준비한다.
2 타임은 다져 믹서에 간 것과 오레가노와 함께 넣어 냄비에 끓인 후 식혀서 반나절 숙성시킨다.

등갈비 만들기

1 등갈비는 찬물에 2시간 가량 담가 핏물을 빼고 다시 흐르는 물에 씻는다.
2 물을 냄비에 담고 향신료를 넣어 1시간 가량 약한 불에 끓인다.
3 2에서 향신료를 제거한 후, 등갈비를 넣어 1시간 정도 삶아 익으면 꺼내어 실온에서 식힌다.
4 식은 등갈비에 1차로 양념을 넉넉히 발라 180도 예열된 오븐에 굽는다.
5 양념을 기호에 맞게 2~3회에 걸쳐 더 발라가며 구워 완성한다.

[등갈비 700g 분량]
다진 마늘 1큰술
다진 생강 1/2큰술
양파 1/2개
발사믹 식초 3큰술
토마토케첩 3큰술
유자청 3큰술
진간장 2큰술
에스프레소 100mL
타임 4줄기
드라이 오레가노 1큰술
통깨 1/2큰술
계핏가루 1/2큰술
파인애플 50g
정종 50mL
미림 50mL

[등갈비 삶을 때 향신료]
통후추 1/2큰술
월계수잎 3장
으깬 마늘 3개
으깬 생강 1개
양파, 통계피 1/2개씩

# 삼겹살 수육

요리 만들기

1. 통삼겹살은 6cm 너비로 자른다.
2. 삼겹살을 뺀 나머지 향신료 재료를 물에 넣고 된장이 물과 희석되게 휘휘 저으며 끓인다.
3. 물이 끓으면 삼겹살을 넣어 물에 잠기도록 한 후 40분 가량 끓인 후 삼겹살만 건져 식힌다.
4. 당근은 껍질을 벗기고, 대파와 함께 채를 썬다.
5. 영양부추는 손가락 두 마디 크기로 자르고, 당근, 대파와 함께 섞어 찬물에 넣어 싱싱하게 만든 후 물기를 제거한다.
6. 3의 삼겹살 식은 것을 키친타월로 물기를 제거하고 한입 크기로 자른다.
7. 170도 온도의 식용유에 삼겹살을 넣어 갈색이 나도록 튀긴 후 건져내고, 키친타월로 고기를 눌러 식용유를 제거한다.
8. 접시에 튀긴 삼겹살을 담고 소스를 뿌린 후, 채소를 살포시 얹어낸다.

요리와 어울리는 소스 무화과 소스, 액젓 소스

재료

[통삼겹살 1kg 분량]
영양부추 20g
대파 흰부분 1줄기
당근 1/3개
식용유 1000mL

[삼겹살 삶을 때 향신료]
정향 5알
후추 20알
팔각(스파이스류) 1개
월계수잎 2장
통계피 1/3개
커피가루 1큰술
정종 200mL
대파 1뿌리
양파 1/2개
통마늘 5쪽
통생강 1/2개
된장 150g
물 2500mL

부추의 효능

일반적으로 부추는 따뜻한 성질의 식품이며 돼지고기는 차가운 성질의 식품으로 알려져 있다. 돼지고기는 단백질과 지방이 많아 콜레스테롤의 수치를 높이는데, 높아진 콜레스테롤 수치를 떨어뜨려주는 음식이 부추이다. 또한 한국 사람들이 많이 걸리는 병 중 하나가 지방간인데 늦게 회식이나 야식으로 인해 스트레스와 알코올 섭취로 비만이 생기며 간에 지방과 콜레스테롤이 쌓여 지방간이 생기게 된다. 그에 대한 최대 궁합이 부추인 것이다. 부추는 간을 건강하게 하며 지방 분해를 도와준다.

cooking plus 돼지 항정찜

요리 만들기

1. 양파는 얇게 썰어 준비한다.
2. 통마늘은 껍질을 제거하고 으깨 준비한다.
3. 통후추도 으깨 준비한다.
4. 중간 불에 팬을 올려 돼지 항정살을 진한 갈색으로 굽는다.
5. 양파도 팬에서 진한 갈색이 나도록 볶는다.
6. 큰 냄비에 항정살과 준비한 모든 재료를 넣고 강한 불에서 끓인다.
7. 냄비의 물이 끓기 시작하면 약한 불로 낮춘다.
8. 1시간 정도 서서히 끓이며, 거품과 기름기를 제거한다.
9. 1시간 뒤 항정살을 꺼내어 식힌 후 접시에 모양내어 담아 소스와 같이 낸다.

요리와 어울리는 소스 타이 바비큐 소스, 매운 돼지갈비찜 양념, 등갈비 양념

재료

돼지 항정살 100g
양파 1/2개
통마늘 3쪽
통후추 약간
월계수잎 2장
꿀 2큰술
레드와인 50mL
물(또는 채소 육수) 200mL
몽골리안 바비큐 소스 150mL(약 10큰술)

돼지고기 부위별 구분

- **항정살** : 돼지 목에서 어깨로 연결된 특수부위인데 삼겹살처럼 기름이 많지 않고 마블링이 있는 것처럼 부드러워 식감이 좋은 부위이다.
- **가브리살** : 등심에 붙어 있는 덧살이다.
- **갈매기살** : 횡격막과 간 사이에 있는 근육질의 힘살로 껍질을 벗겨서 먹어야 질기지 않다. 이상의 3종류를 돼지고기의 3대 특수부위라고 한다.

part 4

애플 시나몬 소스 apple cinnamon sauce 오렌지 마멀레이드 소스 orange marmalade sauce 치킨 데리야키 소스 chicken teriyaki sauce 몽골리안 소스 mongolian sauce 그린페퍼 소스 green pepper sauce 채소 크림 소스 vegetable cream sauce 알망드 소스 allemande sauce 사과 크림 소스 apple cream sauce 로즈메리향 크림 소스 rosemary cream sauce 숙주 치킨 스테이크 bean sprout with chicken steak 너티 치킨볼 nutty chicken ball

닭고기에 어울리는 소스

닭고기에 어울리는 소스

애플 시나몬 소스
apple cinnamon sauce

information

➡ **맛의 특징** 계피향과 신선한 사과맛이 어우러진 소스

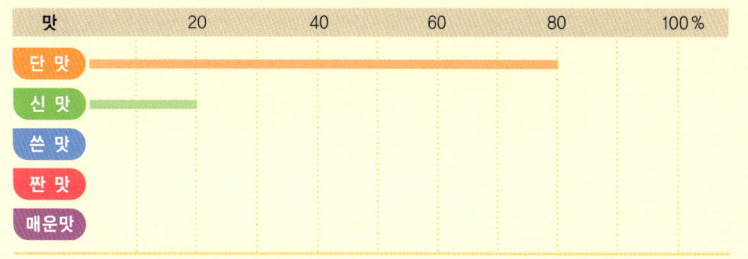

➡ **보관 기간** 냉장고에서 2일 보관 가능
➡ **어울리는 요리** 치킨 구이

소스 만들기

1 자몽 껍질의 하얀 부분을 제거하고 노란 부분을 잘게 채썬다.(제스트)
2 채썬 껍질을 끓는 물에 10초간 담갔다 꺼내 얼음 물에 식혀 물기를 닦아낸다.
3 양파와 사과(4등분한 후)는 껍질을 제거하고 0.3cm 두께로 슬라이스한다.
4 팬에 엑스트라버진 올리브오일을 넣고 양파를 볶은 후 정종을 넣어 끓이면서 알코올을 없앤다.
5 사과와 계핏가루, 설탕, 건포도를 넣고 풀어준 다음 꿀로 농도를 맞춰 한 번 더 끓인다.
6 5가 끓으면 불을 끄고 바로 식힌 후 제스트를 넣어 완성한다.

재료

엑스트라버진 올리브오일 1큰술
사과 1개
계핏가루 1큰술
양파 1/4개
정종 100mL
자몽 껍질 1장
설탕 1/2큰술
건포도 20g
꿀 약간

memo
- 애플 시나몬 소스는 육류에 어울리지만 완전히 졸여서 사용하면 디저트에도 잘 어울린다.
- 아이스크림과 케이크에도 잘 어울린다.

닭고기에 어울리는 소스

오렌지 마멀레이드 소스
orange marmalade sauce

information

맛의 특징　신선한 바질향과 오렌지의 새콤달콤한 맛이 어우러진 잼 같은 소스

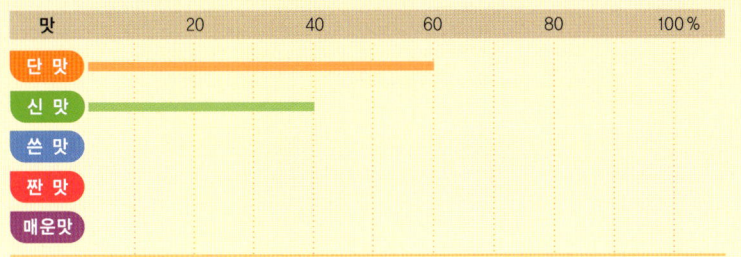

보관 기간　냉장고에서 2일 보관 가능
어울리는 요리　닭 구이, 오리 구이, 생선 구이, 육류 샐러드

소스 만들기

1. 오렌지와 레몬은 소금으로 깨끗이 씻는다.
2. 오렌지와 레몬의 껍질을 벗겨, 흰 부분을 제거한 다음 겉껍질을 얇게 채 썰어 끓는 물에 데친 후 찬 물에 식혀서 키친타월로 물기를 제거한다(제스트).
3. 껍질을 벗겨 흰 부분을 제거한 오렌지, 레몬 과육과 오렌지 주스를 넣어 거칠게 믹서에 간다.
4. 바질은 얇게 채 썰어 준비한다.
5. 냄비에 **3**을 설탕과 함께 넣고 1/2로 졸인 후 채썬 껍질을 넣고 한 번 더 끓여 식힌다.
6. **5**의 마멀레이드에 채썬 바질을 넣어 완성한다.

오렌지 3개
레몬 1개
설탕 100g
오렌지 주스 100mL
바질잎 6장

memo

마멀레이드
마르멜로(marmelo)라는 펙틴질이 많은 과일을 설탕 조림한 것을 일컫는 말이었으나, 현재는 감귤류의 껍질로 만든 잼을 말한다. 껍질과 과즙을 물에 섞어서 약한 불로 끓이고, 설탕을 3~4차례로 나누어 넣으면서 다시 약한 불에 끓여 완성한다.

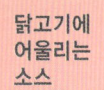
닭고기에 어울리는 소스

치킨 데리야키 소스
chicken teriyaki sauce

information

— **맛의 특징** 구수한 맛이 스며든 달콤한 간장 맛의 소스

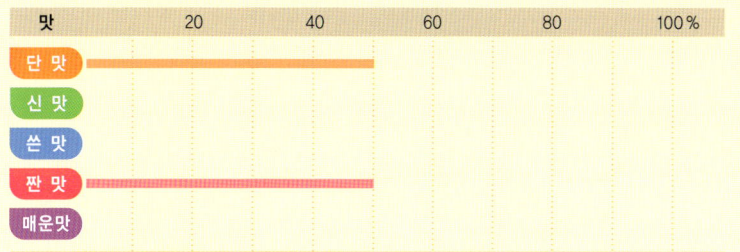

— **보관 기간** 냉동 보관 1개월 가능, 냉장고에서 2일 보관 가능
— **어울리는 요리** 닭 구이, 꼬치 요리, 볶음 요리

소스 만들기

1 양파는 깍둑썰기로 자르고, 대파는 4등분하여 자른다.
2 닭뼈는 물에 담가 핏기를 빼고, 250도 예열된 오븐에 뼈와 채소를 갈색이 나도록 굽는다.
3 구운 채소와 닭뼈를 나머지 재료와 함께 냄비에 넣고 끓인다.
4 끓고 나면 약한 불로 줄이고 1/4 가량 되면 불을 끄고 내용물을 건져 놓는다.
5 내용물을 한 번 더 면보에 거른 후 차갑게 식혀서 조금씩 사용한다.

재료

닭뼈 200g
진간장 250mL
통계피 1/3개
월계수잎 2장
통후추 10알
흑설탕 250g
미림 200mL
정종 200mL
황물엿 150mL
파인애플 캔 1/4캔
양파 2개
대파 1줄기
통마늘 10쪽
치킨 육수 450mL

데리야키
어패류에 미림과 간장으로 만든 소스를 발라 윤기가 나도록 굽는 것을 말한다.

닭고기에 어울리는 소스

몽골리안 소스
mongolian sauce

information

맛의 특징 면 요리, 육류 요리에 모두 잘 어울리는 깊고 매콤한 맛의 간장 소스

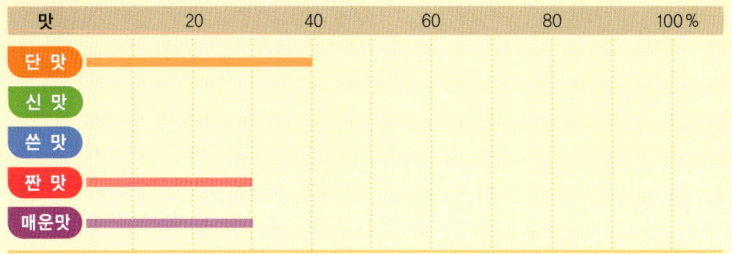

보관 기간 냉장고에서 3일 보관 가능
어울리는 요리 스테이크 소스, 육류 구이, 볶음 면요리

소스 만들기

1 팬에 올리브오일을 두르고 간 마늘을 볶는다.
2 1에 다진 양파를 넣고 마늘과 같이 볶는다.
3 마늘과 양파에 갈색이 돌면 고춧가루를 넣어 약한 불에서 20~30초 볶는다.
4 데리야키 소스와 굴 소스, 스위트칠리 소스를 넣어 중간 불에서 끓인다.
5 끓인 소스를 찬물에 넣어 식힌다.
6 식은 소스에 다진 고수잎을 섞어 완성한다.

재료

데리야키 소스 200g
스위트칠리 소스 1큰술
굴 소스 1큰술
간 마늘 1작은술
고춧가루 1큰술
다진 양파 2큰술
올리브오일 1큰술
다진 고수잎(코리안더) 1큰술
참기름 1큰술

memo

코리안더(coriander)
미나리과 식물로 우리나라에서는 고수로 잘 알려져 있다. 이 식재료는 특유의 향이 강하기 때문에 식성에 따라 사용량을 조절한다. 중국을 포함한 아시아 전체에서 많이 쓰이는 식물이다.

| 닭고기에 어울리는 소스 |

그린페퍼 소스
green pepper sauce

information

— **맛의 특징** 후추 소스 중 가장 깊은 향과 맛을 가진 녹색 소스

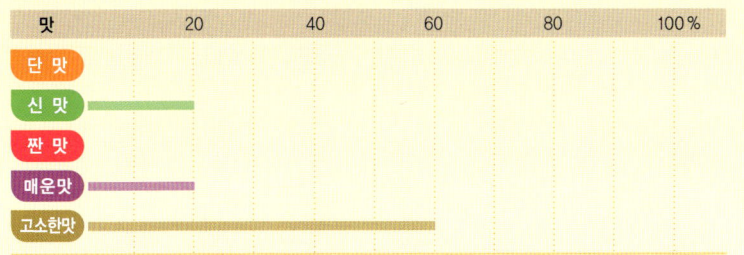

— **보관 기간** 냉장고에서 3일 보관 가능
— **어울리는 요리** 꼬치구이 요리

소스 만들기

1 통마늘은 껍질과 꼭지를 제거하고 곱게 다진다.
2 양파는 곱게 다진 다음 찬물에 넣어 매운맛을 없애고 체에 밭쳐 물기를 제거한다.
3 로즈메리는 줄기를 제거하고 곱게 다진다.
4 레몬은 즙을 만들어 준비한다.
5 팬에 올리브오일 1큰술을 넣어 다진 마늘, 양파, 로즈메리를 순서대로 볶는다.
6 5에 와인을 넣어 플람베한 후, 생크림을 넣어 1/3로 졸인다.
7 그린페퍼를 으깬 후 중간 불에서 잠시 볶는다.
8 6의 졸인 생크림에 그린페퍼, 레몬즙, 소금을 넣어 소스를 완성한다.

재료

그린페퍼(녹색 통후추) 1작은술
로즈메리 1줄기
다진 양파 2큰술
레몬 1/2개
통마늘 1쪽
생크림 60mL
화이트 와인 30mL
올리브오일 1큰술
소금 약간

✳ 마늘과 양파는 갈색이 나지 않도록 짧은 시간에 볶는다. 소스의 모든 조리 과정을 강한 불에서 조리해 로즈메리의 향이 남아 있도록 하는 것이 포인트이다.

memo

페퍼(후추) 이야기

블랙페퍼는 넝쿨에서 얻은 덜 익은 열매를 말하며 가장 맵다. 이것이 완전히 익으면 핑크페퍼가 되고, 완전히 익은 후추를 말려 외피를 벗기면 화이트페퍼가 된다. 그린페퍼는 블랙페퍼가 되기 전에 덜 익은 후추를 말한다.

닭고기에 어울리는 소스

채소 크림 소스
vegetable cream sauce

information

➡ **맛의 특징** 벨루테 소스의 구수함과 채소가 가진 감칠맛이 잘 어우러진 소스

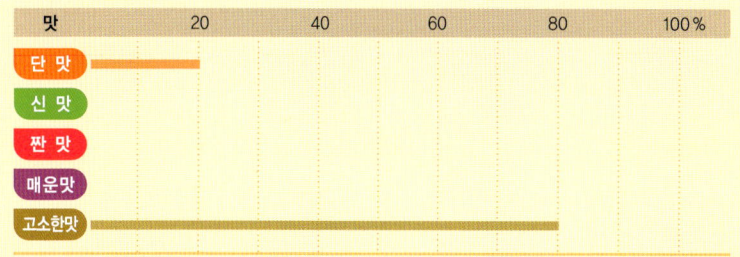

➡ **보관 기간** 냉장고에서 2일 보관 가능
➡ **어울리는 요리** 가금류 볶음, 찜 요리

소스 만들기

1 통마늘은 껍질과 꼭지를 제거하고 곱게 다진다.
2 양파는 곱게 다진 다음 찬물에 넣어 매운맛을 없애고 체를 이용해 물기를 제거한다.
3 팬에 버터 1큰술을 넣어 중간 불에서 양파와 마늘을 볶는다.
4 양파와 마늘이 갈색이 되기 전에 화이트 와인을 넣어 플람베한다.
5 4에 생크림을 넣고 10분 정도 졸인다.
6 5에 벨루테 소스를 넣어 풀어준다.
7 으깬 통후추, 꿀, 월계수잎을 넣어 10분간 약한 불에서 끓인 후 소금으로 간한다.

재료

벨루테 소스 200mL
다진 양파 2큰술
통마늘 1쪽
꿀 1큰술
화이트 와인 100mL
월계수잎 1장
생크림 200mL
버터 1큰술
으깬 통후추 1/3작은술

벨루테 소스
루(밀가루를 버터에 볶은 것)에 치킨 육수, 생선 육수를 넣어 만든 화이트 소스이다. 벨루테 소스는 식재료에 따라 여러 가지로 파생되는 모체 소스이며, 어떤 종류의 스톡을 넣느냐에 따라 만들어지는 벨루테가 달라진다.

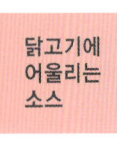 닭고기에 어울리는 소스

알망드 소스
allemande sauce

information

→ **맛의 특징** 구수한 소스에 레몬향을 더해 식욕을 돋우는 소스

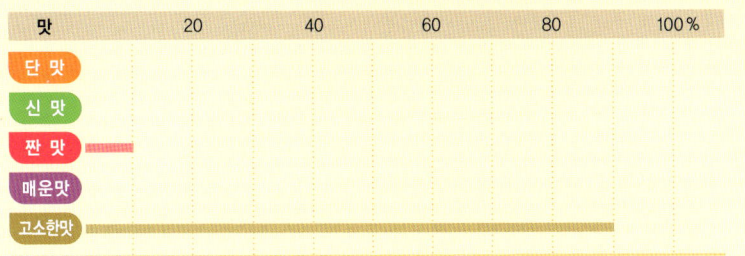

→ **보관 기간** 냉장고에서 2일 보관 가능
→ **어울리는 요리** 치킨 스테이크, 볶은 치킨 요리

소스 만들기

1. 치킨 벨루테 소스와 닭 육수를 섞어 중간 불에서 끓인다.
2. 1에 달걀 노른자와 우유를 섞어 약한 불에서 끓인다.
3. 2의 벨루테 소스에 레몬즙을 조금씩 넣어 소스를 풀어준다.
4. 마지막에 소금으로 간을 하고, 넛맥과 흰 으깬 후추를 넣어 소스를 완성한다.

재료

치킨 벨루테 소스 50mL
닭 육수 70mL
달걀 노른자 1개
우유 30mL
레몬즙 30mL
넛맥 1/3작은술
소금 약간
흰 으깬 후추 약간

 15쪽 닭 육수, 18쪽 벨루테 소스 참조

memo

알망드(allemande) 소스
쇠고기 육수에 루(roux)를 첨가하여 만든 모체 소스로 송아지 고기에 많이 사용한다. 소스의 특징은 달걀 노른자로 마지막 농도, 색, 향, 맛을 조절하는 것이다.

> 닭고기에 어울리는 소스

사과 크림 소스
apple cream sauce

information

맛의 특징   카레향 가득한 크림 소스에 달콤하게 구워진 사과가 더해진 소스

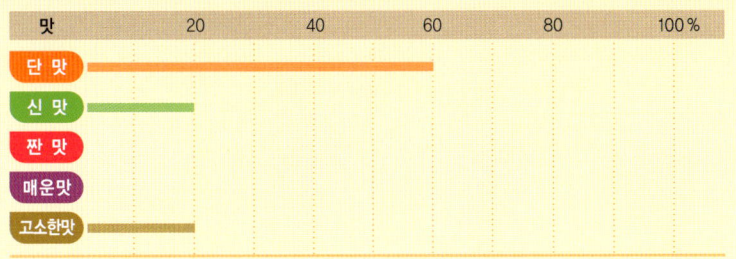

보관 기간   즉시 사용
어울리는 요리   치킨 튀김 요리, 치킨 샐러드

소스 만들기

1 양파는 곱게 다진다.
2 사과는 씨를 제거하고 얇게 잘라 준비한다.
3 팬에 올리브오일 1작은술을 넣어 양파와 사과를 볶는다.
4 3에 화이트 와인을 넣어 플람베한다.
5 4에 닭 육수를 넣어 양파와 사과가 푹 익을 때까지 약한 불에서 끓여 식힌다.
6 생크림과 카레가루를 섞어 풀어 준비한다.
7 5를 믹서에 갈아 체에 거르고, 6을 넣어 약한 불에서 2~3분간 끓인다.
8 설탕과 소금, 후추로 간을 하여 소스를 완성한다.

 재료

사과 1개
양파 50g
닭 육수(또는 물) 100mL
생크림 50mL
카레가루 10g
화이트 와인 20mL
올리브오일 30mL
설탕 1큰술
소금 약간
흰 후춧가루 약간

memo

사과의 갈변 현상을 막는 방법
사과의 껍질을 벗긴 후 노출이 되면 색깔이 노랗게 변하는 갈변 현상이 일어나는데, 갈변 현상을 늦추기 위해서는 설탕물을 만든 후 레몬즙을 첨가해서 사과를 담가 5분 정도 두면 갈변 현상을 늦출 수 있다.

닭고기에
어울리는
소스

로즈메리향 크림 소스
rosemary cream sauce

information

맛의 특징   허브의 신선한 향과 맛이 그대로 느껴지는 소스

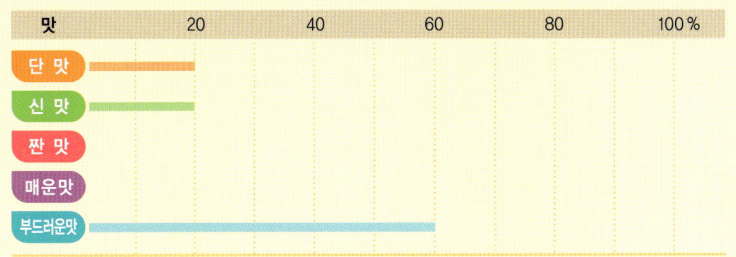

보관 기간   냉장고에서 2일 보관 가능
어울리는 요리   가금류 찜 요리

소스 만들기

1 양파와 마늘은 각각 곱게 다져 준비한다.
2 로즈메리는 줄기를 제거하고 잎만 곱게 다진다.
3 팬에 버터 1큰술을 넣어 중간 불에서 마늘과 양파를 갈색으로 볶는다.
4 양파에 갈색이 나타나면 다진 로즈메리를 넣어 짧은 시간에 볶는다.
5 로즈메리 향이 올라오면 나머지 버터와 밀가루를 넣어 1~2분간 볶는다.
6 **5**에 생크림과 닭 육수를 넣어 끓인 후 약한 불로 줄여 5~6분간 더 끓이면서 거품을 제거한다.
7 소금과 후춧가루로 간을 하여 소스를 완성한다.

소스 재료

로즈메리 1줄기
생크림 50mL
양파 50g
통마늘 1쪽
닭 육수 100mL
버터 2큰술
밀가루 1작은술
소금 약간
흰 후춧가루 약간

memo

로즈메리의 향이 너무 진하거나 약하지 않도록 꼭 볶아 사용하며, 너무 오랜 시간 볶지 않도록 주의한다.

cooking plus

숙주 치킨 스테이크

bean sprout with chicken steak

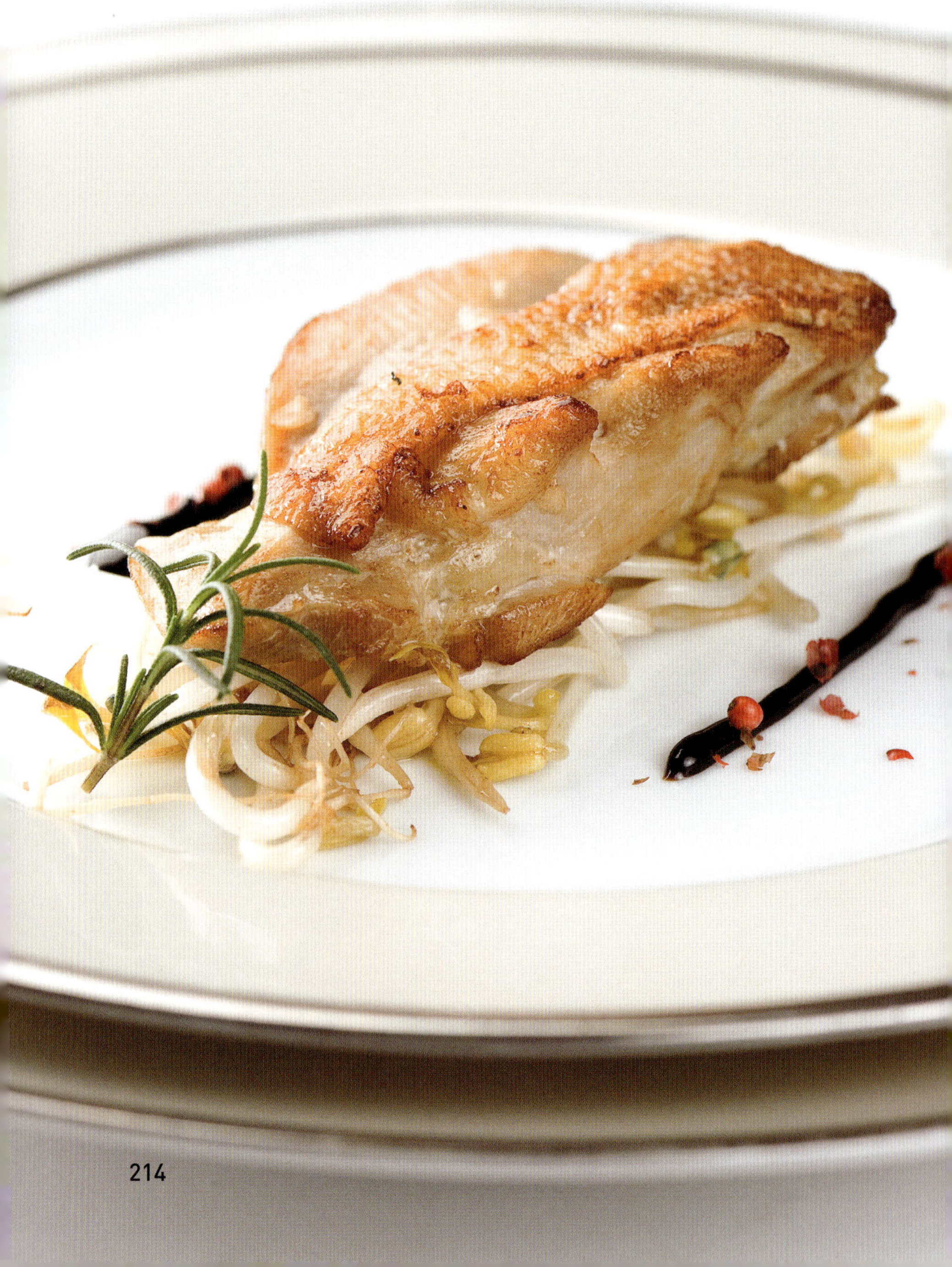

재료

닭다리살 1kg
간장 150mL
정수 750mL (1 : 4) 비율
다진 마늘 2큰술
로즈메리(프레시) 2줄기
올리브오일 2큰술
숙주 50g
소금 약간
후춧가루 약간

요리 만들기

1 닭다리를 제외한 재료들을 팬에 넣고 한번 끓여 식힌 후 손질한 닭다리를 잠기도록 넣어 12시간 동안 재운다.

2 재운 닭의 물기를 제거하고 프라이팬에 올리브오일을 넣어 껍질 쪽부터 중간 불로 굽는다.

3 껍질에 갈색 빛이 돌면 뒤집어서 한 번 더 굽는다.

4 겉면이 구워지면 껍질이 윗쪽을 향하도록 하여 300도 오븐에 7~9분 가량 구워 익힌다.(껍질이 바삭한 게 포인트)

5 프라이팬에 올리브오일을 두르고 강한 불로 숙주를 넣고 소금, 후춧가루로 간을 하여 재빨리 볶아 접시에 담는다.

6 숙주 위에 구운 치킨을 얹어 소스를 데워서 주변에 뿌리면 완성된다.

요리와 어울리는 소스 애플 시나몬 소스, 알망드 소스, 그린 페퍼 소스, 몽골리안 소스, 치킨 데리야키

숙주의 효능

　숙주는 꾸준히 먹으면 체내에 쌓여 있는 나쁜 물질을 밖으로 배출해 내는 장점을 가지고 있는 식품이다. 또한 나쁜 물질이 몸에 쌓이는 것을 미리 차단하기도 한다. 원기를 회복시켜 주며 심신 안정에 도움이 되어 스트레스에 좋은 음식이기도 하다. 간 기능이 떨어졌을 때 꾸준히 섭취하면 간 기능 향상에 도움이 된다.

cooking plus

너티 치킨볼

nutty chicken ball

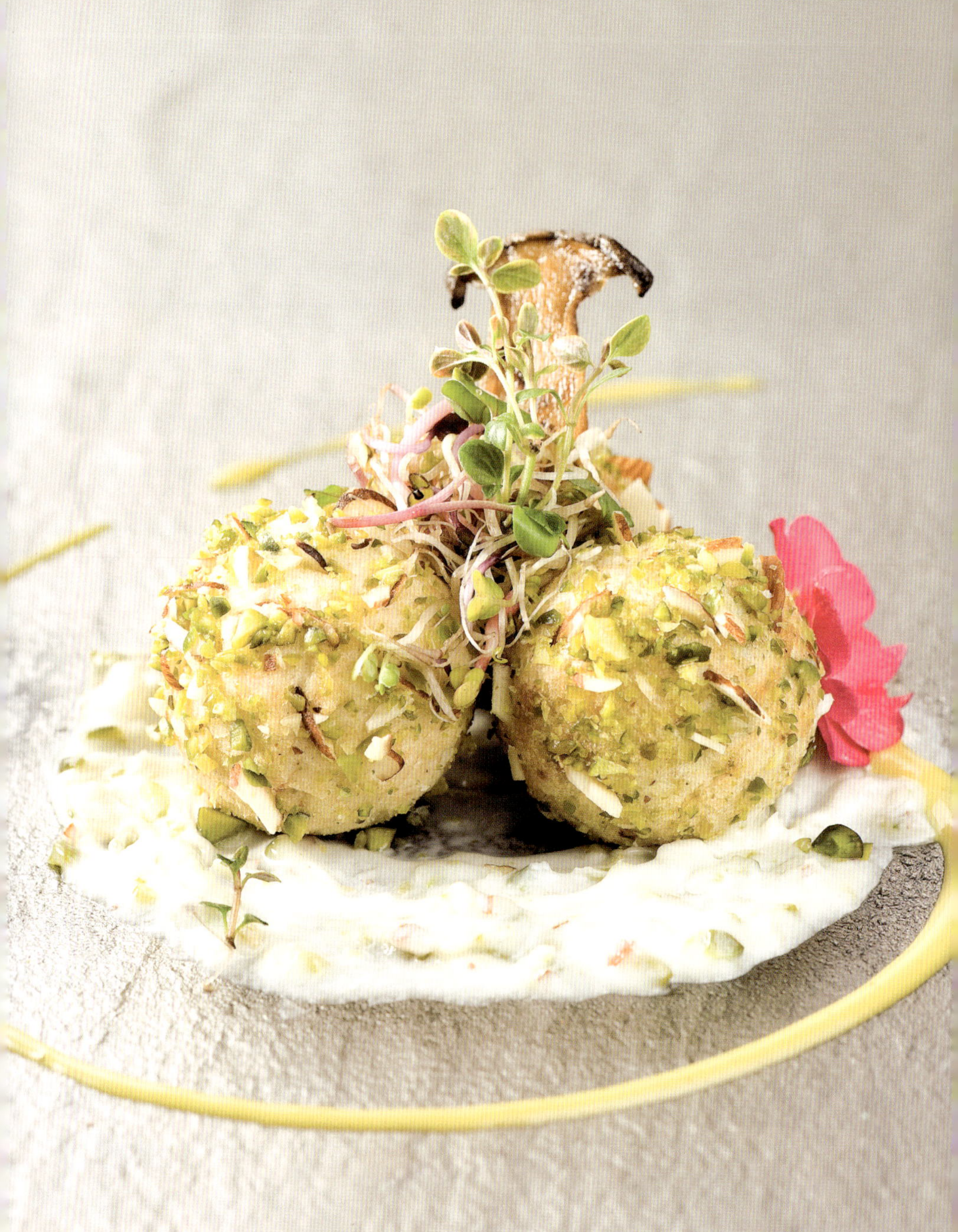

요리 만들기

1 피스타치오와 아몬드는 곱게 다진 후 섞어 준비한다.
2 닭가슴살은 손질하여 곱게 다진다.
3 레몬은 즙을 내어 준비한다.
4 새송이버섯은 0.5cm 크기로 잘라 구워 서늘한 곳에서 20시간 말린다.
5 다진 닭가슴살에 준비한 견과류의 1/2, 레몬즙, 소금, 후춧가루, 달걀 1개를 섞어 동그랗게 볼을 만든다.
6 밀가루→달걀→견과류 순으로 옷을 만들어 160~165도로 예열된 오븐에서 15~20분 동안 굽는다.
7 접시에 소스를 뿌리고 완성된 치킨볼과 어린잎 채소를 곁들여 요리를 완성한다.

요리와 어울리는 소스 사과 크림 소스, 오렌지 마멀레이드 소스, 그린페퍼 소스, 채소 크림 소스, 로즈메리향 크림 소스

재료

닭가슴살 100g
피스타치오 20g
아몬드 10g
레몬 1/3개
달걀 2개
새송이버섯 1/2개
어린잎 채소 10g
밀가루 3~5큰술
소금 약간
후춧가루 약간

✿ 밀가루와 달걀을 각각 치킨볼에 바른 후 나머지 여분을 잘 제거해야 완성도가 높은 요리가 탄생할 수 있다.

너티(nutty)
와인에서 견과류의 향이나 맛이 느껴질 때 사용되는 용어이다.

part5

구운 사과 소스 baked apple sauce 뜨거운 오렌지 소스 hot orange sauce 오렌지 민트 크림 소스 orange mint cream sauce 망고 할라페뇨 소스 mango jalapeno sauce 레드 와인 양파 소스 red wine onion sauce 버섯 치즈 크림 소스 mushroom cheese cream sauce 애플 처트니 apple chutney 건포도 컴포트 소스 raisin compote sauce 자몽 비가라드 소스 grapefruit bigarade sauce 스위트 생강 소스 sweet ginger sauce 졸인 오렌지 소스 orange reduction sauce 쇼롱 소스 choron sauce 오리 가슴살 스테이크 duck brisket steak

오리고기에
어울리는
소스

오리고기에 어울리는 소스

구운 사과 소스
baked apple sauce

information

- 맛의 특징   구운 사과의 달콤함과 비트의 강렬한 색감을 살린 소스

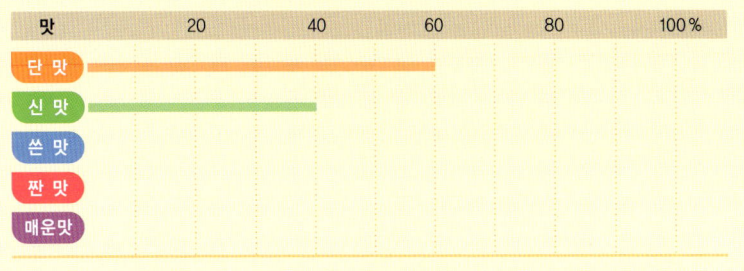

- 보관 기간   즉시 사용
- 어울리는 요리   돼지고기를 이용한 샐러드 요리

소스 만들기

1 사과는 껍질과 씨를 제거한 다음 작게 잘라 준비한다.
2 비트는 껍질을 제거하고 얇게 잘라 준비한다.
3 팬에 버터를 넣고 약한 불에서 녹인다.
4 버터 녹인 팬에 사과를 넣어 중간 불에서 갈색이 나도록 볶는다.
5 얇게 자른 비트를 **4**에 넣어 같이 볶는다.
6 믹서에 볶은 **5**와 우유를 넣고 곱게 갈아준다.
7 큰 볼에 마요네즈를 담고, **6**을 섞는다.
8 마지막으로 설탕과 소금을 기호에 맞게 간하여 소스를 완성한다.

재료

사과 1개
비트 10g
마요네즈 60g
설탕 1큰술
우유 30mL
버터 1큰술
소금 약간

memo

사과를 볶을 때는 반드시 버터를 넣어야 완성된 소스의 맛을 더욱 풍부하게 만들 수 있다. 사과를 오븐 구이할 경우에는 180도의 예열된 오븐에서 얇게 잘라 넓은 팬에 담아 10분간 앞뒤를 뒤집으며 굽는다. 사과를 팬 구이할 경우에는 사과가 타지 않도록 중간 불을 사용한다.

오리고기에 어울리는 소스

뜨거운 오렌지 소스
hot orange sauce

information

맛의 특징   기분이 좋아지는 은은한 오렌지향과 부드러운 생크림이 만난 소스

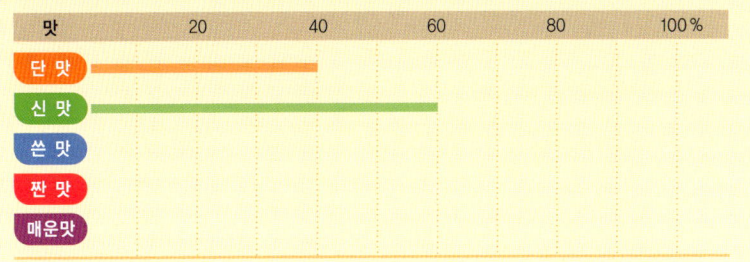

보관 기간   즉시 사용
어울리는 요리   삶은 채소, 생선 요리

소스 만들기

1 팬에 버터를 넣어 약한 불에서 끓인다.
2 끓이는 동안 버터에서 발생하는 거품은 스푼을 이용해 제거한다. 버터가 투명해지면 불을 끈다.
3 팬 바닥의 불순물이 들어가지 않도록 조심해서 버터를 옮겨 담는다.
4 오렌지와 레몬의 껍질은 제스트를 만들고 과육은 즙을 낸다.
5 팬에 버터 1작은술을 넣어 오렌지와 레몬 제스트를 넣어 짧은 시간에 볶는다.
6 5에 생크림을 넣어 강한 불에서 끓인 후 화이트 와인을 넣어 다시 끓여 식힌다.
7 볼에 달걀 노른자를 넣고 정제버터를 1큰술씩 넣어 가며 섞는다. 버터를 모두 넣어 섞는다.
8 7에 6의 생크림에 끓인 제스트와 즙을 넣는다.
9 마지막에 소금, 후춧가루로 간하여 소스를 완성한다.

재료

오렌지 2개
레몬 1개
버터 100g
달걀 노른자 1개
화이트 와인 2큰술
생크림 3큰술
소금 약간
흰 후춧가루 약간

memo
완성된 소스는 사용하기 전 약한 불에서 중탕으로 끓여 사용하면 버터의 부드러움과 오렌지 향을 더욱 감미롭게 즐길 수 있다.

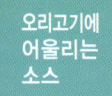
오리고기에 어울리는 소스

오렌지 민트 크림 소스
orange mint cream sauce

information

⟶ 맛의 특징   상큼함과 신선함이 입 속을 자극하는 경쾌한 소스

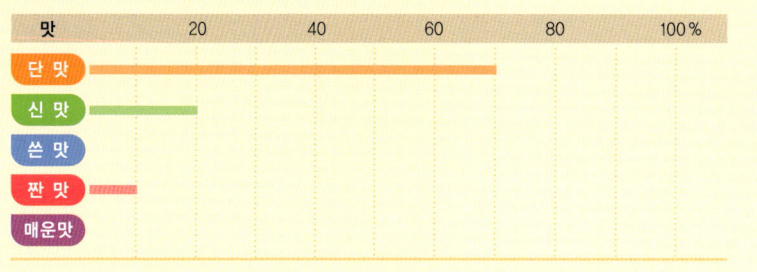

⟶ 보관 기간   즉시 사용
⟶ 어울리는 요리   오리 구이, 닭 구이, 생선 구이

소스 만들기

1 오렌지 마멀레이드와 오렌지 주스를 넣고 끓이다가 생크림을 넣어 끓인 후 믹서에 갈아 식혀 준비한다.
2 양파는 얇게 채 썰어 준비한다.
3 오렌지는 껍질을 제거한 후 과육을 작은 주사위 모양으로 썰어 준비한다.
4 애플 민트는 거칠게 잘라 준비한다.
5 팬에 올리브오일을 두르고 양파를 갈색이 나도록 볶은 후 오렌지 과육을 넣어 볶는다.
6 브랜디를 넣어 향을 내고 1의 소스를 넣은 후 애플 민트를 섞어 완성한다.

재료

오렌지 마멀레이드 3큰술
오렌지 주스 100mL
올리브오일 1큰술
양파 1개
오렌지 1개
생크림 4큰술
애플 민트 5잎
브랜디 1큰술

memo

브랜디(brandy)
브랜디는 포도를 발효, 증류한 술에 붙인 명칭이다. 현재는 과실을 주원료로 하는 모든 증류주에 사용되고 있다. 브랜디라는 명칭은 꼬냑 지방에서 포도를 와인으로 만들어 다시 증류한 것을 반 브류레(Vin brule, 와인을 태운 것)라고 한 것에서 유래한다.

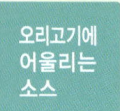

오리고기에 어울리는 소스

망고 할라페뇨 소스
mango jalapeno sauce

information

맛의 특징   톡 쏘는 매콤함과 달콤한 과육이 어우러진 소스

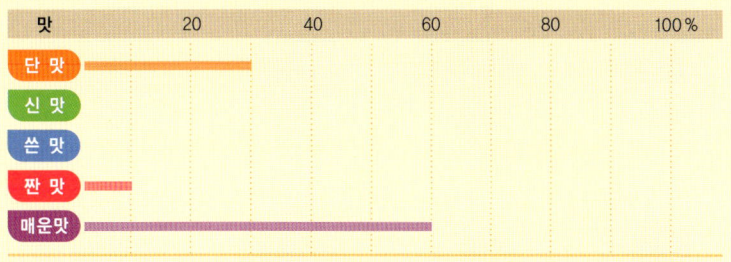

보관 기간   즉시 사용
어울리는 요리   오리 구이, 닭 구이, 생선 구이

소스 만들기

1 할라페뇨는 칼로 거칠게 다져 물기를 제거하고, 타임은 잎사귀를 잘게 다진다.
2 망고는 껍질을 벗겨 과육만 작은 주사위 모양으로 잘라 준비한다.
3 팬에 올리브오일을 두르고 할라페뇨를 볶은 다음 타임을 넣어 볶는다.
4 3에 브랜디를 넣어 향을 내고 망고퓌레와 생크림을 넣어 끓이면서 2의 망고 과육을 넣는다.
5 한번 더 끓으면 꿀로 기호에 맞게 당도를 조절하여 완성한다.

 재료

| 올리브오일 1큰술 |
| 할라페뇨 (멕시코 절임 고추) 1큰술 |
| 망고퓌레 100g |
| 망고 1개 |
| 타임 3줄기 |
| 브랜디 1큰술 |
| 생크림 30mL |
| 꿀 약간 |

망고의 효능

망고에 있는 폴리페놀 성분은 암세포들을 없애는 역할을 하여 항암작용이 뛰어나다. 비타민 A가 많아 시력 향상에 좋고 야맹증에 효과가 있다. 피부 외부층인 상피 조직과 각 기관 세포 기능을 활성화시켜 주어 피부 미용에 좋다. 또한 비타민 D가 소화를 촉진시켜 준다.

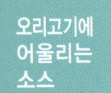
오리고기에 어울리는 소스

레드 와인 양파 소스
red wine onion sauce

information

맛의 특징   응축된 레드 와인의 맛과 볶은 채소의 달콤함이 있는 소스

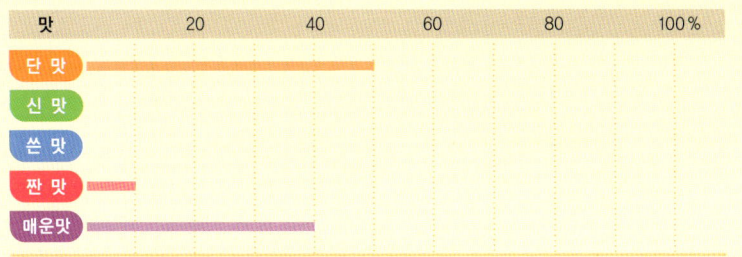

보관 기간   냉장고에서 2일 보관 가능
어울리는 요리   오리 구이, 닭 구이, 스테이크

소스 만들기

1 양파(샬롯)는 칼로 잘게 슬라이스한다.
2 팬에 올리브오일을 두르고 양파(샬롯)를 갈색이 나도록 중간 불에서 볶는다.
3 에 레드 와인을 넣어 1/2로 졸인 후 폰드뷰와 바닐라 빈, 월계수잎을 넣어 끓인다.
4 약한 불에서 5분 정도 더 끓인 후 바닐라 빈과 월계수잎을 건져낸다.
5 마지막에 소금, 후춧가루로 간을 하여 소스를 완성한다.

재료
올리브오일 1큰술
양파(샬롯) 1개
레드 와인 100mL
폰드뷰 1큰술
월계수잎 1장
바닐라 빈 1개
소금 약간
후춧가루 약간

memo

샬롯(서양 양파)

고대 팔레스타인 도시 에스칼론에서 유래되었다. 통째로 오븐에 굽거나 잘게 다진 후 볶아 향을 내어 각종 소스나 생선 요리, 육류 요리에 곁들이며 다양한 샐러드 드레싱의 재료로 사용한다. 추위에 잘 견디고, 토양이 좋은 곳에서 잘 자란다. 이른 봄에 심어 가을에 거둬들인다. 작고 길쭉하며 양파보다는 마늘과 비슷한 형태로 아래쪽에서 무리지어 나온다. 맛이 순하여 녹색일 때 생으로 먹기도 한다.

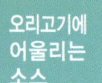
오리고기에
어울리는
소스

버섯 치즈 크림 소스
mushroom cheese cream sauce

information

➡ 맛의 특징   치즈의 부드럽고 고소한 맛과 버섯의 향이 어우러진 소스

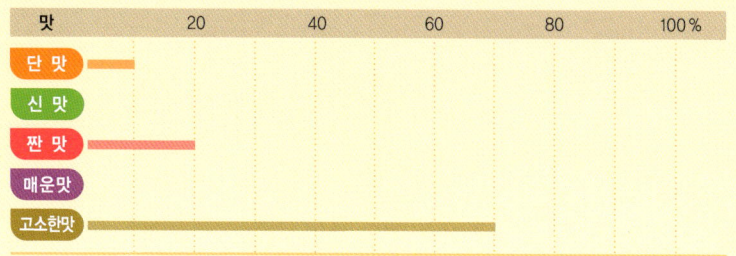

➡ 보관 기간   즉시 사용
➡ 어울리는 요리   스테이크, 파스타

소스 만들기

1 양파는 깨끗이 씻은 후 곱게 다져서 준비한다.
2 느타리버섯은 굵직하게 썰어 준비한다.
3 올리브오일을 팬에 두르고 양파를 볶는다.
4 양파의 숨이 죽으면 느타리버섯을 넣고 볶다가 화이트 와인을 넣고 졸인다.
5 퐁드뷰를 넣고 생크림과 고르곤졸라 치즈를 넣어 끓인다.
6 소스가 끓으면 소금, 후춧가루로 간을 하여 완성한다.

재료

올리브오일 30mL
양파 1개
퐁드뷰 2큰술
느타리버섯 10줄기
화이트 와인 30mL
고르곤졸라 치즈 60g
생크림 50mL
소금 약간
후춧가루 약간

 퐁드뷰는 데미글라스 소스로 대체 가능

memo

올리브오일

올리브 열매를 압착하여 기름을 짜낸 것으로 순도에 따라 각각의 이름이 다르다.
엑스트라버진 올리브오일은 자연 산성도 1% 미만으로 맛과 향에 있어서 올리브오일 중 최고 등급이고, 뛰어난 맛과 향, 색채를 유지하며 올리브를 첫 번째로 압착해서 얻은 것이다. 퓨어 올리브오일보다 2배 이상 비싸며, 퓨어는 일반 식용유로 쓰지만 엑스트라버진 올리브오일은 생으로 먹는 것이 더 좋다.

오리고기에 어울리는 소스

애플 처트니
apple chutney

information

⇒ **맛의 특징** 치즈의 부드럽고 고소한 맛과 버섯의 향이 어우러진 소스

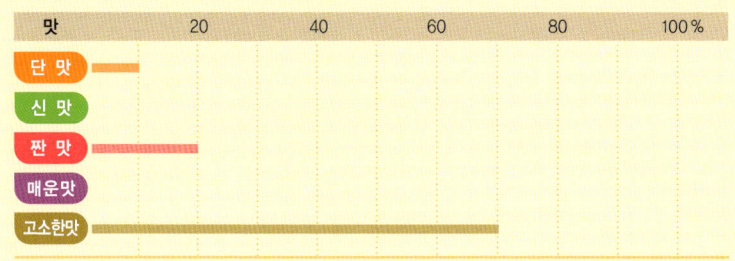

⇒ **보관 기간** 즉시 사용
⇒ **어울리는 요리** 스테이크, 파스타

소스 만들기

1. 양파는 깨끗이 씻은 후 곱게 다져서 준비한다.
2. 느타리버섯은 굵직하게 썰어 준비한다.
3. 올리브오일을 팬에 두르고 양파를 볶는다.
4. 양파의 숨이 죽으면 느타리버섯을 넣고 볶다가 화이트 와인을 넣고 졸인다.
5. 폰드뷰를 넣고 생크림과 고르곤졸라 치즈를 넣어 끓인다.
6. 소스가 끓으면 소금, 후춧가루로 간을 하여 완성한다.

재료

올리브오일 30mL
양파 1개
폰드뷰 2큰술
느타리버섯 10줄기
화이트 와인 30mL
고르곤졸라 치즈 60g
생크림 50mL
소금 약간
후춧가루 약간

 폰드뷰는 데미글라스 소스로 대체 가능

memo

올리브오일

올리브 열매를 압착하여 기름을 짜낸 것으로 순도에 따라 각각의 이름이 다르다.
엑스트라버진 올리브오일은 자연 산성도 1% 미만으로 맛과 향에 있어서 올리브오일 중 최고 등급이고, 뛰어난 맛과 향, 색채를 유지하며 올리브를 첫 번째로 압착해서 얻은 것이다. 퓨어 올리브오일보다 2배 이상 비싸며, 퓨어는 일반 식용유로 쓰지만 엑스트라버진 올리브오일은 생으로 먹는 것이 더 좋다.

오리고기에 어울리는 소스

애플 처트니
apple chutney

information

➡ **맛의 특징**   커리 특유의 매콤함과 달콤한 사과향이 어우러진 소스

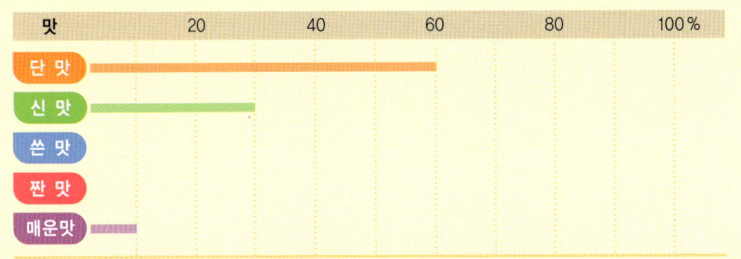

➡ **보관 기간**   냉장고에서 2일 보관 가능
➡ **어울리는 요리**   오리 구이, 닭 구이, 돼지고기 스테이크

소스 만들기

1 사과는 껍질을 벗겨 씨를 제거해서 듬성듬성 썰어 놓는다.
2 냄비에 물과 설탕을 넣어 녹인 후 커리를 넣어 풀어준다.
3 커리가 풀어지면 나머지 재료를 넣고 푹 끓여 사과가 뭉개지도록 한다.
4 사과를 거칠게 뭉갠 후 꿀을 넣어 식혀 사용한다.

 재료

사과 2개
물 100mL
설탕 50g
꿀 50mL
간 생강 1/2큰술
커리 1큰술
식초 100mL

memo

처트니 (chutney)

영국 제국시대에 큰 인기를 얻었으며 지금까지 애용되고 있다. 익히거나 절인 채소와 망고, 파인애플, 기타 과일, 양파, 버섯, 건포도, 설탕, 향신료를 끓여서 잼처럼 만든다. 스테이크를 먹을 때 침샘을 자극해 고기를 잘 넘어가도록 하여 스테이크에 많이 사용한다. 커리 요리는 한 가지 이상의 처트니를 넣어 만들며, 서양의 처트니는 차가운 육류 요리와 함께 먹기도 한다.

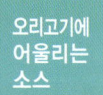
오리고기에 어울리는 소스

건포도 컴포트 소스
raisin compote sauce

information

→ **맛의 특징**   와인에 졸여진 건포도의 새콤달콤한 맛과 아몬드의 고소함이 있는 소스

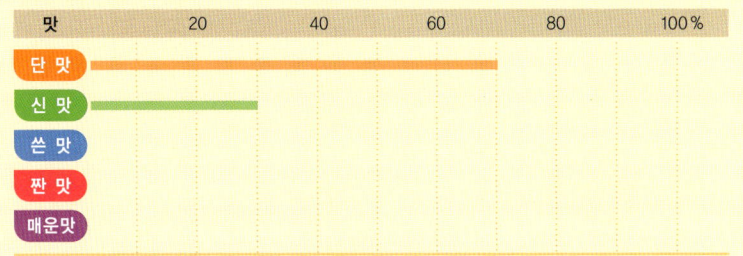

→ **보관 기간**   냉장고에서 2일 보관 가능
→ **어울리는 요리**   오리구이, 닭 구이(가금류), 스테이크

소스 만들기

1 팬에 엑스트라버진 올리브오일을 두른 후 잣, 아몬드, 건포도를 넣고 볶는다.
2 1에 레드 와인을 넣어 졸인다.
3 레드 와인을 1/2로 졸인 후 꿀로 당도를 조절하여 실온에서 식혀 사용한다.

 요리에 소스를 끼얹어 곁들이고 컴포트를 조금씩 넣는다.

재료

잣 1큰술
아몬드 슬라이스 1큰술
건포도 50g
레드 와인 100mL
레몬 껍질
엑스트라버진 올리브오일 2큰술
꿀 약간

memo

컴포트(compote)
  생과일 또는 말린 과일을 설탕시럽이나 꿀을 넣어 천천히 요리한 것을 말하며, 와인이나 리큐르, 스파이스를 넣기도 한다.
  프랑스어로 으깸을 말하며, 컴포트 요리는 오늘날 과일의 형태를 유지시키는 것을 말하고, 으깨어 설탕이나 꿀로 과일 졸임하는 것은 마멀레이드라 한다.

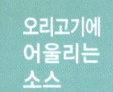 오리고기에 어울리는 소스

자몽 비가라드 소스
grapefruit bigarade sauce

information

맛의 특징   자몽 특유의 시큼하고 신선한 맛이 그대로 녹아 있는 소스

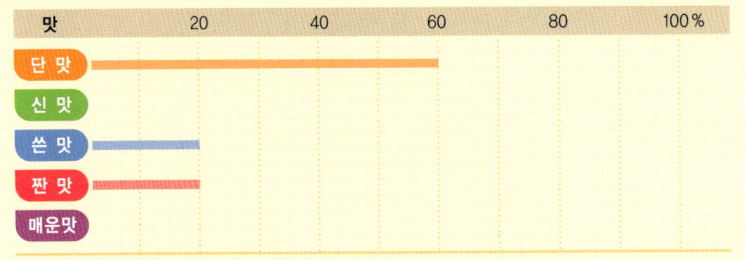

보관 기간   냉장고에서 2일 보관 가능
어울리는 요리   오리 구이, 칠면조 요리, 닭 요리

소스 만들기

1 팬에 설탕을 넣어 연한 갈색이 나도록 약한 불에서 천천히 끓인다.
2 설탕에 레드 와인을 넣어 플람베한다.
3 자몽의 껍질은 제스트를 만들고, 과육은 즙을 만들어 준비한다.
4 2에 자몽즙을 넣어 1/3로 졸인다.
5 4에 제스트한 자몽 껍질을 넣어 약한 불에서 2~3분간 천천히 끓인다.
6 브랜디와 데미글라스 소스를 넣고 소금, 후춧가루로 간하여 완성한다.

 오리 가슴살이 아닌 닭 가슴살을 이용할 경우에는 곱게 다진 마늘을 로즈메리와 같이 화이트 와인에 넣어 사용하면 더욱 풍부한 향과 맛을 느낄 수 있다.

재료

데미글라스 소스 100mL
레드 와인 1큰술
자몽 1/2개
브랜디 1작은술
소금 1작은술
후춧가루 1/3작은술
설탕 1큰술

비가라드(bigarade) 소스
프랑스에서 유래한 정통적인 브라운 소스로 쇠고기 육즙, 오리 육즙, 오렌지와 레몬 주스로 만든 오렌지 맛의 소스를 말한다.

| 오리고기에 어울리는 소스 |

스위트 생강 소스
sweet ginger sauce

information

- **맛의 특징** 생강 특유의 향과 생크림의 부드러움이 느껴지는 소스

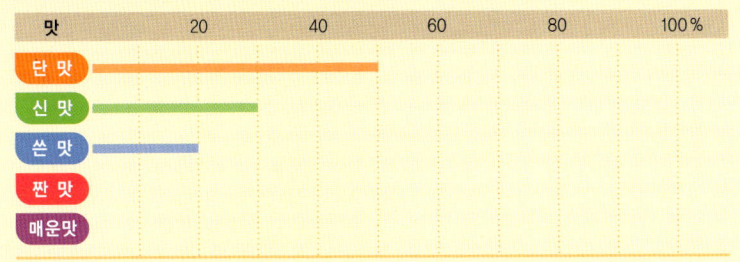

- **보관 기간** 냉장고에서 2일 보관 가능
- **어울리는 요리** 구운 샐러드 요리

소스 만들기

1 생강은 껍질을 제거해서 양파와 같이 곱게 다진다.
2 팬에 올리브오일 1큰술을 두르고 생강과 양파를 갈색이 나도록 볶는다.
3 생강에 레드 와인 식초를 넣어 1/3로 졸인다.
4 식초를 졸인 다음, 생크림을 넣어 다시 약한 불에서 끓인다.
5 4에 데미글라스 소스와 꿀, 소금을 넣어 5분간 더 끓여 소스를 완성한다.

재료

생강 1/2개
생크림 15mL
레드 와인 식초 10mL
데미글라스 소스 60mL
다진 양파 2큰술
올리브오일 1큰술
소금 약간
꿀 약간

memo
- 생강은 충분히 볶아 주어야 생강 특유의 쓴맛을 제거할 수 있으며, 달콤하고 순한 생강의 참맛을 낼 수 있다. 설탕 대신 꿀을 사용하면 더욱 풍부한 향과 맛을 느낄 수 있다.
- 생강 넣은 레드 와인 식초는 완전히 졸인 후 생크림을 넣어야 생강의 강한 맛과 향을 줄이고, 감칠맛을 낼 수 있다.

오리고기에 어울리는 소스

졸인 오렌지 소스
orange reduction sauce

information

⇒ 맛의 특징　상큼한 새콤달콤한 맛이 일품인 소스

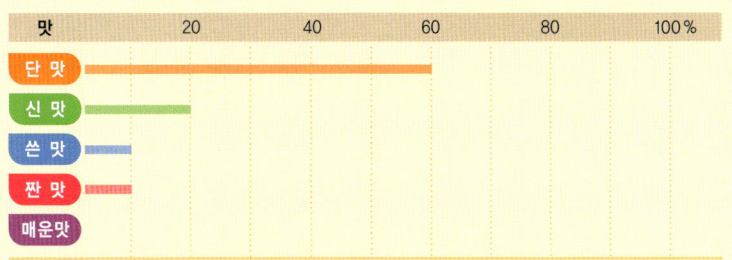

⇒ 보관 기간　냉장고에서 2일 보관 가능
⇒ 어울리는 요리　오리 구이

소스 만들기

1 오렌지는 즙을 만들고, 껍질은 제스트한다.
2 냄비에 오렌지 즙과 오렌지 주스를 넣고 약한 불에서 2/3로 졸인다.
3 제스트를 2에 넣어 같이 끓인다.
4 화이트 와인은 강한 불에서 플람베한다.
5 플람베한 화이트 와인을 3에 넣어 섞는다.
6 5를 5분간 더 끓인 다음 식혀 준비한다.
7 6에 올리브오일을 1큰술씩 넣어가며 믹서를 이용해 섞는다.
8 마지막에 설탕을 넣어 소스를 완성한다.

재료

오렌지 5개
오렌지 주스 100mL
올리브오일(퓨어) 200mL
화이트 와인 50mL
사과 식초 1작은술
설탕 1큰술

memo

졸인 오렌지 주스에 올리브오일을 1차, 2차로 나누어 조금씩 섞어야 주스와 오일의 분리를 막을 수 있다. 믹서를 이용해서 오렌지 주스와 올리브오일을 섞는 방법이 장시간 분리되지 않아 사용하기에 편하며, 오렌지 주스와 올리브오일이 분리될 경우는 믹서를 이용해 다시 섞어 사용한다.

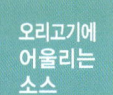

쇼롱 소스
choron sauce

오리고기에 어울리는 소스

information

➡ **맛의 특징**   입에서 사르르 녹아 없어지는 부드러운 맛의 소스

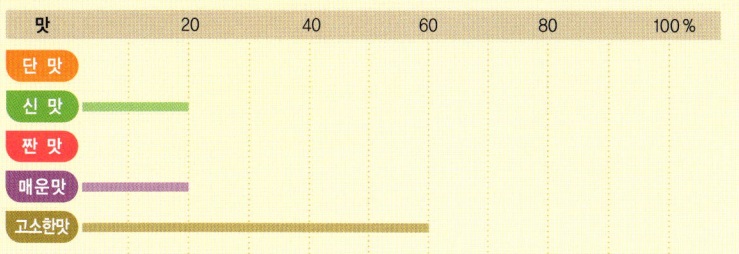

➡ **보관 기간**   즉시 사용
➡ **어울리는 요리**   거위 간, 그라탕 요리

소스 만들기

1 팬에 올리브오일 1작은술을 넣어 토마토 페이스트를 중간 불에서 볶는다.
2 **1**에 화이트 와인과 생크림을 넣어 끓인다.
3 토마토는 끓는 물에 넣어 껍질과 씨를 제거한 다음 0.2~0.3cm 크기의 주사위 모양으로 썰어 준비한다.(콩까세)
4 **2**에 베어네즈 소스와 토마토를 섞는다.
5 소금, 후춧가루로 간을 하여 소스를 완성한다.

❋ 완성된 소스의 농도는 묽지 않도록 주의한다.

 재료

베어네즈 소스 100mL
토마토 페이스트 1작은술
토마토 1개
생크림 1큰술
화이트 와인 1큰술
올리브오일 1작은술
소금 약간
흰 후춧가루 약간

memo

쇼롱(choron) 소스
  옛날 프랑스 어느 주방의 이름을 딴 쇼롱 소스는 홀랜다이즈 소스에 토마토 퓌레를 넣어 분홍색이 되게 만든 소스이다.

cooking plus

오리 가슴살 스테이크

duck brisket steak

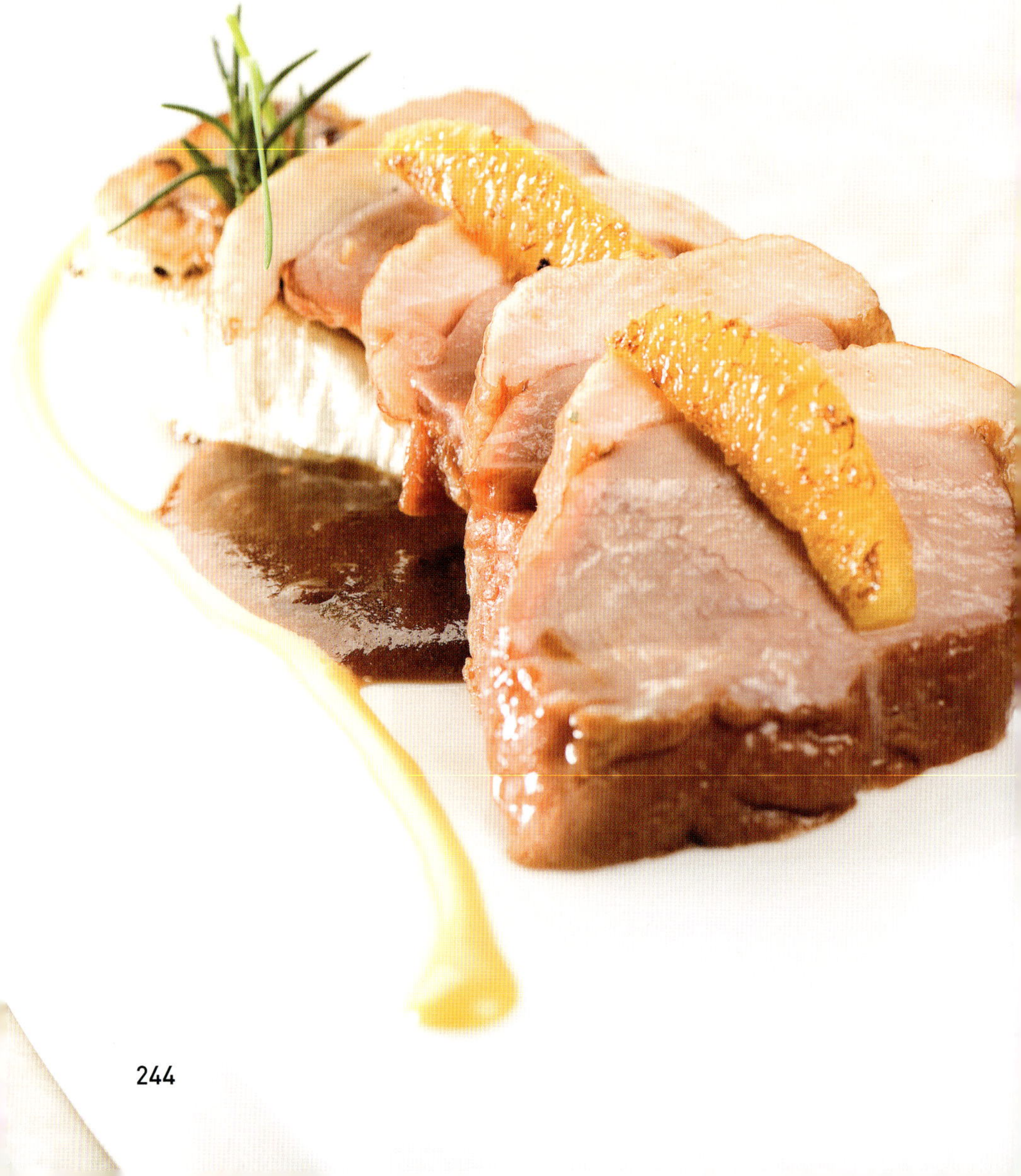

요리 만들기

1 통후추는 칼등을 이용해서 으깬다.
2 오리 가슴살에 소금과 으깬 후추로 간한다.
3 로즈메리는 줄기를 제거하고 잎을 곱게 다진다.
4 통마늘은 껍질과 꼭지를 제거하고 곱게 다진다.
5 화이트 와인은 강한 불에서 플람베한다.
6 플람베한 화이트 와인에 오리 가슴살과 다진 마늘, 로즈메리, 올리브오일을 넣어 실온에서 10분간 보관한다.
7 오렌지는 껍질을 제거하고 적당한 크기로 잘라 준비한다.
8 팬에 올리브오일 1큰술을 넣어 중간 불에서 6의 오리 가슴살을 갈색이 나도록 굽는다.
9 오리 가슴살에 갈색이 돌면 약한 불로 낮추어 꿀을 바르고 3~5분간 익힌다.
10 접시에 구운 오리 가슴살을 담고 소스를 뿌려 요리를 완성한다.

요리와 어울리는 소스   자몽 비가라드 소스, 오렌지 민트 크림 소스, 구운 사과 소스

재료

오리 가슴살 1~2쪽
꿀 1큰술
오렌지 1/2개
통마늘 2쪽
로즈메리 1줄기
화이트 와인 2작은술
올리브오일 3큰술
소금 약간
검은 통후추 약간

오리고기의 효능

오리고기는 지상 육류 중에서 특이하게 알칼리성 식품으로 불포화지방산의 함유량이 높아 지방과다, 동맥경화, 고혈압을 걱정하지 않아도 되는 음식이다. 또한 몸의 산성화를 막아주는 스테미너 음식이기도 하다. 혈액순환에 좋고 몸안에 있는 각종 독을 풀어주며 피부 치료 예방에 탁월한 식품이기도 하다.

part 6

갈릭 안초비 오일 소스 galic anchovy oil sauce 케이퍼 소스 caper sauce 케이퍼 두부 퓌레 caper bean curd purée 스파이시 토마토 살사 spicy tomato salsa 와사비 폰즈 wasabi ponzu 겨자 소스 mustard sauce 노르망디 소스 normandy sauce 홍피망 크림 소스 red bell pepper cream sauce 사프란 크림 소스 saffron cream sauce 뵈르 블랑 beurre blanc 르물라드 소스 remoulade sauce 멍게 살사 sea squirt salsa 안초비 버터 anchovy butter 아이올리 소스 aioli sauce 성게알 아이올리 sea urchin aioli 스시 소스 sushi sauce 초고추장 소스 red chili pepper paste vinegar sauce 할라페뇨 살사 jalapeno salsa 수프림 소스 supreme sauce 화이트 와인 소스 white wine sauce 모네이 소스 mornay sauce 허브 크림 소스 herb cream sauce 무슬린 소스 mousseline sauce 초된장 소스 soy bean paste vinegar sauce 생강 레몬 소스 ginger lemon sauce 아메리칸 소스 american sauce 오로라 소스 aurora sauce 타르타르 소스 tartar sauce 매운 크레송 페스토 spicy cresson pesto 대추 오일 소스 jujube oil sauce 스위트 생강 처트니 sweet ginger chutney 핑크페퍼 소스 pink pepper sauce 멜론 오일 소스 melon oil sauce 레몬 버터 소스 lemon butter sauce 민트 오일 소스 mint oil sauce 초콜릿 생강 소스 chocolate ginger sauce 노란 피망 소스 yellow pimento sauce 딜 사워 크림 소스 dill sour cream sauce 시트러스 그레몰라타 citrus gremolata 허브 머스터드 크림 소스 herb mustard cream sauce 장어 데리야키 소스 eel teriyaki sauce 장어 고추장 양념 eel seasoning with spicy sauce 생선 조림 양념 seasoning with spicy soy sauce 육회 양념 Korean style raw beef seasoning sauce 허브향 연어 절임 grav rax 새우 볼 shrimp ball 관자살 구이와 부드러운 달걀 카스텔라 pan fried scallop and egg castella 구운 농어와 오븐 드라이 토마토 pan fried sea bass and oven dry tomato

해산물에 어울리는 소스

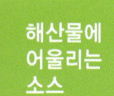
해산물에 어울리는 소스

갈릭 안초비 오일 소스
galic anchovy oil sauce

information

맛의 특징   마늘 특유의 쌉싸름함과 안초비의 짠맛이 어우러진 소스

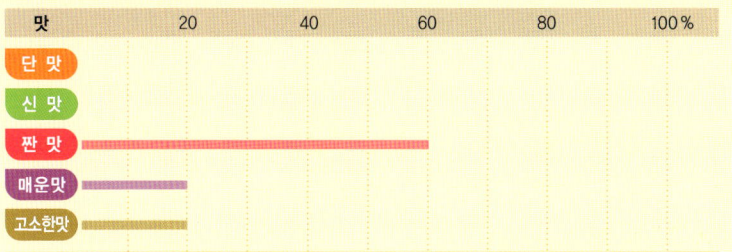

보관 기간   즉시 사용
어울리는 요리   쇠고기 구이, 생선 구이

소스 만들기

1. 통마늘은 꼭지를 제거하고 슬라이스한다.
2. 오렌지 껍질은 채 썰어 끓는 물에 3초간 데치고, 찬물에 헹궈 물기를 제거한다.
3. 엑스트라버진 올리브오일과 안초비, 마늘 슬라이스를 약한 불에 올려 끓인다.
4. 3이 끓어 마늘 색깔이 황금빛으로 변해갈 때 로즈메리와 오렌지 제스트를 넣어 완성한다.

재료

안초비 2마리
통마늘 1쪽
로즈메리 1줄기
엑스트라버진 올리브오일 20mL
오렌지 껍질 2장(제스트 1작은술)

 올리브오일이 너무 끓으면 마늘과 로즈메리가 타게 되므로 불 조절을 잘 해야 된다.

memo

로즈메리

로즈메리는 육류를 사용하는 요리에 많이 사용한다. 육류 특유의 잡냄새를 잡아주며 또한 음식 자체의 향을 향기롭게 해준다.

보통 끓이는 소스나 직화로 굽는 육류 요리에 많이 사용되며 고기 숙성을 위하여 재울 때 사용하기도 한다. 닭, 돼지, 소, 그 밖의 가금류 요리에 널리 사용한다.

케이퍼 소스
caper sauce

해산물에 어울리는 소스

information

- 맛의 특징   케이퍼 특유의 짠맛과 신선한 요거트의 달콤함이 어우러진 소스

- 보관 기간   냉장고에서 2일 보관 가능
- 어울리는 요리   생으로 먹는 훈제 연어 요리

소스 만들기

1 배는 깨끗이 씻어 즙을 내어 준비한다.
2 양파는 깨끗이 씻어 대충 잘라 준비한다.
3 케이퍼는 물기를 제거한다.
4 배, 양파, 케이퍼, 제스트를 믹서에 넣고 간 다음 꿀과 소금, 으깬 통후추를 넣어 완성한다.
5 6시간 냉장 숙성시킨 후 사용한다.

 재료

플레인 요거트 2개
케이퍼 2큰술
양파 1/2개
배 1/3개
제스트 1작은술
꿀 약간
소금 약간
으깬 통후추 약간

memo

케이퍼(caper)

　지중해 연안의 식물로, 향신료로 이용하는 부분은 꽃봉오리이다. 후추 크기부터 강낭콩만한 것까지 다양하다. 주로 케이퍼는 식초에 절인 것이 판매되고 있다.
　케이퍼는 식초나 소금, 기름에 절여서 육류나 기름기가 많은 생선 요리, 특히 연어에 생것을 다져서 소스나 드레싱, 마요네즈에 섞어 쓴다.
　소화 촉진 및 식욕 증진 작용이 있고, 위장의 염증이나 설사에 효과적이라고 알려져 있다. 또 차로 마시면 기침을 완화시키기도 한다. 케이퍼는 마르면 맛이 변하기 때문에 반드시 식초를 잠길 정도로 부은 후 용기에 밀폐하여 어두운 곳에 보관해야 한다.

해산물에 어울리는 소스

케이퍼 두부 퓨레
caper bean curd purée

information

맛의 특징   부드러운 두부의 맛과 케이퍼 특유의 짠맛이 조화로운 소스

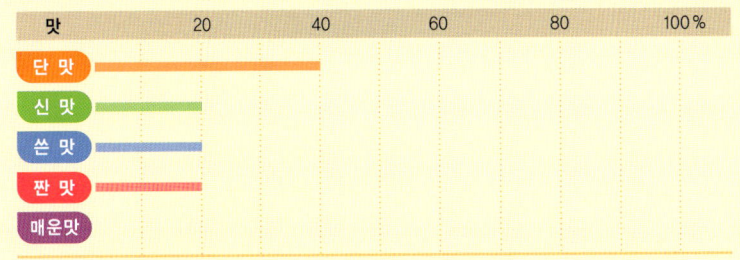

보관 기간   즉시 사용
어울리는 요리   생선 회요리

퓌레 만들기

1 케이퍼는 키친타월로 물기를 제거하고, 170도의 식용유에 튀겨낸다.
2 레몬 껍질은 채 썰어 끓는 물에 3초간 데치고, 찬물에 헹궈 물기를 제거한다.
3 딜은 물에 헹궈 툭툭 털어서 물기를 빼고 잎사귀만 다져 준비한다.
4 연두부는 면보를 이용해 물기를 최대한 제거한다.
5 블렌더에 케이퍼를 넣고 간 다음 나머지 재료를 넣고 다시 한번 갈아준다.
6 마지막에 소금, 후춧가루, 꿀로 기호에 맞게 간을 하여 완성한다.

재료

연두부 1/2개
케이퍼 2큰술
휘핑크림 1큰술
레몬 껍질 1/2큰술
딜 5줄기
소금 약간
후춧가루 약간
꿀 약간
식용유 적당량

memo

딜(dill)
꽃·잎·줄기·종자를 허브로 사용하는데 잎은 꽃망울이 생기기 전에 수시로 수확한다. 씨는 소화, 진정효과, 최면효과가 뛰어나고, 구취 제거와 동맥경화증 예방에 좋으며, 베갯속으로 사용하면 숙면을 취할 수 있다고 한다. 잎의 향긋함이 비린내를 제거해 주기 때문에 생선 요리에 넣는 처빌과 함께 대표적인 허브이다.

스파이시 토마토 살사

spicy tomato salsa

information

➡ 맛의 특징   토마토의 신선한 과육과 매콤한 맛, 허브향이 조화로운 소스

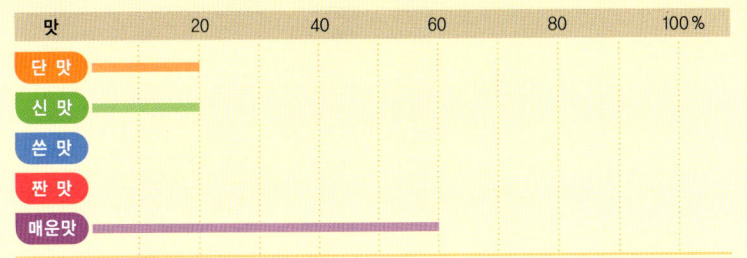

➡ 보관 기간   냉장고에서 2일 보관 가능
➡ 어울리는 요리   타코, 케사딜라, 나초 등

살사 만들기

1 오렌지 껍질은 채 썰어 끓는 물에 3초간 데치고, 찬물에 헹궈 물기를 제거한다.
2 딜과 바질은 물에 헹궈 툭툭 털어서 물기를 제거하고 잎사귀만 다져 준비한다.
3 적양파는 1cm 크기의 주사위 모양으로 썰고, 그린 올리브는 얇게 슬라이스한다.
4 토마토는 끓는 물에 5초간 데쳐서 얼음물에 담가 재빨리 식힌 후 토마토 껍질을 벗겨 안을 파낸 후 과육만 1cm 크기의 주사위 모양으로 썬다.
5 준비한 모든 재료를 볼에 넣고 골고루 섞은 후 소금과 후춧가루, 꿀로 간을 하여 완성한다.

재료
토마토 1/2개
다진 오렌지 껍질 1작은술
적양파 1/4개
토마토케첩 1큰술
타바스코 1큰술
그린 올리브 4개
레몬즙 1/2큰술
엑스트라버진 올리브오일 1큰술
딜 3줄기
바질 3장
꿀 약간
소금 약간
후춧가루 약간

올리브(olive)
올리브는 그린 색깔에서 익으면 검은색을 띠는데 나라마다 올리브에 차이가 있다. 그리스, 스페인, 이탈리아 등에서 수입을 많이 하는데 알맹이가 크고 씨가 있는 것이 좋다.

해산물에 어울리는 소스

와사비 폰즈
wasabi ponzu

information

→ **맛의 특징** 달콤하고 새콤한 맛, 약간의 짠맛이 어우러진 소스

→ **보관 기간** 냉장고에서 2일 보관 가능
→ **어울리는 요리** 채소 샐러드, 해산물 샐러드, 연두부

폰즈 만들기

1 볼에 오렌지와 레몬즙을 제외한 모든 재료를 넣고 잘 저어 설탕을 녹인다.

2 오렌지와 레몬은 즙을 내어 1에 넣고, 즙을 짜고 남은 껍질을 함께 담가 하루 동안 냉장 숙성시켜 폰즈를 만든다.

3 폰즈와 겨자 소스가 숙성되면 폰즈 7, 겨자 소스 1 비율로 섞어 사용한다.

 재료

물 1000mL
기꼬망 간장 400mL
미림 250mL
설탕 250g
환만 식초 250mL
오렌지 1개
레몬 1개
겨자 소스 500mL
(259쪽 참조)

폰즈(ponzu)
일본에서 많이 사용하는 소스로 간장을 물에 희석시켜 만드는 것이며, 이것을 기본으로 해서 다양한 재료를 사용하여 자신만의 소스를 만들 수 있다.

미림(mirim)
한국과 일본의 요리에 많이 사용하는 맛술이다. 찐 찹쌀에 소주와 누룩을 넣어 약 2개월 정도 발효시키면 누룩의 효소에 의해서 전분이 당화되며, 이것을 쪄서 여과시키면 투명한 액체가 된다. 포도당을 원료로 당류, 아미노산 등의 항질소 물질과 13~14% 정도 알코올이 함유되어 있다. 포도당 이외의 많은 당류가 들어 있어 순하고 고급스러운 맛을 낸다. 감미 조미료로서 다른 맛을 강조해 주고, 육질은 부드럽게 해 주며, 가열에 의해 향기가 나는데 식품 특유의 잡냄새를 없애주는 효과가 있다.

해산물에 어울리는 소스

겨자 소스
mustard sauce

information

➡ **맛의 특징**   약간의 신맛과 입안 전체에서 퍼지는 겨자의 매콤한 풍미의 소스

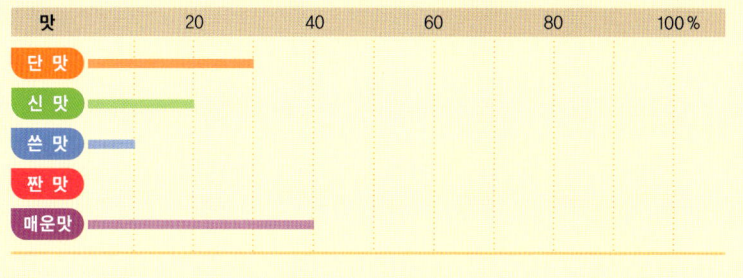

➡ **보관 기간**   냉장고에서 2일 보관 가능
➡ **어울리는 요리**   해산물 샐러드, 양장피, 생선 구이

소스 만들기

1. 겨자분은 믹싱볼에 넣고 물 200mL를 부어 잘 섞어 준다.
2. 1의 겨자분을 따뜻한 실온에서 4시간 정도 발효시킨다.
3. 발효가 되면 나머지 재료를 넣고 잘 녹인 다음 블렌더에 갈아준다.
4. 3을 고운 체에 걸러서 하루 동안 냉장 숙성시키면 완성된다.

재료

물 400mL
겨자분 240g
2배 식초 200mL
꽃소금 15g
설탕 225g

memo

겨자에 대하여

겨자의 종류도 여러 가지가 있는데 머스터드라 불리는 양겨자는 누런 빛을 띠며, 일본 겨자는 초록색을 띠는데 가루로 된 겨자보다 생겨자가 훨씬 더 풍미가 있으며, 맛이 좋다. 홀스래디시라는 하얀색 겨자도 있다.

겨자와 함께 음식을 섭취하면 겨자가 살균작용을 하여 체내에서 탈이 나지 않도록 도와준다.

노르망디 소스
normandy sauce

information

맛의 특징 부드러운 크림의 풍미가 일품인 소스

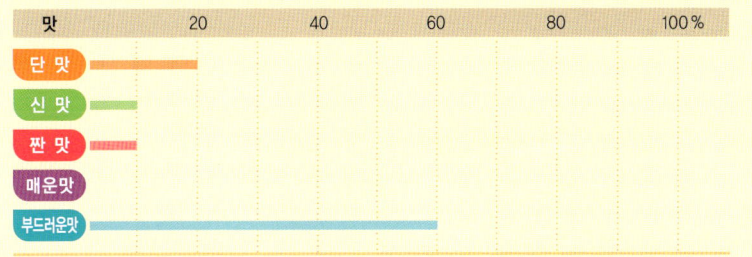

보관 기간 냉장고에서 2일 보관 가능
어울리는 요리 생선, 바닷가재 등 해산물 요리에 사용

소스 만들기

1 양파와 양송이는 잘게 다져서 준비한다.
2 냄비에 버터를 넣고 다진 마늘, 양파, 양송이버섯 순으로 넣고 충분히 볶는다.
3 2에 생선 육수를 넣고 완전히 졸인 후 화이트 와인을 넣어 플람베한다.
4 생선 벨루테 소스를 넣어 타지 않도록 젓고, 끓으면 달걀 노른자를 넣어 뭉치지 않도록 빨리 젓는다.
5 4에 생크림을 넣고 저어 풀어준 다음 끓여서 기호에 맞게 소금, 후춧가루로 간을 하여 완성한다.

❋ 생선 벨루테 소스는 18쪽 벨루테 소스에서 닭 육수 대신 생선 육수를 첨가하면 된다.

재료

버터 2큰술
양파 1개
양송이버섯 100g
다진 마늘 1/2큰술
생선 육수(또는 물) 100mL
화이트 와인 30mL
생선 벨루테 소스 100g
달걀 노른자 2개
생크림 100mL
소금 약간
후춧가루 약간

memo

노르망디(normandy) 소스

수산물과 육류가 풍부한 노르망디 지방에서 많이 해먹는 소스에서 유래된 것이다.
벨루테 소스에 생선 육수를 넣어 끓여 크림과 달걀 노른자로 농도를 맞추고, 이에 레몬즙과 소금, 후추 등으로 간을 한다.
새우나 굴을 숙성시켜 넣기도 하는데 변칙적으로 굴 소스를 넣어 향을 가미하기도 한다.

해산물에 어울리는 소스

홍피망 크림 소스
red bell pepper cream sauce

information

맛의 특징   생선 육수에 레몬향을 더해 부드러움과 담백한 맛의 소스

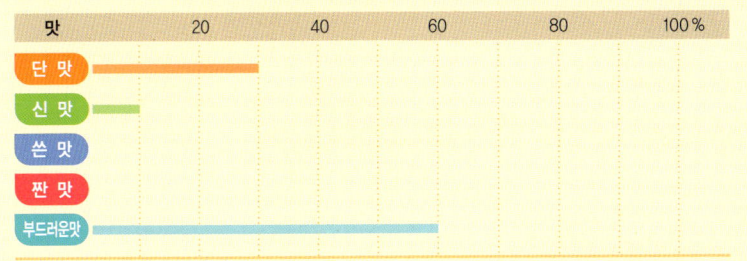

보관 기간   냉장고에서 2일 보관 가능
어울리는 요리   생선을 이용한 스테이크 요리, 해산물 구이

소스 만들기

1. 홍피망은 직화로 구워 껍질이 벗겨지면 얼음물에 담가 식힌 다음 껍질을 모두 벗긴다.
2. 껍질 벗긴 홍피망의 씨를 제거하고 생선 육수와 같이 끓여 1/3로 졸인다.
3. 생크림을 약한 불에 끓여 1/2로 졸인 후 **2**에서 졸인 것을 넣고 끓인다.
4. 육수와 생크림이 끓으면 믹서에 처빌, 딜을 넣고 함께 곱게 간다.
5. **4**를 고운 체에 거른 후 한 번 더 끓여 기호에 맞게 소금, 후춧가루로 간을 하여 완성한다.

홍피망 2개
생선 육수 300mL
생크림 200mL
다진 처빌(허브) 1큰술
다진 딜(허브) 1/2큰술
소금 약간
후춧가루 약간

memo

피망의 효능

피망은 녹색 채소가 부족하기 쉬운 식단에 아주 좋은 채소이다. 비타민 A가 풍부하고 항산화 효과에 탁월한 베타카로틴과 비타민 C가 풍부하며 비타민 B_1, B_2, D, P가 다량 함유되어 있다. 비타민 C는 면역력을 강화시키고, 튼튼한 세포를 만들며, 감기 예방과 스트레스에도 효과적이다. 또 피부의 기미와 주근깨, 얼굴이 검어지는 원인인 멜라닌 색소를 억제하므로 미용에도 좋다.

> 해산물에 어울리는 소스

사프란 크림 소스
saffron cream sauce

information

맛의 특징   사프란 특유의 색깔에 치즈의 풍미가 더해진 고소한 소스

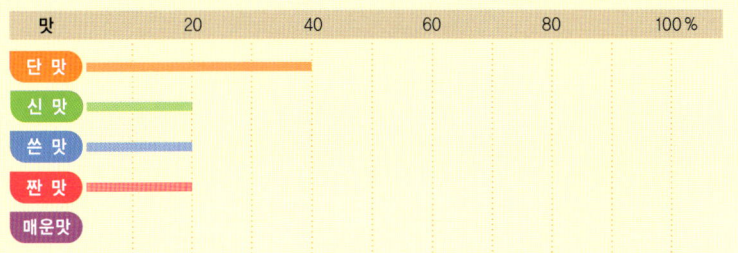

보관 기간   즉시 사용
어울리는 요리   파스타, 리조또, 생선 스테이크, 해산물 각종 요리

소스 만들기

1 양파는 잘게 다지고, 토마토는 껍질을 벗겨 속을 파내어 과육만 1cm 크기로 자른다.
2 팬에 버터를 넣고 양파를 볶은 후, 화이트 와인과 생선 육수를 넣는다.
3 의 생선 육수에 사프란과 생크림을 넣고 끓으면 약한 불로 서서히 졸인다.
4 한 방향으로 저어 1/3 정도 줄어들면 그라나다 파다노 가루를 넣고 완전히 녹인다.
5 마지막에 토마토 자른 것을 넣고 소금, 후춧가루로 간을 하여 완성한다.

재료

버터 1큰술
양파 1/4개
생선 육수 50mL
생크림 100mL
사프란 1/3작은술
화이트 와인 20mL
그라나다 파다노 가루 1/2큰술
토마토 1/2개(스테이크용)
소금 약간
후춧가루 약간

memo

사프란(saffron)
사프란은 창포, 붓꽃과의 일종으로 암술을 말려서 사용한다. 강한 노란색으로 독특한 향과 쓴맛, 단맛을 낸다. 주로 착색 및 방향제로 사용되며, 생선 요리의 소스 및 빵, 버터, 치즈, 과자류 등에 독특한 냄새와 색을 내기 위해 사용한다. 해산물 요리, 파스타, 생선 요리에 잘 어울리고, 스페인의 파에야에 많이 쓰이는 재료이다.

해산물에 어울리는 소스

뵈르 블랑
beurre blanc

information

맛의 특징   새콤한 맛과 부드러운 버터가 어우러진 소스

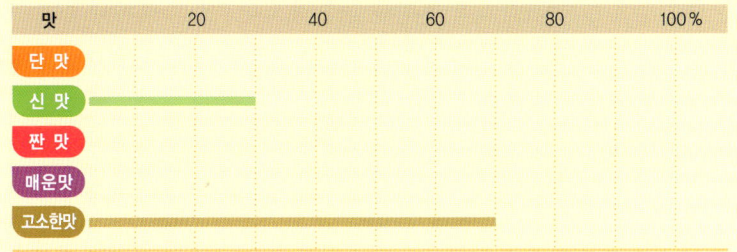

보관 기간   즉시 사용
어울리는 요리   해산물과 어패류의 찜에 사용

소스 만들기

1 양파와 파슬리는 잘게 다지고, 버터는 실온에 두어 부드럽게 만든다.
2 레몬은 즙을 만들어 놓는다.
3 껍질은 채 썰어 끓는 물에 3초간 데치고, 찬물에 헹궈 물기를 제거한다.(제스트)
4 토마토는 껍질을 벗겨 속을 파내어 속살만 1cm 크기의 주사위 모양으로 자른다.
5 다진 양파, 화이트 와인, 화이트 와인 식초, 월계수잎, 통후추, 레몬즙, 제스트를 넣고 1/5이 되도록 약불에서 졸인 다음 체에 걸러 육수만 남긴다.
6 팬에 육수를 끓인 후 생크림을 넣고 약불로 줄여 1/3 정도로 졸인다.
7 6의 졸인 소스에 버터를 넣고 빠르게 팬을 돌리면서 녹이고 다진 파슬리와 토마토를 넣은 다음 소금, 후춧가루로 간을 하면 완성된다. (이 작업은 버터가 분리될 수 있으므로 재빨리 해야 한다.)

재료

양파 1개
화이트 와인 식초 30mL
화이트 와인 80mL
월계수잎 1장
흰 통후추 5알
레몬 1/2개
파슬리 2줄기
버터 250g
레몬 껍질 1작은술
생크림 80mL
토마토 1/4개
소금 약간
후춧가루 약간

memo

뵈르 블랑
백색 버터를 의미하는 정통 프랑스 소스이다. 샬롯, 와인, 식초 등을 차가운 버터에 넣어 소스가 진하고 부드러워질 때까지 졸인 것이다.

해산물에 어울리는 소스

르물라드 소스
remoulade sauce

information

⇒ **맛의 특징**　다양한 재료의 씹히는 질감과 새콤함, 적당히 간이 배어 있는 부드러운 소스

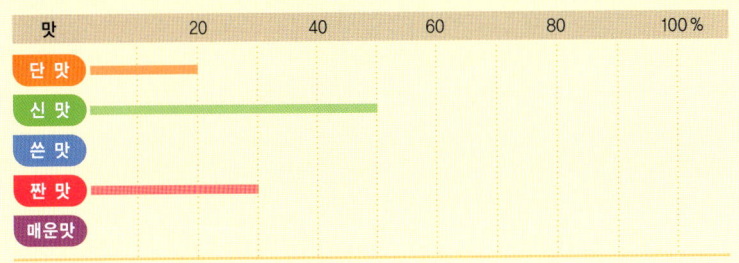

⇒ **보관 기간**　냉장고에서 2일 보관 가능
⇒ **어울리는 요리**　해산물 구이, 튀김, 생선 구이

소스 만들기

1. 셀러리는 섬유질을 벗겨내고, 피클, 케이퍼, 안초비는 잘게 다져서 준비한다.
2. 달걀 노른자는 믹싱볼에 넣어 휘휘 저은 다음 올리브오일을 조금씩 넣어가며 거품기로 섞는다.
3. 올리브오일이 노른자와 섞여 조금씩 응고되면 레몬즙을 조금씩 넣어가며 저어준다.
4. 올리브오일을 다 넣고 마요네즈처럼 되면 나머지 재료를 모두 넣어 섞는다.
5. 마지막에 피클 주스를 넣어 농도를 조절하고 하루 동안 냉장 숙성시켜 사용한다.

재료

달걀 노른자 3개
다진 마늘 1큰술
레몬즙 30mL
엑스트라버진 올리브오일 200mL
피클 80g
피클 주스 30mL
셀러리 1줄기
케이퍼 40g
안초비 5장
후춧가루 약간

memo

르물라드(remoulade) 소스
　프랑스에서 개발된 이 소스는 타르타르 소스와 흡사하다. 타르타르 소스보다 르물라드는 좀 더 노르스름하다. 때때로 카레향을 첨가하고, 잘게 썬 피클을 넣기도 한다. 파프리카, 안초비 등을 다져서 넣으면 해산물 튀김 요리와 퐁듀 소스에도 잘 어울린다.

 해산물에 어울리는 소스

멍게 살사
sea squirt salsa

information

- 맛의 특징   바다향이 물씬 풍기는 소스

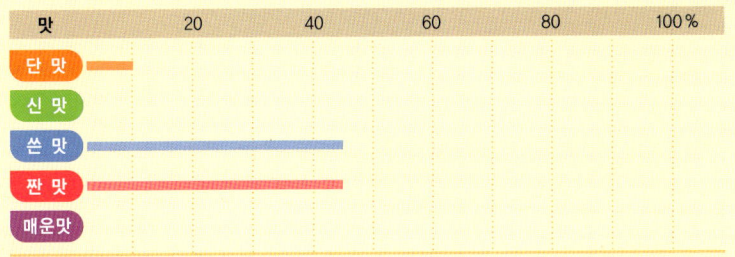

- 보관 기간   즉시 사용
- 어울리는 요리   해산물 샐러드, 회 요리

살사 만들기

1. 멍게는 껍질을 제거하고 내장을 떼어낸 후 흐르는 물에 씻어 물기를 제거한다.
2. 물기를 없앤 멍게는 1cm 크기의 주사위 모양으로 자른다.
3. 딜은 차가운 물에 담가 싱싱함을 살리고 잔 줄기만 떼어내어 준비한다.
4. 할라페뇨는 손으로 꼭 짜서 즙을 최대한 없앤 후 칼로 듬성듬성 자른다.
5. 위의 재료에 나머지 재료를 모두 섞어 소금과 꿀로 기호에 맞게 간을 하여 완성한다.

재료

멍게 2마리
화이트 와인 2큰술
엑스트라버진 올리브오일 3큰술
다진 마늘 1작은술
딜 4줄기
할라페뇨 1큰술
레몬즙 1작은술
꿀 약간
소금 약간

멍게의 효능

멍게에는 프라스마로겐이라는 치매 예방에 탁월한 물질을 함유하고 있으며, 액포에는 인슐린과 동일한 작용을 하는 바나듐이 있어 당뇨에 효과적이다. 노화 방지, 숙취 해소, 감기, 천식, 기침에 좋다. 또한 피의 흐름을 좋게 하고, 내장 기능을 강화시켜 주며, 스테미너에 좋다.

해산물에 어울리는 소스

안초비 버터
anchovy butter

information

맛의 특징　신선한 허브향과 부드럽고 짭조름한 맛의 버터 소스

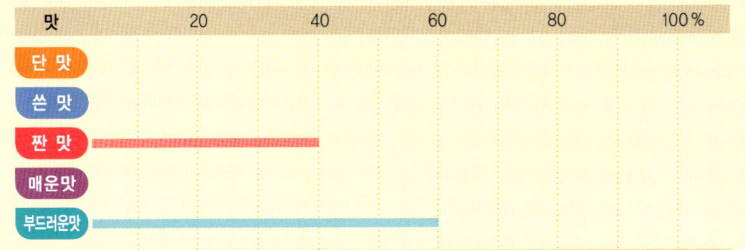

보관 기간　냉장고에서 2일 보관 가능
어울리는 요리　달팽이 요리, 생선 구이

버터 만들기

1 버터는 실온에 두어 크림처럼 부드럽게 만든다.
2 파슬리는 얼음물에 담가 싱싱함을 살리고 물을 털어낸 후 잎사귀만 떼어낸다.
3 타임도 잎사귀만 떼어내어, 파슬리와 같이 잘게 다진 다음 면보로 즙을 꼭 짜준다.
4 블랙 올리브는 잘게 다진 후 키친타월로 수분을 제거한다.
5 통후추는 병으로 으깨서 준비한다.
6 실온에 보관한 버터는 블렌더를 이용하여 크림화 시킨다.
7 크림화된 버터에 모든 재료를 넣고 잘 섞은 후 냉장 보관하여 필요시 조금씩 사용한다.

재료

버터 300g
안초비 50g
파슬리 20g
타임(프레시) 10줄기
다진 마늘 3큰술
블랙 올리브 30g
통후추 20알

memo
타임

　허브 종류의 하나인데 로즈메리와 마찬가지로 육류 음식에 두루 쓰인다. 또한 로즈메리, 타임은 차에 많이 사용하며 향유, 스킨, 로션, 방향제 등 널리 쓰인다.
　타임은 로즈메리보다 쓴맛이 약하여 생으로 장식하는 데 많이 사용한다.

 해산물에 어울리는 소스

아이올리 소스
aioli sauce

information

⇒ **맛의 특징**　마늘 특유의 매콤함과 마요네즈의 부드러움이 조화를 이루는 소스

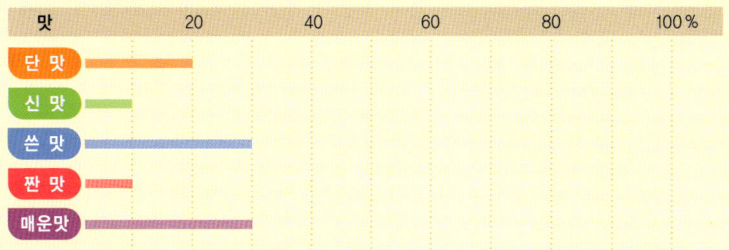

⇒ **보관 기간**　냉장고에서 2일 보관 가능
⇒ **어울리는 요리**　육류 꼬치 구이, 해산물 샐러드

소스 만들기

1 올리브오일과 달걀 노른자를 섞어 마요네즈를 만든다.
2 1과 함께 모든 재료를 믹싱볼에 넣고 거품기를 이용하여 골고루 잘 섞는다.
3 기호에 맞게 꿀과 후춧가루로 맛을 조절하여 소스를 완성한다.
4 24시간 냉장 숙성시킨 후 사용한다.

엑스트라버진 올리브오일 200mL
머스터드 50g
다진 마늘 50g
달걀 노른자 3개
레몬 주스 3큰술
다진 파슬리 1큰술
후춧가루 약간
꿀 50mL

아이올리(aioli)
다량의 마늘을 넣어 만든 프랑스 프로방스 스타일의 마요네즈이다.

해산물에 어울리는 소스

성게알 아이올리
sea urchin aioli

information

맛의 특징 바다 내음을 품고 있는 부드러운 성게알의 맛이 돋보이는 소스

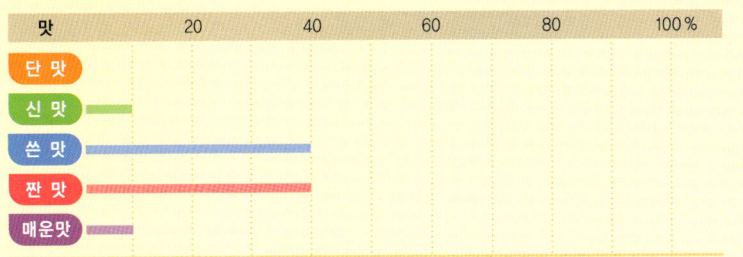

보관 기간 즉시 사용
어울리는 요리 스시 요리, 튀김 요리

소스 만들기

1. 레몬 껍질은 채 썰어 끓는 물에 3초간 데치고, 찬 물에 헹궈 물기를 제거한다.(제스트)
2. 제스트를 잘게 다진다.
3. 바질은 흐르는 물에 씻어 잘게 자른다.
4. 올리브오일과 달걀 노른자를 섞어 유화시켜 마요네즈를 만든다.
5. 블렌더에 만들어 놓은 마요네즈와 나머지 모든 재료를 넣어 갈고 소금과 후춧가루로 간을 하여 완성한다.

엑스트라버진 올리브오일 50mL
달걀 노른자 2개
성게알 30g
레몬 껍질 1작은술
바질 4장
마늘즙 1큰술
화이트 와인 2큰술
소금 약간
후춧가루 약간

memo

성게알의 효능

성게는 5~6월이 산란기이며 봄에서 여름까지 제철이다. 단백질과 비타민, 철분이 많아 빈혈이 있는 사람에게 좋다. 인삼과 같이 사포닌이 들어 있어 결핵에 좋고 가래를 제거하는 거담 효과가 있다. 또한 노화 방지와 암 예방에 효과가 있다.

해산물에 어울리는 소스

스시 소스
sushi sauce

information

― 맛의 특징   감칠맛이 숨어 있는 짭짜름한 소스

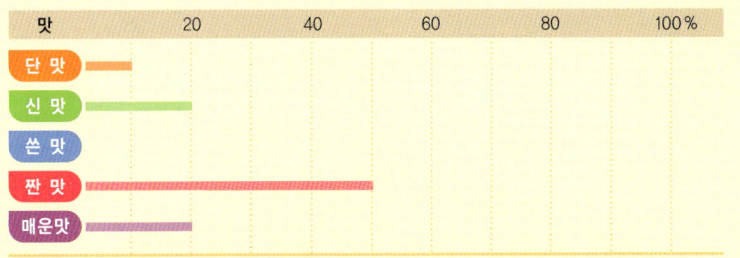

― 보관 기간   냉장고에서 2일 보관 가능
― 어울리는 요리   스시, 초밥

소스 만들기

1 다시마는 찬물에 씻어 준비한다.
2 냄비에 간장, 정종, 미림, 다시마를 넣고 끓으면 다시마를 꺼낸다.
3 다시마를 꺼낸 후 가쓰오부시를 넣고 식으면 걸러내고 냉장고에서 보관하여 사용한다.

재료

기꼬망 간장 540mL
정종 100mL
미림 50mL
다시마 1/4장
(A4용지 1/2장 크기)
가쓰오부시 1/2줌

memo

가쓰오부시

가다랑어의 머리와 내장을 제거하여 쪄서 뼈를 발라낸 후, 불에 건조시킨다. 그리고 하루 동안 그대로 두었다가 다시 불에 쬐어 건조시키는 과정을 수차례 반복하여 충분히 건조시킨 후 1~2일 햇볕에 쬐어 밀폐된 상자에 넣어 약 2주를 두면 푸른 곰팡이가 핀다. 그것을 햇볕에 건조시킨 후 다시 상자에 넣어 곰팡이가 피도록 4~5회 반복하면 더 이상 곰팡이가 슬지 않는데, 완성품이 되는데 4~5개월 걸린다. 이렇게 완전 건조한 것을 종이보다 더 얇게 만든 것이 가쓰오부시이다.

해산물에 어울리는 소스

초고추장 소스
red chili pepper paste vinegar sauce

information

→ 맛의 특징 새콤달콤, 매콤함이 어우러진 소스

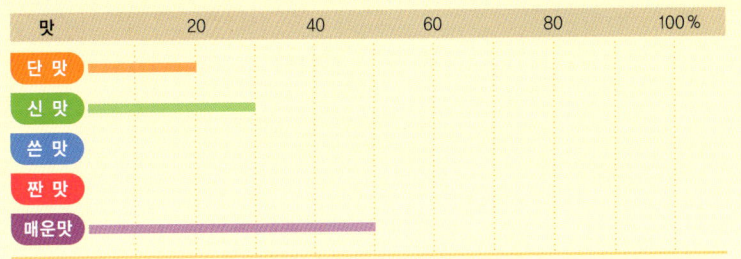

→ 보관 기간 냉장고에서 3일 보관 가능
→ 어울리는 요리 회, 비빔밥, 생나물 요리

소스 만들기

1 물에 설탕을 넣어 완전히 녹인다.
2 1에 모든 재료를 넣어 분량대로 섞은 후 냉장고에서 48시간 보관하여 사용한다.

재료

고추장 300g
다진 마늘 30g
환만 식초 160mL
청주 40mL
사이다 40mL
양파즙 30mL
사과즙 30mL
물엿 30g
설탕 100g
참깨 2큰술

청주

　조선시대에 흉년이 들면 금주령이 내렸으나, 환자의 약재에 넣은 청주는 마시는 것을 허용하였다. 하지만 특권층들은 청주를 약으로 쓰는 술, 곧 약주라고 속이고 먹었다. 그래서 백성들은 점잖은 사람이나 웃어른이 마시는 청주를 모두 약주라고 이름하였다. 다 익은 술에 용수(여과의 용도로 쓰이는 길쭉한 바구니 형태)를 담가 떠낸 맑은 술이 청주이다.
　예로부터 탁주와 비교하면 비교적 맑게 걸러낸 술을 청주라고 하였다. 일제시대 때에 일본인들이 우리나라의 탁주나 맑은 술(약주)은 조선주라 하여 따로 명명하고, 자기들의 맑은 술(정종)을 청주라 하였다. 그것이 지금까지 정종을 청주라 부르게 된 것이다.

해산물에 어울리는 소스

할라페뇨 살사
jalapeno salsa

information

맛의 특징　새콤한 매운맛과 시소 특유의 향이 조화로운 소스

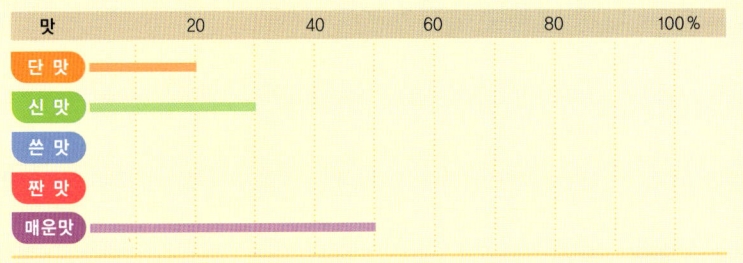

보관 기간　즉시 사용
어울리는 요리　튀김 요리, 생선 스테이크

살사 만들기

1 자몽 껍질은 채 썰어 끓는 물에 3초간 데치고, 찬물에 헹궈 물기를 제거한다.(제스트)
2 제스트와 시소는 잘게 다져서 준비한다.
3 적양파는 0.3cm 크기의 주사위 모양으로 자르고 찬물에 5분간 담가 매운맛을 없앤다.
4 파인애플도 0.3cm 크기의 주사위 모양으로 잘라 준비한다.
5 올리브오일과 꿀, 할라페뇨를 블렌더에 넣고 최대한 곱게 갈아 체에 내린다.
6 적양파와 파인애플을 준비된 재료에 모두 섞는다.
7 마지막에 기호에 맞게 소금과 후춧가루로 간을 하여 완성한다.

 재료

엑스트라버진 올리브오일 80mL
할라페뇨 50g
시소 3장
자몽 껍질 1장
적양파 1/4개
파인애플 50g
꿀 2큰술
소금 약간
후춧가루 약간

해산물에 어울리는 소스

수프림 소스
supreme sauce

information

→ **맛의 특징** 생크림의 부드러움과 구수함이 잘 조화된 소스

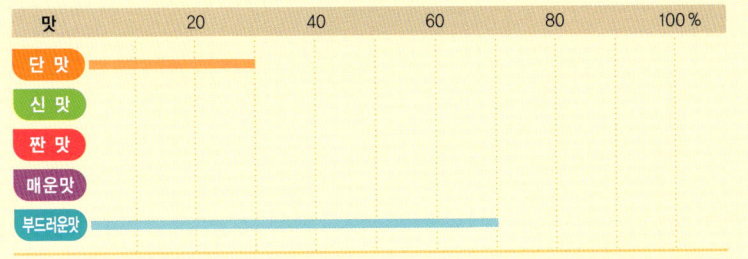

→ **보관 기간** 냉장고에서 2일 보관 가능
→ **어울리는 요리** 치킨 로스트, 찜, 해산물 요리

소스 만들기

1. 벨루테 소스에 생크림을 섞어 푼 다음 소스를 팬에 담는다.
2. 약한 불에서 **1**의 벨루테 소스를 끓인다.
3. **2**를 약한 불에서 2~3분간 더 끓인다.
4. 기호에 맞게 소금과 후춧가루로 간을 한다.
5. 마지막에 버터를 넣고 섞은 다음 소스를 체에 걸러 완성한다.

 재료

닭 벨루테 소스
(또는 생선 벨루테 소스)
100mL
생크림 30mL
버터 2작은술
소금 약간
흰 후춧가루 약간

memo
수프림(supreme) 소스

수프림 소스는 치킨 벨루테 소스를 모체 소스로 하여 만들어지는 여러 응용 소스 중 한 가지이다. 벨루테 소스에 생크림을 첨가해 만드는 소스로, 치킨 로스트는 물론 다양한 치킨 요리에 사용 가능한 소스이다. 또한 다양한 허브(로즈메리, 타임, 민트 등)를 사용해 소스의 풍미를 더욱 높일 수 있다. 치킨 벨루테가 아닌 생선 벨루테를 이용해 만들어 다양한 생선 요리에도 사용 가능하다.

해산물에 어울리는 소스

화이트 와인 소스
white wine sauce

information

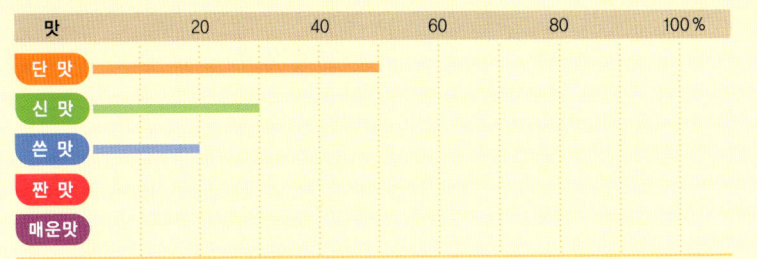

➡ 맛의 특징 담백한 육수에 스위트한 와인향이 더해진 달콤한 소스

➡ 보관 기간 즉시 사용
➡ 어울리는 요리 생선 스테이크 또는 구이, 생선 튀김

소스 만들기

1 팬에 올리브오일과 다진 양파를 넣고 볶다가 화이트 와인을 넣어 강한 불에서 플람베한다.
2 플람베한 화이트 와인에 파슬리 줄기와 월계수잎을 넣는다.
3 2를 약한 불에서 1/3로 졸인다.
4 3에 생선 육수와 생크림을 넣고 약한 불에서 끓여 1/2로 줄인다.
5 기호에 맞게 소금, 후춧가루로 간을 한다.
6 버터 마니에를 이용해 생선 육수의 농도를 조절한 다음 소스를 체에 걸러 완성한다.

 생선 육수와 화이트 와인 졸인 것에 차가운 생크림을 넣으면, 생크림이 분리되는 경우가 많다. 뜨거운 음식에 섞기 전에 팬에서 졸인 생크림을 더하는 것이 바람직하다.

재료
생선 육수 100mL
파슬리 1줄기
화이트 와인 30mL
다진 양파 1작은술
생크림 50mL
버터 마니에 1큰술
월계수잎 1장
올리브오일 1큰술
소금 약간
흰 후춧가루 약간

memo
버터 마니에
버터와 밀가루를 1:1로 섞어 반죽한 상태를 말한다. 팬에서 볶은 것을 색깔로 구분하여 화이트 루, 블론드 루, 브라운 루 3가지로 나눈다.

해산물에 어울리는 소스

모네이 소스
mornay sauce

information

맛의 특징　담백하면서 치즈의 깊은 맛이 나는 소스

| 맛 | 20 | 40 | 60 | 80 | 100% |

- 단 맛
- 신 맛
- 짠 맛
- 매운맛
- 부드러운맛

보관 기간　즉시 사용
어울리는 요리　생선 찜, 그라탕 요리

소스 만들기

1 냄비에 생크림과 우유를 섞어 넣어 약한 불에서 끓인다.
2 1에 베샤멜 소스를 넣어 잘 풀어 준다.
3 2에 치즈를 1~2cm 적당한 크기로 잘라 넣는다.
4 화이트 와인을 넣어 농도를 조절하고, 소금과 후춧가루로 간을 한다.
5 소스를 체에 걸러 완성한다.

재료

베샤멜 소스 100mL
생크림 1큰술
우유 1큰술
체다 치즈(또는 아메리칸 치즈) 1장
화이트 와인 1큰술
소금 약간
흰 후춧가루 약간

- 치즈는 개인의 취향에 따라 사용할 수 있지만, 연성 치즈를 선택해 사용하는 경우가 많다.
- 모네이 소스의 원래 레시피에는 베샤멜 소스에 달걀 노른자를 사용하지만, 여기에서는 조금 더 낮은 칼로리와 깔끔한 맛을 내기 위해 사용하지 않았다. 소스 만들기의 마지막 과정에서 체로 걸러야만 더욱 부드러운 소스로 먹을 수 있다.

해산물에 어울리는 소스

허브 크림 소스
herb cream sauce

information

- 맛의 특징 부드러운 크림에 자연의 향이 그대로 느껴지는 소스

- 보관 기간 냉장고에서 2일 보관 가능
- 어울리는 요리 생선 요리와 새우 등 해산물 요리

소스 만들기

1 양파와 차이브는 깨끗이 씻어 곱게 다진다.
2 파슬리는 줄기를 제거하고 곱게 다진다.
3 허브(타임, 오레가노)는 줄기를 제거한다.
4 줄기를 제거한 허브는 생크림과 같이 믹서에 갈아 준비한다.
5 팬에 올리브오일 1작은술을 두르고 다진 마늘과 양파를 갈색이 나지 않을 정도로만 중간 불에서 볶는다.
6 양파에 4의 허브를 넣어 중간 불로 같이 끓인다.
7 소스에 농도가 생기면 다진 차이브와 파슬리, 소금, 후춧가루를 넣어 소스를 완성한다.

재료

타임 5g
오레가노 5g
다진 마늘 1큰술
생크림 300mL
양파 40g
파슬리 1작은술
차이브 1작은술
올리브오일 1작은술
소금 약간
흰 후춧가루 약간

memo

- 생크림을 소스에 넣어 강한 불에서 오래 끓이면 어두운 녹색이 되므로 주의한다.
- 개인의 식성에 따라 좋아하는 허브를 선택해 소스를 만들 수 있다.

무슬린 소스
mousseline sauce

해산물에 어울리는 소스

information

맛의 특징　부드러운 맛 끝에 느껴지는 고소한 맛의 소스

보관 기간　즉시 사용
어울리는 요리　생선 찜, 구이 요리

소스 만들기

1 레몬은 즙을 내어 준비한다.
2 생크림은 거품기를 이용해 거품을 만든다.
3 2에 약간의 거품이 만들어지면 레몬즙을 아주 조금(1/2작은술) 넣는다.
4 홀랜다이즈 소스는 70도 정도의 물에서 중탕한다.
5 홀랜다이즈 소스에 준비한 3의 재료를 섞는다.
6 팬에 5를 넣고 약한 불에서 끓인다.
7 소스에 남은 레몬즙을 넣고 소금과 후춧가루로 간을 하여 완성한다.

재료

홀랜다이즈 소스 100mL
생크림 25mL
레몬 1작은술
소금 약간
흰 후춧가루 약간

- 생크림과 홀랜다이즈의 혼합 비율은 1:1이 가장 이상적이다.
- 홀랜다이즈 소스는 60~65도의 온도를 유지하는 것이 좋다.
- 생크림의 거품 농도는 60%가 적당하다.

memo

무슬린(mousseline) 소스
거품처럼 가벼운 느낌을 주는 소스로 홀랜다이즈 소스에서 파생된 소스이다.
홀랜다이즈 소스에 생크림과 레몬즙을 첨가해 만드는 소스로, 생선 요리와 해산물 요리에 많이 이용된다. 타임과 딜을 이용해 색다른 소스를 만들 수 있다.

해산물에
어울리는
소스

초 된장 소스
soy bean paste vinegar sauce

information

→ **맛의 특징** 된장 특유의 향을 줄이고 육수의 담백하고 짭짤한 맛의 소스

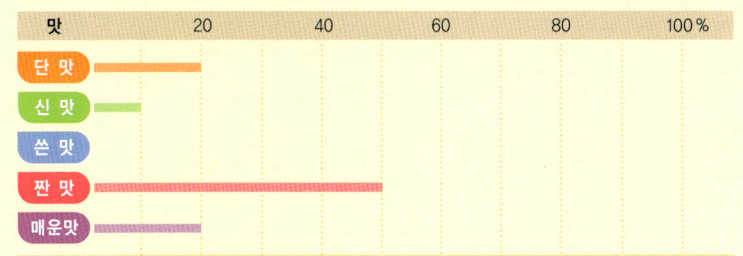

→ **보관 기간** 냉장고에서 3일 보관 가능
→ **어울리는 요리** 메로 구이 요리

소스 만들기

1. 팬에 된장과 물을 넣어 잘 풀어준다.
2. 1을 중간 불에서 끓인다.
3. 마늘은 껍질과 꼭지를 제거하여 곱게 다진다.
4. 풋고추와 붉은 고추는 꼭지와 씨를 제거하여 곱게 다진다.
5. 깨소금과 참기름을 제외한 모든 재료를 2의 끓는 물에 넣어 10분간 중간 불에서 끓인다.
6. 마지막에 깨소금과 참기름을 넣어 소스를 완성한다.

재료

된장	50g
통마늘	2쪽
실파	3줄기
풋고추	1개
붉은 고추	1개
식초	2큰술
깨소금	1작은술
참기름	1작은술
물(또는 생선 육수)	20mL

memo
- 개인적인 취향에 따라 설탕과 레몬즙을 넣어 사용할 수도 있다.
- 된장은 체를 이용해 물에 섞어주고, 체에 남은 건더기는 사용하지 않는다.
- 돼지고기 구이에도 잘 어울리는 소스이다.

해산물에 어울리는 소스

생강 레몬 소스
ginger lemon sauce

information

맛의 특징   생강향과 레몬향이 하나의 조화를 이룬 소스

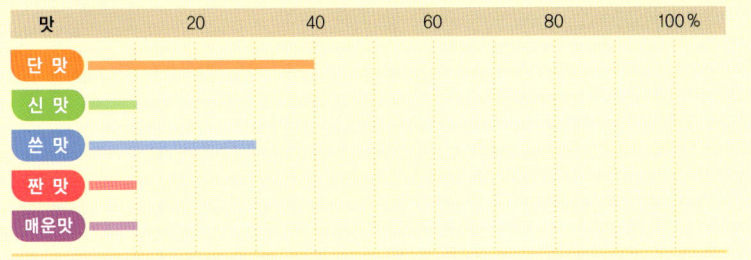

보관 기간   냉장고에서 2일 보관 가능
어울리는 요리   해산물 요리, 생선 스테이크

소스 만들기

1 통생강은 깨끗이 씻어 껍질을 제거하고, 초생강은 곱게 다진다.
2 통마늘은 껍질과 꼭지를 제거한다.
3 통생강, 통마늘은 강판에 갈아 즙을 만든다.
4 양파는 곱게 다진다.
5 레몬은 즙을 내고, 레몬 껍질은 제스트를 만들어 곱게 다진다.
6 팬에 올리브오일 1큰술을 두르고 양파에 갈색이 나도록 볶는다.
7 양파 볶은 팬에 생크림을 넣어 약한 불에서 끓여 1/3로 졸인다.
8 **7**에 화이트 와인을 넣어 1/3로 졸인다.
9 초생강, 통생강·통마늘즙, 레몬즙, 다진 레몬 껍질을 **8**에 넣고 약 1~2분간 약한 불에서 끓여 소스를 완성한다.

재료

통생강 1/2쪽(20g)
초생강 1큰술
통마늘 1쪽
레몬 1개
양파 20g
생크림 100mL
화이트 와인 20mL
올리브오일 1큰술
설탕 1큰술
소금 약간

해산물에 어울리는 소스

아메리칸 소스
american sauce

information

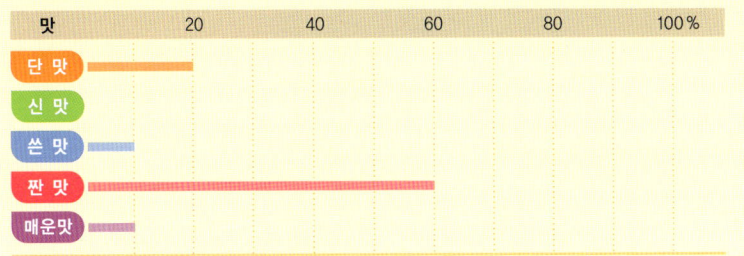

➜ 맛의 특징   랍스타의 향과 부드러움을 그대로 살린 소스

➜ 보관 기간   냉동 보관 1개월 가능, 냉장고에서 2일 보관 가능
➜ 어울리는 요리   랍스타 구이, 찜 요리

소스 만들기

1. 양파, 당근, 셀러리는 잘게 썰고, 마늘은 곱게 다져 놓는다.
2. 팬에 마늘을 넣고 갈색이 나도록 볶은 후 나머지 채소를 넣고 다시 볶는다.
3. 랍스타 껍질을 채소를 넣어 주걱으로 으깨면서 볶는다.
4. 화이트 와인을 **3**에 넣어 1/3로 졸인다.
5. 토마토 페이스트를 팬에서 볶은 후 토마토, 생선 육수를 넣는다.
6. **4**에 **5**를 섞어 농도가 2/3로 될 때까지 졸인다.
7. 소금, 후춧가루로 간하고 체에 걸러 소스를 완성한다.

재료

랍스타(껍질) 200g
생선 육수 200mL
향신 채소(양파 100g, 당근 50g, 셀러리 30g)
밀가루 2큰술
버터 50g
토마토 3개
토마토 페이스트 150g
월계수잎 2장
타임(드라이) 1작은술
화이트 와인 50mL
소금 약간
후춧가루 약간

memo

아메리칸 소스의 유래 중 가장 많은 이들에게 알려진 것은, 한 요리사가 짧은 시간에 고객의 식사를 준비하면서 여러 가지 재료(바닷가재 껍질, 버터, 토마토, 마늘, 백포도주)를 한 냄비에 넣고 끓여 제공한 것이다.

해산물에 어울리는 소스

오로라 소스
aurora sauce

information

⇒ 맛의 특징   완성된 소스를 불에 직접 구워 소스의 향과 부드러운 맛을 극대화시킨 소스

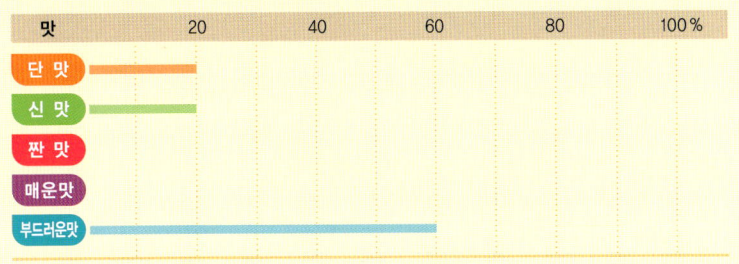

⇒ 보관 기간   즉시 사용
⇒ 어울리는 요리   치킨 요리, 생선 요리

소스 만들기

1. 팬에 올리브오일을 두르고 토마토 페이스트를 넣고 중간 불에서 1~2분 볶아 준비한다.
2. 1의 토마토 페이스트에 수프림 소스를 넣어 풀어준다.
3. 화이트 와인은 플람베한 후 2의 소스에 섞는다.
4. 생크림과 우유를 넣어 농도를 조절하고 약한 불에서 끓인다.
5. 소금과 후춧가루로 간을 하여 소스를 완성한다.

✱ 284쪽 수프림 소스 참조

재료

수프림 소스 100mL
생크림 1큰술
우유 1큰술
토마토 페이스트 1/2작은술
화이트 와인 1작은술
소금 약간
흰 후춧가루 약간
올리브오일 1큰술

memo

- 오로라 소스는 베샤멜 소스에 크림을 넣은 후 토마토 퓌레(purée) 또는 페이스트(paste)를 가하여 핑크색을 띠도록 한 소스이다.
- 토마토 페이스트가 타지 않도록 중간 불에서 오일을 충분히 넣어 조리한다.
- 소스 색은 생크림으로 조절하여 사용한다.
- 치킨 요리나 가금류 소스로 사용하며, 생선 튀김 요리에도 사용한다.

해산물에 어울리는 소스

타르타르 소스
tartar sauce

information

→ **맛의 특징**   신선한 재료의 맛과 고소한 맛이 느껴지는 소스

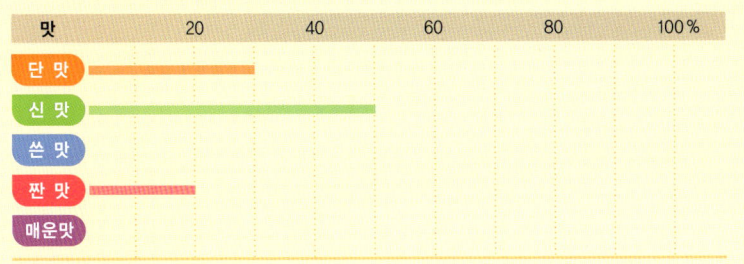

→ **보관 기간**   냉장고에서 2일 보관 가능
→ **어울리는 요리**   생선, 해산물 튀김 요리

소스 만들기

1. 큰 볼에 마요네즈와 곱게 다진 채소(양파, 피클, 파슬리), 다진 올리브를 모두 섞는다.
2. 삶은 달걀은 흰자와 노른자를 분리하여 곱게 다진다.
3. 다진 달걀을 **1**의 마요네즈에 같이 섞는다.
4. **3**에 레몬즙을 넣어 섞는다.
5. 화이트 와인을 이용해 농도를 조절하여 소스를 완성한다.

재료

마요네즈 100g
삶은 달걀 1개
다진 양파 2큰술
다진 피클 1큰술
다진 파슬리 1/2작은술
다진 올리브(그린, 블랙) 각 1/2작은술
화이트 와인 1큰술
레몬즙 1작은술

memo

타르타르(tartar) 소스
타르타르 소스는 주로 생선이나 새우튀김 요리에 많이 사용하는 소스이다. 타르타르 소스에 당근, 셀러리, 대파 등도 좋은 재료가 될 수 있다. 오랜 기간 보관할 경우 달걀은 사용하지 않는 것이 좋다.

해산물에 어울리는 소스

매운 크레송 페스토
spicy cresson pesto

information

➡ **맛의 특징**   초콜릿의 달콤함과 매운맛의 조화가 일품인 소스

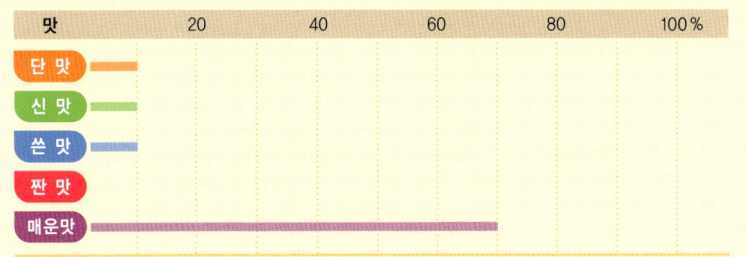

➡ **보관 기간**   냉장고에서 2일 보관 가능
➡ **어울리는 요리**   생선 구이, 찜 요리

페스토 만들기

1 기름을 두르지 않은 팬에 잣을 넣어 갈색이 나도록 약한 불에서 굽는다.
2 통마늘은 껍질과 꼭지를 제거한다.
3 통후추와 통마늘은 칼의 옆면을 이용해 으깨서 준비한다.
4 믹서에 잣, 초콜릿, 으깬 후추를 넣어 곱게 갈아 준다.
5 **4**에 올리브오일, 크레송, 으깬 마늘, 와사비, 소금을 넣어 다시 곱게 갈아 소스를 완성한다.

재료

크레송 15g (1팩)
잣 1큰술
와사비 1작은술
통마늘 1개
초콜릿 15g (약 1큰술)
올리브오일 50mL
통후추 5알
소금 약간

 재료를 믹싱할 때 수분이 없는 재료를 먼저 믹싱한 후 나머지 재료를 넣어 믹싱해야 초콜릿의 덩어리짐을 방지할 수 있다.

memo

크레송의 효능
크레송은 비타민 A가 상추의 20배, 비타민 C가 상추의 11배 많으며 비타민 B_{19}를 함유하고 있어 항암작용에 좋다고 알려져 있다.

해산물에 어울리는 소스

대추 오일 소스
jujube oil sauce

information

→ **맛의 특징** 대추향이 입안 가득 넘치는 소스

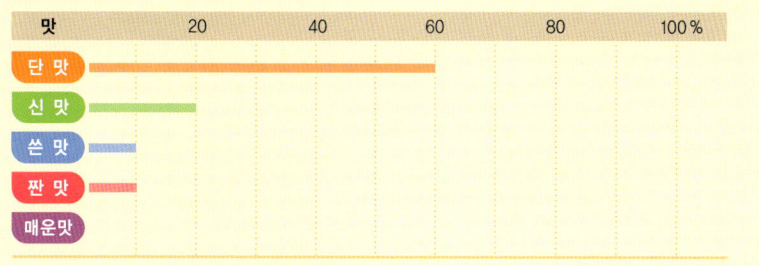

→ **보관 기간** 냉장고에서 2일 보관 가능
→ **어울리는 요리** 데친 해산물 요리

소스 만들기

1 대추는 씨를 제거하고 곱게 다진다.
2 기름 없는 팬에 다진 대추를 넣고 약한 불에서 2분 정도 굽는다.
3 인삼은 흙을 제거하여 깨끗이 씻은 후 곱게 다진다.(껍질은 그대로 사용한다.)
4 큰 볼에 올리브오일을 담고 꿀을 조금씩 넣어가며 섞는다.
5 **4**의 올리브오일에 대추와 인삼, 소금을 섞어 소스를 완성한다.

 재료

대추 5개
인삼 1큰술(약 15g)
꿀 1큰술
올리브오일 100mL
소금 약간

memo

대추의 효능
　대추는 불면증과 수족 냉증에 좋고, 신경 완화, 스트레스 해소, 근육 긴장 완화에 도움을 준다. 소화불량과 식욕 증진에 도움이 되고, 간기능 활성화, 감기 예방에 효과적이다. 이뇨작용의 촉진과 노화 방지 및 항암 효과, 부인병에 효과가 있으며, 관절염, 피부와 혈색에 도움을 준다.

해산물에 어울리는 소스

스위트 생강 처트니
sweet ginger chutney

information

맛의 특징　달콤한 생강잼, 생선 요리와 환상적인 궁합을 이루는 소스

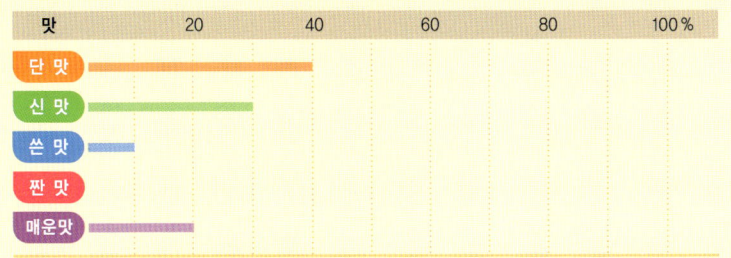

보관 기간　냉장고에서 2일 보관 가능
어울리는 요리　생선, 해산물 요리

소스 만들기

1 통생강은 깨끗이 씻어 껍질을 제거한다.
2 초생강과 통생강은 곱게 다진다.
3 사과와 배는 껍질과 씨를 제거하고 다진다.
4 다진 사과와 배를 팬에 넣고 올리브오일 1큰술과 같이 갈색이 나도록 볶는다.
5 나머지 올리브오일에 블랙 올리브, 그린 올리브, 다진 생강과 초생강, 볶은 사과와 배를 넣어 믹서에 갈아 준비한다.
6 넓은 볼에 사과 주스와 설탕을 넣어 섞는다.
7 설탕이 모두 녹으면 **5**를 볼에 넣어 섞어 소스를 완성한다.

재료

생강 20g
초생강 20g
사과 1/2개
배 1/4개
설탕 1큰술
사과 주스 2큰술
블랙 올리브 10개
그린 올리브 5개
올리브오일 4큰술

초생강 만들기
1. 생강은 껍질을 제거한 후 얇게 저민다. → 2. 1을 유리병에 담고 물, 식초, 설탕, 소금을 넣고 잘 저어준다. → 3. 랩으로 밀봉하여 하루 동안 실온에 두었다가 먹는다.

해산물에
어울리는
소스

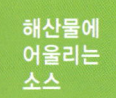

핑크페퍼 소스

pink pepper sauce

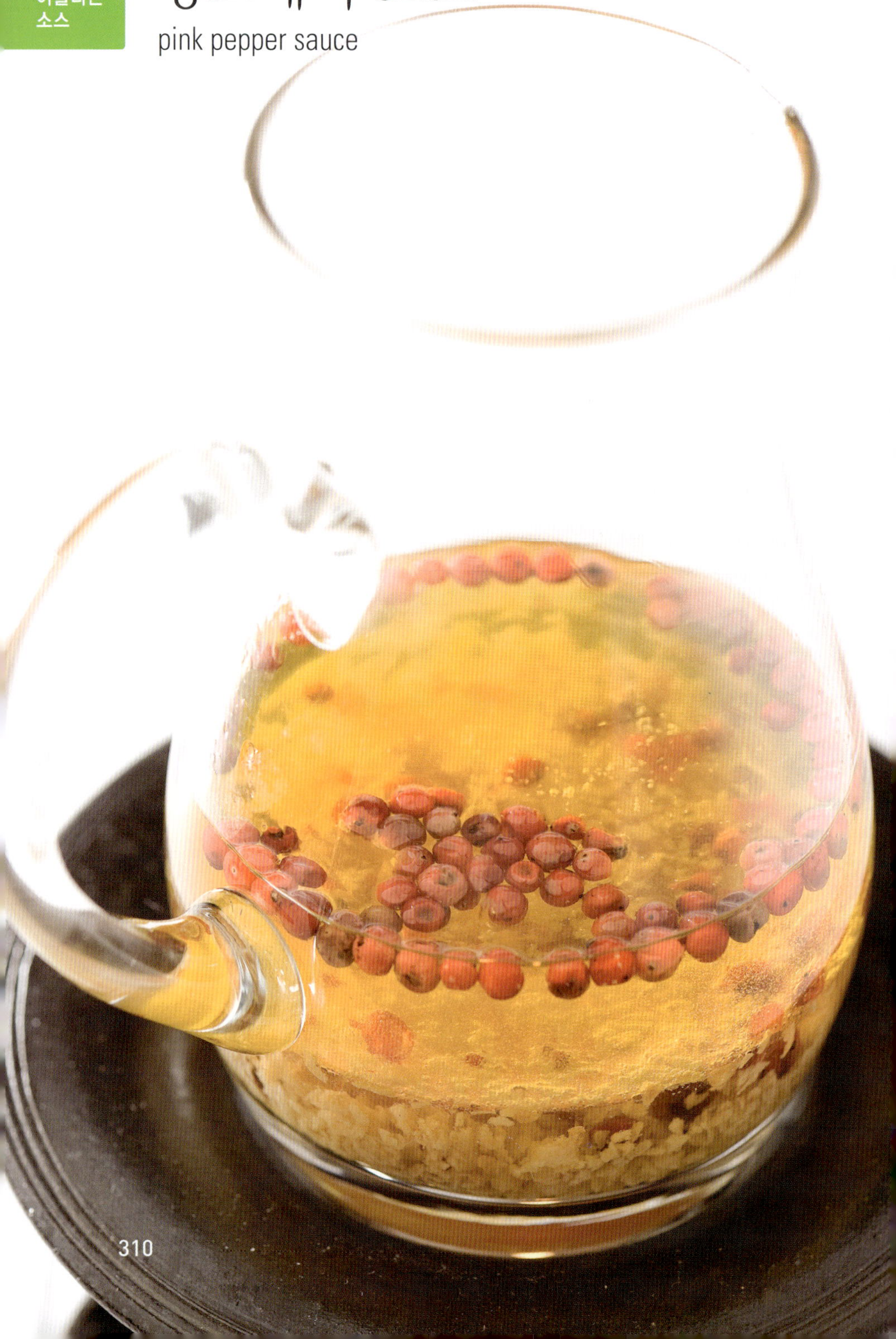

information

⇒ **맛의 특징** 후추의 톡 쏘는 맛과 아름다운 색, 상큼한 맛이 일품인 소스

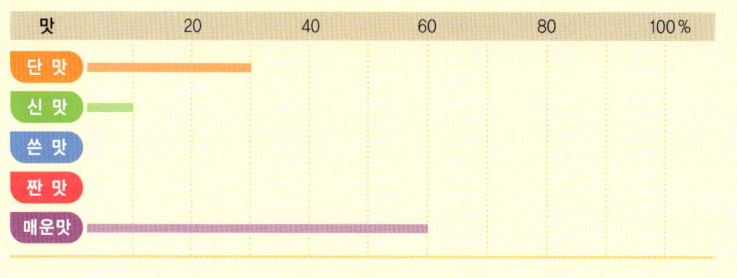

⇒ **보관 기간** 냉장고에서 2일 보관 가능
⇒ **어울리는 요리** 구운 해산물 요리, 생선 스테이크

소스 만들기

1 통마늘은 껍질과 꼭지를 제거하고 곱게 다진다.
2 파슬리는 줄기를 제거하고 곱게 다진다.
3 다진 파슬리를 찬물에 넣어 쓴맛과 강한 향을 제거한 후 체와 거즈를 이용해 물기를 제거한다.
4 팬에 올리브오일을 넣고 중간 불에서 다진 마늘을 연한 갈색이 나도록 볶는다.
5 팬에 핑크페퍼를 약한 불에서 흔들어가며 볶은 후 **4**에 넣는다.
6 마지막에 향신료(파슬리, 바질)와 소금을 넣어 소스를 완성한다.

핑크페퍼 1작은술
통마늘 2쪽
올리브오일(퓨어) 30mL
파슬리 1/2작은술
바질 1/2작은술
소금 약간

핑크페퍼

핑크페퍼는 붉은색이 나는 후추 열매를 소금물에 절여 건조시킨 것이다. 검은 후추와 흰 후추에 비해 딱딱하지 않으며 손으로 만지면 쉽게 부스러질 정도로 부드러운 것이 특징이다.
후추는 어디서든 쉽게 구할 수 있지만, 먼 과거에는 전쟁을 하면서까지 구하고 싶어했던 아주 귀한 향료로 특유의 향기와 높은 산화 방지 효과가 있다.

해산물에
어울리는
소스

멜론 오일 소스
melon oil sauce

information

맛의 특징   올리브오일의 진한 향기와 멜론의 달콤함이 느껴지는 소스

보관 기간   즉시 사용
어울리는 요리   튀김 요리

소스 만들기

1 멜론은 껍질과 씨를 제거한 후 씨는 체를 이용해 즙을 낸다.
2 레몬은 즙을 내고, 레몬 껍질은 제스트한다.
3 청량고추는 꼭지와 씨를 제거한다.
4 믹서를 이용해 멜론과 씨즙, 화이트 와인, 애플 민트잎, 청량고추, 레몬즙과 다진 껍질(제스트)을 섞어 곱게 간다.
5 팬에 **4**를 넣어 약한 불에서 1/3로 졸이면서 거품을 제거한다.
6 **5**를 차게 만들어 믹서에 넣고 올리브오일을 섞어 갈아 소스를 완성한다.

재료

멜론 1/2개
올리브오일 50mL
레몬 2개
청량고추 1개
애플 민트 10장
화이트 와인 100mL

- 멜론을 졸이는 과정에서 거품을 완전히 제거해야 소스의 완성도가 높아진다.
- 멜론이 아닌 집에서 보관 중인 모든 과일에 응용이 가능한 소스이다.
- 멜론의 당도에 따라 설탕 또는 소금을 첨가해야 소스의 맛을 살릴 수 있다.

해산물에 어울리는 소스

레몬 버터 소스
lemon butter sauce

information

— **맛의 특징**   레몬의 상쾌한 향과 맛에 부드러운 버터의 맛이 녹아 있는 소스

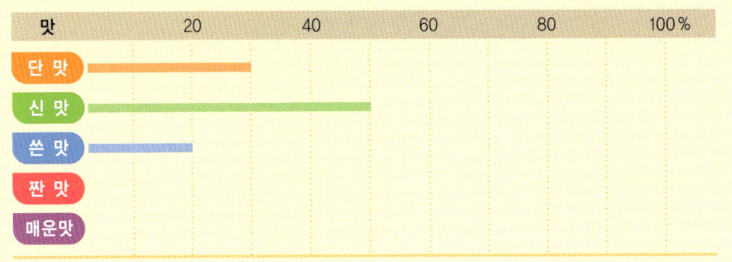

— **보관 기간**   즉시 사용
— **어울리는 요리**   해산물 요리, 생선 스테이크, 해산물 튀김

소스 만들기

1 양파는 곱게 다진 것을 준비한다.
2 바질은 즙이 생기지 않을 정도로 얇게 자른다.
3 레몬은 즙을 내고, 레몬 껍질은 제스트해 다진다.
4 팬에 버터를 1큰술 넣고 양파와 레몬 껍질을 갈색이 나지 않도록 볶는다.
5 4에 화이트 와인을 넣어 플람베한 다음 약한 불로 낮춘다.
6 5에 설탕, 소금으로 간을 한다.
7 불을 끄고 팬에 바질과 레몬즙을 넣어 섞는다.
8 나머지 버터 1큰술을 소스에 섞어 완성한다.

재료

레몬 1/2개
다진 양파 2큰술
바질(프레시) 3장
설탕 1작은술
버터 2큰술
화이트 와인 2큰술
소금 약간

memo

소스가 만들어진 후에 불을 끄고 마지막에 버터를 첨가하는 이유는 버터의 부드러운 맛과 향을 최고로 살리고, 소스의 윤기를 내기 위함이다. 이것을 '몽테'라고 한다.

 해산물에 어울리는 소스

민트 오일 소스
mint oil sauce

information

→ **맛의 특징** 깊은 향의 올리브오일과 상쾌한 민트가 입안 가득 식욕을 자극하는 소스

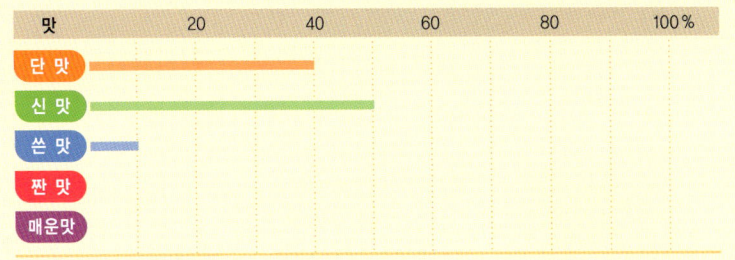

→ **보관 기간** 냉장고에서 2일 보관 가능
→ **어울리는 요리** 해산물 샐러드, 해산물 수프

소스 만들기

1 레몬은 즙을 내고, 레몬 껍질은 제스트한다.
2 민트는 줄기를 제거한다.
3 민트잎과 레몬즙, 올리브오일을 믹서에 넣고 곱게 갈아준다.
4 **3**을 고운 거즈에서 걸러 준비한다.
5 팬에 화이트 와인을 넣어 강한 불에서 플람베한다.
6 플람베한 화이트 와인을 1/2로 졸인다.
7 화이트 와인에 꿀과 **4**의 민트 오일을 넣어 약한 불에서 1분간 끓여 소스를 완성한다.

재료

레몬 1개
민트 15g
올리브오일 50mL
꿀 2큰술
화이트 와인 1큰술

memo

- 믹서에 간 민트잎은 거즈에서 자연스럽게 걸러진 소스만을 사용하는 것이 일반적이다.
- 일반적인 소스에 비해 적은 양으로 진한 향과 맛을 더해준다.

해산물에 어울리는 소스

초콜릿 생강 소스
chocolate ginger sauce

information

맛의 특징　달콤한 초콜릿에 진한 향의 생강이 더해져 독특한 맛을 느끼게 하는 소스

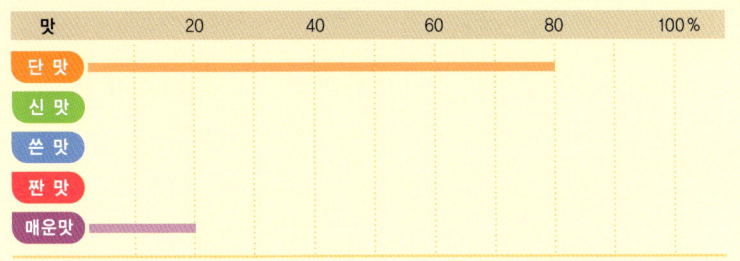

보관 기간　즉시 사용
어울리는 요리　해산물 구이 요리

소스 만들기

　재료

1　양파는 곱게 다진 것을 준비하여, 찬물에 넣어 매운맛을 없애고 체를 이용해 물기를 제거한다.
2　초콜릿은 1~2cm의 크기로 잘라 준비한다.
3　생강과 마늘은 껍질을 제거한다.
4　팬에 올리브오일 1작은술을 넣고 마늘, 양파, 생강 순서로 중간 불에서 볶는다.
5　팬의 재료에 갈색이 나타나면, 화이트 와인을 넣어 플람베한다.
6　준비한 초콜릿을 5에 넣어 약한 불에서 녹여 소스를 완성한다.

초콜릿 30g
통생강 1/2개
통마늘 1쪽
다진 양파 2큰술
올리브오일 1작은술
화이트 와인 30mL

memo
- 초콜릿을 중탕으로 녹여 사용할 경우 물의 온도는 63~65도가 적당하다.
- 소스의 농도를 조절하기 위해 물을 넣을 수도 있지만, 보통 소스와 어울리는 요리를 조리하며 생기는 즙을 이용해 소스의 농도를 조절한다.

해산물에 어울리는 소스

노란 피망 소스
yellow pimento sauce

information

맛의 특징   맛의 부드러움과 색의 아름다움이 어우러진 소스

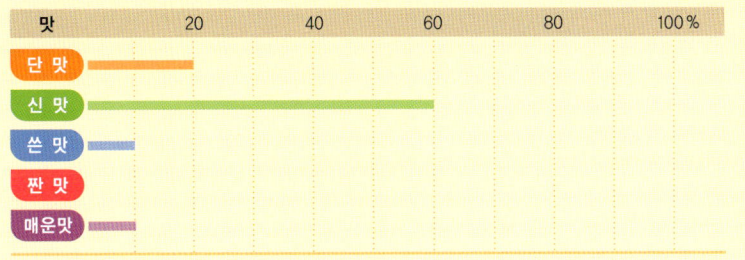

보관 기간   즉시 사용
어울리는 요리   해산물 샐러드, 생선 스테이크, 해산물 구이

소스 만들기

1 노란 피망은 반을 잘라 꼭지와 씨를 제거한 후 2~3cm의 적당한 크기로 자른다.
2 팬에 물과 소금을 넣어 끓인다.
3 피망을 끓는 물에 넣어 중간 불에서 20분 동안 삶는다.
4 피망과 피망 삶은 물을 같이 믹서에 곱게 간다.
5 레몬은 즙을 낸다.
6 4의 믹서에 식초와 레몬즙, 설탕, 소금, 후춧가루를 넣고 같이 갈아준다.
7 올리브오일을 1큰술씩 6에 넣어가며 섞은 후 체를 이용해 소스를 걸러 완성한다.

노란 피망 4개
식초 70mL
올리브오일 150mL
설탕 10g
레몬 1개
물(또는 생선 육수) 250mL
소금 약간
흰 후춧가루 약간

피망(pimento)

중앙아메리카가 원산지이며, 일반적으로 매운맛이 나고 육질이 질긴 것을 피망, 단맛이 많고 아삭아삭하게 씹히는 것을 파프리카라고 부른다. 샐러드용으로 많이 사용되고 있다.

해산물에 어울리는 소스

딜 사워 크림 소스
dill sour cream sauce

information

— 맛의 특징   딜만의 진한 향기와 시원함이 입안 가득한 소스

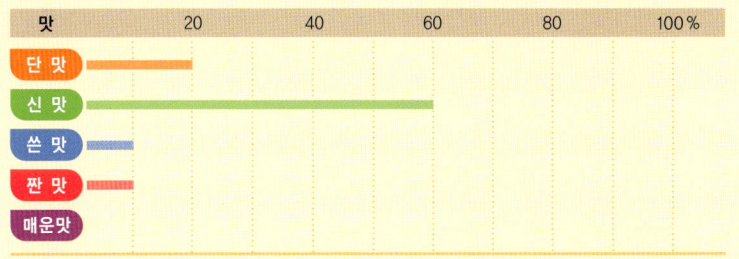

— 보관 기간   냉장고에서 2일 보관 가능
— 어울리는 요리   해산물 구이

소스 만들기

1 냄비에 화이트 와인을 넣고 강한 불에서 끓인다.
2 화이트 와인의 알코올이 증발되면 약한 불로 낮춘 다음 우유를 넣어 2~3분 서서히 끓인다.
3 우유를 식혀 사워 크림과 다진 딜을 섞는다.
4 소금과 후춧가루로 필요한 만큼 간을 하여 소스를 완성한다.

재료

다진 딜 1큰술
사워 크림(또는 생크림 1큰술, 레몬 1/3개, 설탕 1작은술) 2큰술
우유 2큰술
화이트 와인 1작은술
소금 약간
흰 후춧가루 약간

 뜨거운 와인에 우유를 넣을 경우 우유의 지방 성분이 분리되는 경우가 생긴다. 때문에 화이트 와인을 끓인 후 약한 불로 낮추어 5초 정도의 시간적인 여유를 두고 우유를 넣어 주는 것이 좋다. 끓인 우유는 완전히 식혀 사워 크림에 섞는다.

사워 크림(sour cream)

자연적인 방식이나 세균을 이용해서 발효시킨 크림으로, 떠먹는 요거트 같은 질감이다. 멕시코 음식이나 샐러드·빵·과자의 재료로 쓰거나 구운 감자에 얹어 먹는다. 레몬즙, 오이피클, 토마토, 양파 등을 섞기도 한다.

해산물에 어울리는 소스

시트러스 그레몰라타
citrus gremolata

information

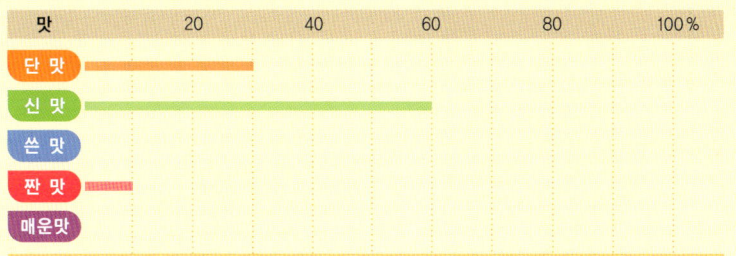

- 맛의 특징　상큼하고 시원한 재료의 본맛을 그대로 담아낸 소스
- 보관 기간　냉장고에서 2일 보관 가능
- 어울리는 요리　구운 채소, 연성 치즈, 생선, 가금류 요리

소스 만들기

1 레몬, 자몽, 오렌지의 껍질은 곱게 다지고, 과육은 즙을 낸다.
2 파슬리는 곱게 다진 후 물에 헹궈 강한 향과 맛을 중화시킨다.
3 통마늘은 꼭지와 껍질을 제거하여 곱게 다진다.
4 큰 볼에 다진 재료와 설탕, 소금, 후춧가루를 넣고, 과일 즙을 넣어 섞는다.
5 설탕과 소금이 모두 녹으면 올리브오일을 섞어 소스를 완성한다.

 재료

레몬 1쪽
자몽 1쪽
오렌지 1쪽
파슬리 4큰술(약 60g)
통마늘 1쪽
설탕 1작은술
(또는 사용 안함)
올리브오일 2큰술
소금 약간
흰 후춧가루 약간

- 파슬리의 경우 이탈리안 파슬리를 사용하면 더욱 깊은 향을 느낄 수 있다.
- 다진 파슬리는 찬물에서 아주 짧은 시간 헹궈 사용하는 것이 좋다.

memo

그레몰라타(gremolata)
　이탈리아 음식 중 오소 부꼬라는 송아지 정강이찜 요리에 즐겨 곁들이는 소스이다. 현재는 이 소스를 많이 응용하여 다양한 요리에 사용하고 있다.

해산물에 어울리는 소스

허브 머스터드 크림 소스
herb mustard cream sauce

information

- **맛의 특징** 허브의 향기와 꿀의 달콤함이 살아 있는 소스

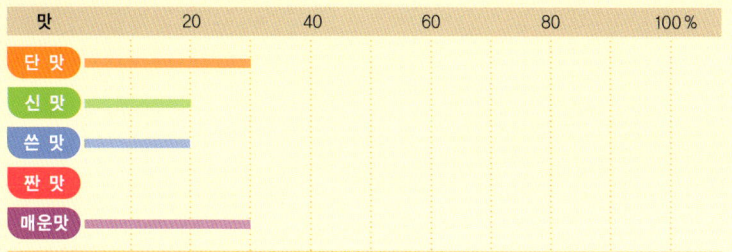

- **보관 기간** 냉장고에서 2일 보관 가능
- **어울리는 요리** 양갈비 구이, 해산물 구이, 생선 스테이크

소스 만들기

1 팬에 생크림을 넣고 약한 불에서 1/3로 졸인다.
2 딜은 줄기를 제거하여 곱게 다진다.
3 레몬은 즙을 내고, 레몬 껍질은 제스트를 만들어 곱게 다진다.
4 팬에 포메릭 머스터드와 머스터드를 넣고 중간 불에서 약 1분간 볶는다.
5 4에 우유를 넣어 다시 끓인 후 불을 끈다.
6 5를 큰 볼에 담고 졸인 생크림과 꿀, 설탕, 소금, 후춧가루를 넣어 섞는다.
7 마지막에 다진 딜을 넣어 소스를 완성한다.

 재료

딜 1큰술
생크림 100mL
머스터드 1큰술
포메릭 머스터드 1큰술
우유 20mL
레몬 1개
꿀 1작은술
설탕 1작은술
소금 약간
흰 후춧가루 약간

memo

머스터드(mustard)
머스터드는 사용하기 전 약한 불에 1~2분간 볶아 사용하면 머스터드 특유의 쓴맛을 줄이고 미량의 단맛을 살릴 수 있다.

해산물에 어울리는 소스

장어 데리야키 소스
eel teriyaki sauce

information

맛의 특징 간장의 짠맛과 장어뼈의 맛이 은근하게 어울리는 소스

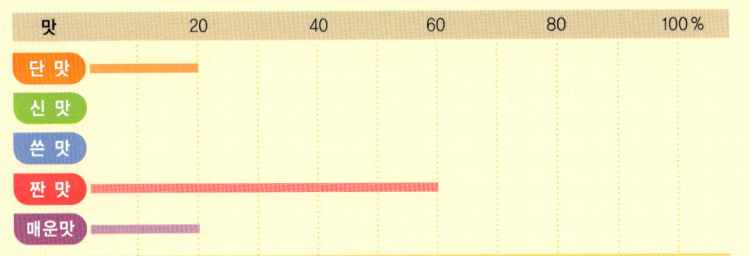

보관 기간 15일 동안 보관 가능
어울리는 요리 장어 구이, 해산물 요리

소스 만들기

1. 장어뼈를 차가운 물에 3시간 정도 담가 피를 빼고 여러 번 헹군다.
2. 장어뼈, 양파, 대파, 통생강을 두툼하게 자른 후 석쇠에 굽는다.
3. 냄비에 모든 재료를 넣고 주걱으로 저어가며 약한 불로 1/3로 졸인다.
4. 소스가 뜨거울 때 고운 체에 소창을 깔고 조금씩 부어가며 내려 사용한다.

재료

장어뼈 5마리분
양파 1개
흰 대파 1줄기
통생강 2개
기꼬망 간장 180mL
정종 180mL
통계피 1개
월계수잎 3장
흑설탕 300g
미림 100mL
물 500mL

- 장어에 준비한 양념을 발라 초벌구이한 다음 3번 정도 소스를 발라 구우면 된다.
- 장어 위에 얇게 썬 생강채와 산초가루, 무순을 같이 곁들이면 더욱 맛있다.

memo

장어와 산초의 궁합
- 산초는 장어의 느끼함과 냄새, 독을 제거하며 장어의 맛을 증진시켜 준다.
- 해산물(어패류)을 먹을 때 식중독 예방에 도움이 된다.

장어 고추장 양념
eel seasoning with spicy sauce

information

→ **맛의 특징** 고추장의 매운맛과 달콤함이 어우러진 소스

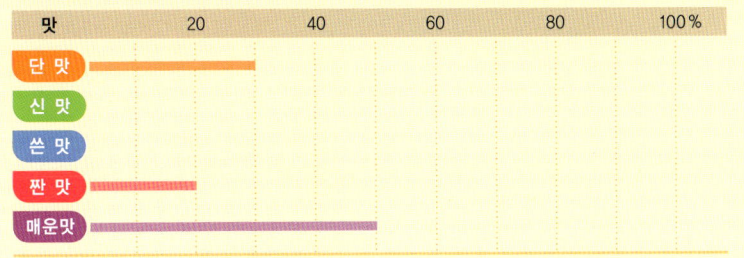

→ **보관 기간** 냉장고에서 2일 보관 가능
→ **어울리는 요리** 장어구이

양념 만들기

1. 대파와 양파는 듬성듬성 썰어 준비한다.
2. 1과 함께 모든 재료를 브렌더에 갈아 준비한다.
3. 냄비에 2의 재료를 넣고 약한 불로 끓여 1/3 가량 줄어들면 식힌다.
4. 식힌 소스를 하루 정도 냉장 숙성시켜 사용한다.

- 장어에 준비한 양념을 발라 초벌구이한 다음 3번 정도 소스를 발라 구우면 된다.
- 장어 위에 얇게 썬 생강채와 산초가루, 무순을 같이 곁들이면 더욱 맛있다.

재료

기꼬망 간장 3큰술
올리고당 2큰술
계핏가루 1작은술
설탕 1큰술
맛술 1큰술
고추장 1큰술
고춧가루 2큰술
산초가루 1작은술
다진 마늘 1큰술
다진 생강 1작은술
흰 대파 1줄기
양파 1개
참기름 1큰술

memo

산초의 효능

산초는 몸에 기생충이 생기는 것을 막아주고, 갈아서 환부에 조금씩 바르면 아토피 피부염 완화에 도움이 된다고 한다. 산초 기름을 공복에 먹고 술을 마시면 숙취 해소에 도움이 되고, 꾸준히 복용하면 기침 완화에 좋으며, 미음과 함께 먹으면 소화불량을 개선시킨다. 산초 잎이나 열매 껍질을 달여 마시면 두통 완화에 도움이 된다.

해산물에 어울리는 소스

생선 조림 양념
seasoning with spicy soy sauce

information

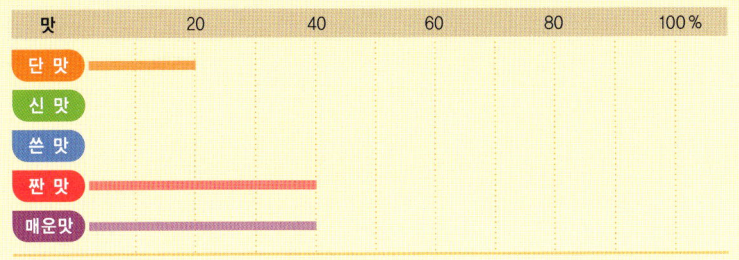

- 맛의 특징   매콤 짭조름한 맛이 생선의 향과 잘 어우러진 소스
- 보관 기간   냉장고에서 2일 보관 가능
- 어울리는 요리   생선 조림, 볶음 요리

양념 만들기

1 양파는 듬성듬성 썰어 준비한다.
2 물에 설탕을 녹인 후 양파와 모든 재료를 넣고 믹서에 갈아 준비한다.
3 준비된 소스는 24시간 냉장 숙성시켜 사용한다.

생선 조림 만들기

1 냄비에 무를 한입 크기로 잘라 넣고 생선을 가지런히 놓는다. 생선 위에 양념 소스를 붓고 뚜껑을 닫아 끓인다.
2 끓으면 약한 불로 줄이고 냄비 안의 양념 소스를 수저로 생선 위에 끼얹어 준다.
3 생선이 반쯤 익었을 때 한번 뒤집어 익혀 완성한다. (살이 부서지지 않도록 살살 뒤집는다.)

재료

진간장 200mL
물 300mL
물엿 50mL
미림 50mL
굵은 고춧가루 35g
고추장 1큰술
정종 20mL
참기름 1큰술
간 생강 1작은술
간 마늘 1큰술
양파 1/4개
설탕 1큰술

memo

미림
일본 술의 한 종류로 조미료로 많이 쓰인다. 소주나 찐 찹쌀과 쌀누룩을 섞어 빚어서 술찌꺼기를 짜내어 만든 것이다.

해산물에 어울리는 소스

육회 양념
Korean style raw beef seasoning sauce

information

맛의 특징　고소한 참깨의 맛이 일품인 소스

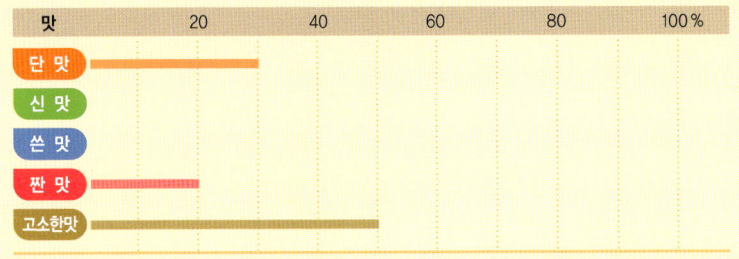

보관 기간　즉시 사용
어울리는 요리　육회

양념 만들기

1 모든 양념 재료를 냄비에 넣고 설탕이 타지 않도록 저어가며 끓인 후 식힌다.
2 양념은 24시간 냉장 숙성시켜 사용한다.

육회 만들기

1 육회용 쇠고기는 얇게 채 썰고 참기름을 넣은 후 양념을 넣는다.
2 손으로 조물조물 무치고 양념의 간에 따라 소금을 가감한다.
3 간이 배면 잣가루와 배, 실파, 통깨를 넣어 장식하여 완성한다.

memo

콘소메(consomme)
프랑스어로 '완성되다'라는 뜻이며, 다진 쇠고기, 채소와 달걀 흰자, 허브와 스파이스를 넣어 오랜 시간 끓인 후 내용물을 걸러낸 맑은 수프이다.

 양념 재료

진간장 150mL
콘소메 150mL
한주 소금 15g
꿀 170g
황설탕 50g
미림 50mL
참깨 페이스트 1큰술
후춧가루 1/2작은술
참기름 1큰술

 요리 재료

육회용 쇠고기 200g
잣가루 약간
배 약간
실파 약간
통깨 약간
양념 3큰술(기호에 맞게)

✱ 육회용 쇠고기 재료에 맞게 양념을 조금씩 덜어 사용한다.

허브향 연어 절임
grav rax

요리 만들기

재료

연어살 300g
꽃소금 100g
설탕 100g
브랜디 50mL
다진 제스트 1큰술
다진 블랙 올리브 1큰술
다진 딜 1큰술
으깬 통후추 약간

1. 연어는 껍질을 벗기고 뼈를 제거하여 준비한다.
2. 볼에 꽃소금과 설탕을 잘 섞어서 연어에 빈틈없이 묻히고, 면보로 감싼 다음 랩으로 다시 한번 감싸 냉장고에 36시간 숙성시킨다.
3. 다진 제스트와 블랙 올리브, 딜을 잘 섞어 준비한다.
4. 연어를 냉장고에서 꺼내어 겉면의 소금과 설탕을 떼어내고, 면보에 물을 묻혀 꼬옥 짜낸 후 연어를 감싸면서 살짝 눌러 겉면에 묻은 설탕과 소금을 흡착시킨다.
5. 연어에 으깬 통후추를 뿌리고, 준비한 **3**을 연어 윗면에 바르고, 6시간 동안 재운다.
6. 재운 연어를 원하는 크기로 자른 후 브랜디를 뿌려 1시간 정도 재워 완성한다.

요리와 어울리는 소스 스파이시 토마토 살사, 스시 소스, 할라페뇨 살사, 딜 사워 크림 소스

연어의 효능

연어는 슈퍼푸드라 일컫는데 세계 장수 식품 중 하나라고 발표된 바도 있다. 3~4일 동안 꾸준히 섭취하면 다크서클이 없어진다고 한다. 고혈압에 좋은 불포화지방산인 DHA는 동맥경화, 혈액순환 질병을 예방해 준다.

또한 DHA는 기억력 향상에 매우 좋은 성분이므로 수험생이나 어른들의 치매 예방에 매우 좋은 음식이기도 하다. 칼슘이 많아 뼈를 튼튼하게 하여 골다공증 예방에도 좋다.

새우 볼
shrimp ball

요리 만들기

1 양파와 셀러리는 잘게 다지고, 바질은 얇게 채 썰어 준비한다.

2 새우는 껍질을 벗기고, 다진 마늘, 바질, 소금, 후춧가루와 전분을 넣고 블렌더에 갈아준다.

3 에멘탈 치즈는 1cm 크기의 주사위 모양으로 썰고 **2**의 새우 갈은 것을 에멘탈 치즈 겉면에 감싸 볼을 만든다.

4 빵가루를 볼에 단단히 묻혀 170도 식용유에 2분 30초 가량 튀겨낸 후 소스와 곁들이면 완성된다.

요리와 어울리는 소스　르물라드 소스, 타르타르 소스

재료

중하 20마리
양파 1/4개
셀러리 1/2줄기
다진 마늘 1작은술
화이트 와인 1큰술
바질 5장
에멘탈 치즈 50g
감자 전분 1/2작은술
소금 약간
후춧가루 약간
빵가루 200g
식용유 적당량

새우의 효능

새우는 정력제, 스테미너 음식으로 소문난 식재료이다. 이탈리아에서는 남자가 혼자 새우를 먹으며 여행하지 말라는 속설도 있다고 할 만큼 남성에게 좋은 식품이다. 칼슘도 풍부해 골다공증 예방에도 좋으며, 다량의 타우린을 가지고 있어 간 기능을 도와주는 역할을 한다. 특히 어린이에게 필요한 면역력을 향상시키는 데 큰 도움을 주며, 고단백 저칼로리 식품으로 다이어트 식품이기도 하다.

cooking plus

관자살 구이와 부드러운 달걀 카스텔라

pan fried scallop and egg castella

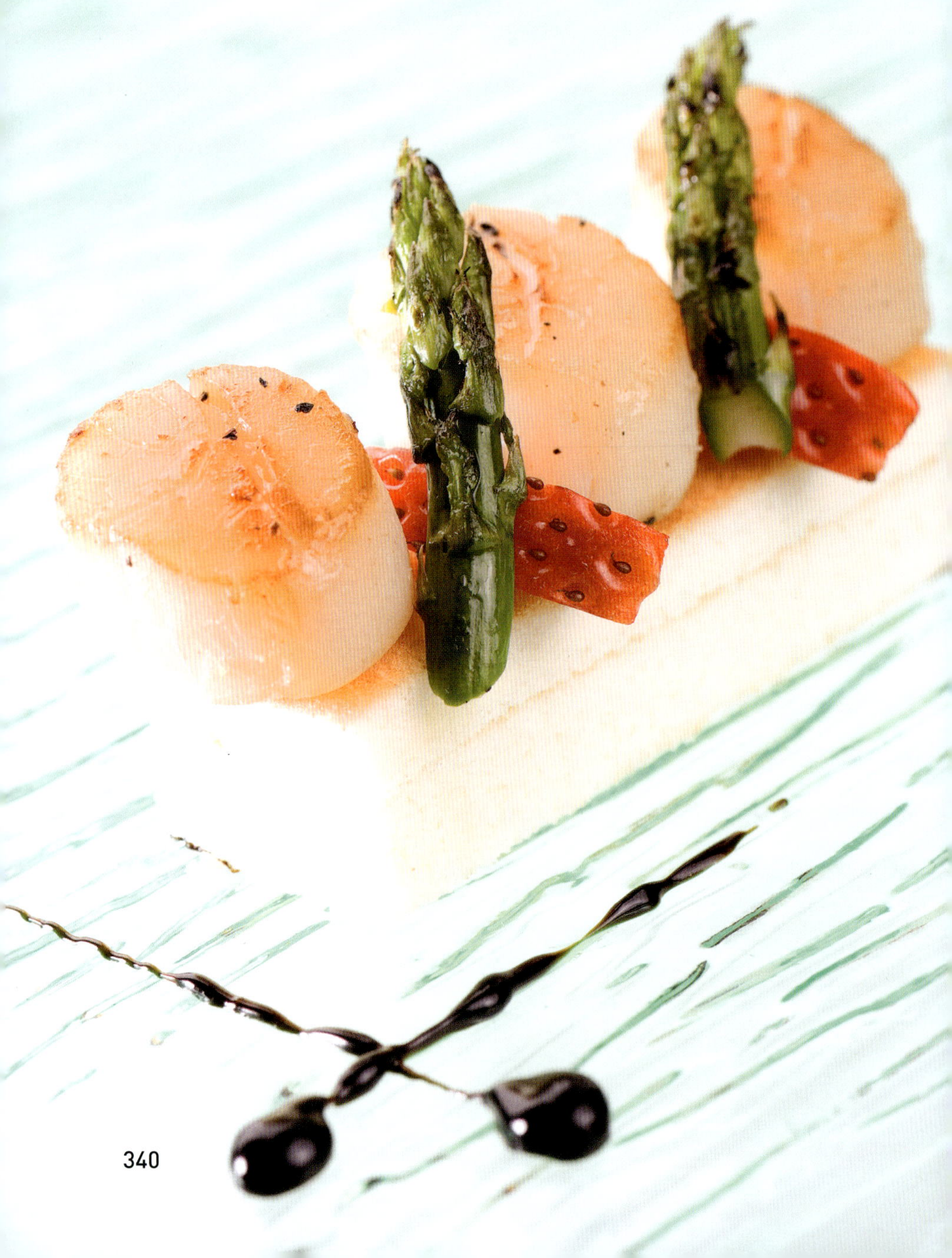

재료

달걀 2개
아스파라거스 2개
관자살 1개
통마늘 1쪽
딸기 1개
정종 30mL
설탕 15g
버터 1큰술
올리브오일 1큰술

 소프트 에그는 젓가락을 사용해 중앙에 넣어 아무것도 묻어나오지 않으면 완성된 것이다.

요리 만들기

1 통마늘은 곱게 다져, 정종과 같이 관자살을 담가 5분간 실온에 보관한다.

2 달걀은 노른자와 흰자를 나누고 노른자에만 설탕을 넣어 미색이 되도록 휘핑하여 녹인다. 흰자는 거품을 낸 후에 설탕 녹인 노른자에 섞는다.

3 올리브오일 1작은술을 팬 전체에 고르게 바르고, 키친타월을 이용해 팬에 묻은 올리브오일을 깨끗이 닦아낸다.

4 오일로 코팅한 팬에 흰자 거품 섞은 달걀 노른자를 담는다.

5 아주 약한 불에 20분 정도 서서히 익혀 소프트 에그를 만든다.

6 팬에 올리브오일 1작은술을 두르고 **1**의 관자를 넣고 강한 불에서 겉면이 갈색이 되도록 굽는다.

7 관자에 갈색이 나타나면 약한 불로 줄인다.

8 관자 구웠던 팬에 껍질을 제거한 아스파라거스를 굽는다.

9 **5**의 소프트 에그를 잘라 접시에 담고, 아스파라거스와 딸기, 관자를 순서대로 올려 완성한다.

요리와 어울리는 소스 초콜릿 생강 소스, 시트러스 그레몰라타

cooking plus

구운 농어와 오븐 드라이 토마토

pan fried sea bass and oven dry tomato

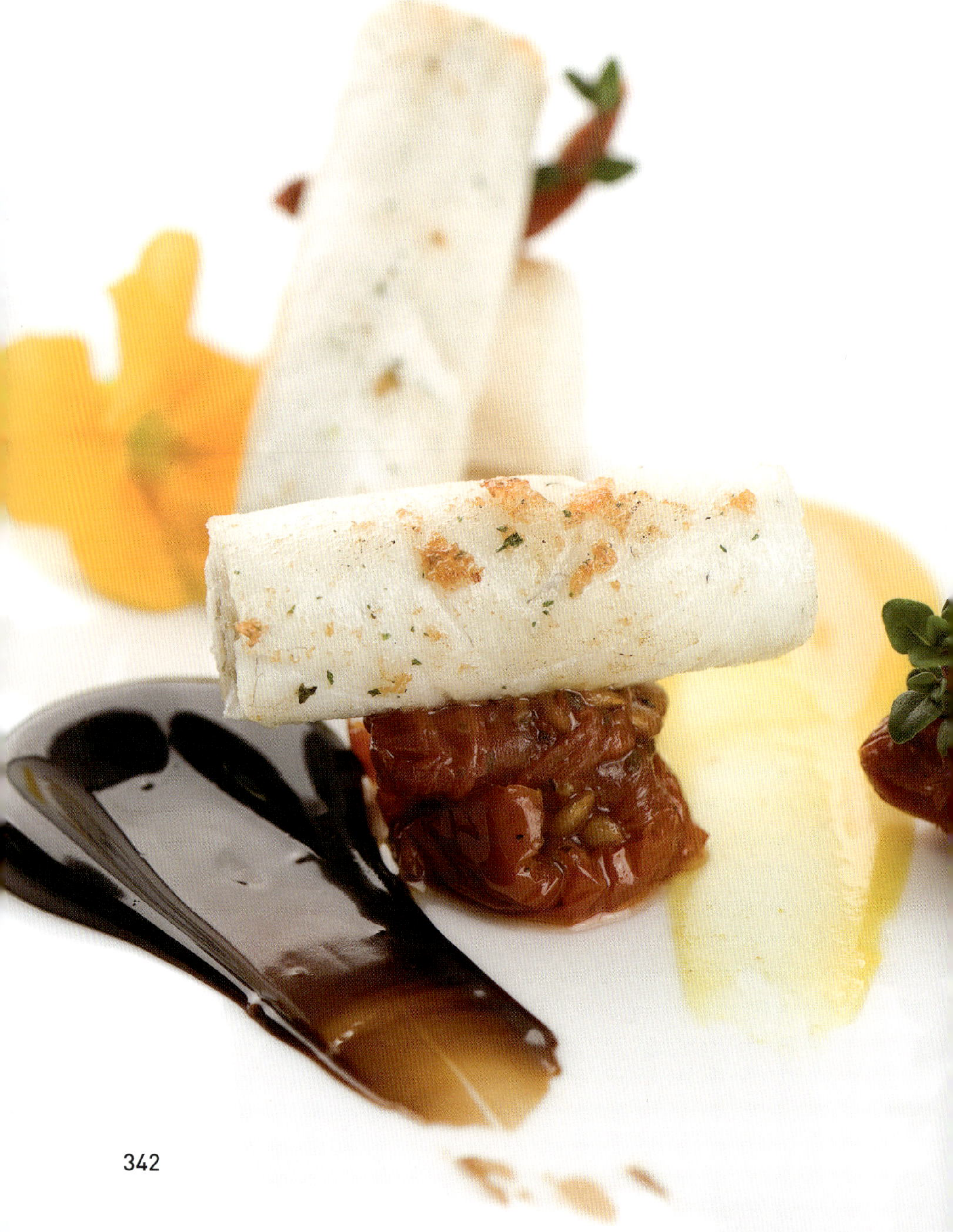

재료

농어 1/2마리
오븐 드라이 토마토 3개
다진 마늘 2쪽
화이트 와인 1큰술
레몬 1개
타임 1줄기
소금 약간
흰 후춧가루 약간

❋ **오븐 드라이 토마토**: 토마토의 꼭지에 +칼집을 넣어 끓는 물에서 잠시 데친 후 껍질을 제거하고 60~70도의 오븐에서 1~3시간 이상 말려 사용하며, 또는 태양빛과 그늘에서 12시간 이상 자연빛으로 말려 사용하는 방법이 있다.

요리 만들기

1 농어는 껍질을 제거하고 얇게 저민다.
2 마늘은 껍질과 꼭지를 제거하고 곱게 다진다.
3 타임은 줄기를 제거하고 다진다.
4 레몬은 즙을 내고, 레몬 껍질은 제스트를 만들어 다진다.
5 저민 농어에 화이트 와인과 마늘, 타임, 레몬즙, 다진 레몬 껍질, 소금, 후춧가루를 넣고 실온에서 10분 이상 보관한다.
6 농어를 스틱으로 말아 랩으로 풀어지지 않도록 감는다.
7 랩으로 감은 농어를 3~4분간 증기에서 쪄준다.
8 증기로 익힌 농어의 랩을 제거하고 중간 불의 팬에서 연갈색으로 굽는다.
9 접시에 구운 농어와 소스를 모양내어 담아 완성한다.

요리와 어울리는 소스   허브 머스터드 크림 소스, 레몬 버터 소스

part 7

회냉면 양념 국수 양념장 비빔냉면 양념 명란 로제 소스 파스타 pollack roe with rose sauce pasta 포르치니와 치즈 크림 소스 porchini, gorgonjola cream sauce 버섯 라구 소스 mushroom ragout sauce 미트 소스 meat sauce 토마토 소스 tomato sauce 소바 육수 soba deeping sauce 팟 타이 소스 phat thai sauce 짜장 소스 jajang sauce 미고렝 소스 mi goreng sauce 비빔밥 양념 mixed rice spicy sauce 커리 소스 curry sauce 나시고렝 소스 nasi goreng sauce

누들과 라이스에 어울리는 소스

누들과 라이스에 어울리는 소스

회냉면 양념

information

⇒ **맛의 특징**   입안이 약간 얼얼한 매운맛이 일품인 소스

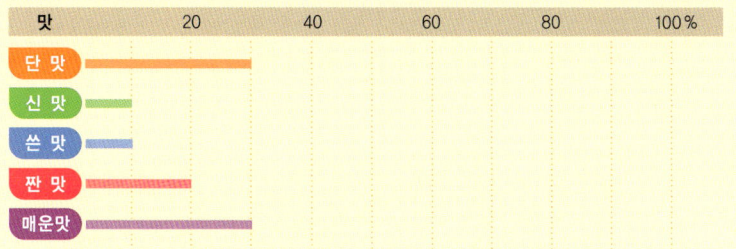

⇒ **보관 기간**   냉장고에서 2일 보관 가능
⇒ **어울리는 요리**   홍어회 무침, 차가운 면요리

양념 만들기

양념 재료

1. 홍어는 흐르는 물에 두 번 헹궈 체에 밭쳐 물기를 제거한다.
2. 홍어에 사이다를 부어 뭉그러지 않게 비벼, 2시간 동안 냉장 보관한다.
3. 실파는 흰 부분, 미나리는 줄기 부분만 깨끗이 씻어 물기를 털어내고 잘게 다져 준비한다.
4. 2시간 후에 **2**의 사이다는 버리고 홍어에 물엿, 식초류, 간장, 설탕을 넣어 섞고, 고춧가루를 넣어 잘 비빈다.(식초류는 기호에 맞게 가감한다.)
5. **4**에 실파와 미나리, 검은깨를 넣어 다시 버무려 마무리하고, 2일 동안 냉장 숙성시킨다.

자른 홍어 1kg
사이다 1병
고춧가루 150g
진간장 30mL
다진 마늘 3큰술
실파 100g
미나리 100g
설탕 150g
식초 50mL
2배 식초 50mL
물엿 200g
검은깨 2큰술

회냉면 만들기

요리 재료

1. 냉면은 끓는 물에 3분 동안 삶고 얼음물에 재빨리 헹군 후 물기를 빼서 접시에 담는다.
2. 면 위에 회 양념을 가운데 얹고 참기름을 뿌린 후 실파, 통깨를 얹어 완성한다.

냉면 100g
홍어회 양념 100g
참기름 1큰술
실파 1줄기
통깨 1/2작은술

누들과 라이스에 어울리는 소스

국수 양념장

information

→ **맛의 특징** 약간의 매콤함과 맛있는 짠맛을 가지고 있는 소스

→ **보관 기간** 냉장고에서 2일 보관 가능
→ **어울리는 요리** 국수 양념장, 꼬막찜, 부침개 간장, 두부조림, 꽈리고추찜, 상추 겉절이

양념장 만들기

1. 청량고추는 잘게 다져 준비한다.
2. 실파는 흐르는 물에 씻어 손가락 한 마디 크기로 자른다.
3. 실파를 뺀 모든 재료를 골고루 잘 섞은 후 3시간 동안 냉장 숙성시킨다.
4. 숙성된 양념장에 실파를 넣어 국수에 곁들인다.

진간장 150mL
다진 마늘 1큰술
고춧가루 1큰술
청량고추 1개
물엿 1큰술
매실 엑기스 1큰술
깨소금 1작은술
실파 2줄기

memo

매실의 효능

매실에는 구연산과 사과산, 호박산이 들어 있으며 칼슘, 철분, 마그네슘, 아연 등의 무기질도 풍부하다. 이 중에서 구연산은 혈액 속 산성 노폐물을 제거하여 동맥경화, 고혈압, 암 등 성인병을 막아준다. 매실의 구연산은 젖산을 분해해 피로를 풀어주고 세포와 혈관을 튼튼하게 한다.

매실의 신맛은 위액 분비를 촉진하여 밥맛을 좋게 하며 소화 장애가 있는 사람은 식사에 매실장아찌를 곁들이거나 식후에 매실 음료수를 마시면 좋다.

매실에는 강한 살균 성분이 있어서 위산을 도와 위 속의 해로운 균을 없애는 역할을 하므로 배탈, 설사가 잦은 사람이나 면역력이 약한 아이들에게 매실을 먹이면 크게 도움이 된다.

누들과 라이스에 어울리는 소스

비빔냉면 양념

information

맛의 특징   여러 가지 채소로 인해 복합적인 매운맛과 새콤함이 어우러진 소스

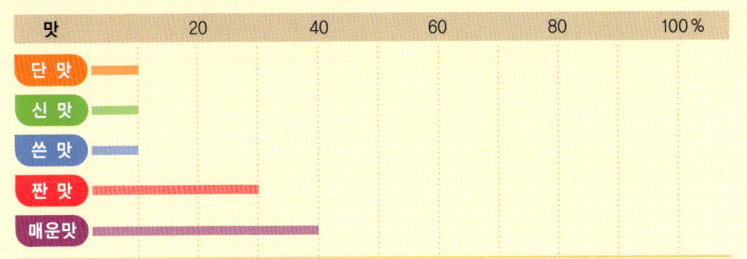

보관 기간   냉장고에서 2일 보관 가능
어울리는 요리   비빔냉면, 쫄면, 비빔국수

양념 만들기

1. 배, 양파, 대파는 믹서에 갈기 좋은 크기로 잘라 준비한다.
2. 믹서에 청주를 넣고 **1**과 유자청을 넣어 곱게 간다.(되직하다 싶으면 간장을 넣어 갈아준다.)
3. 큰 믹싱볼에 모든 재료를 넣고 설탕과 물엿이 녹을 때까지 섞어준다.
4. 기호에 맞게 꽃소금으로 간을 하고, 2일 동안 냉장 숙성시킨 후 사용한다.

재료

[약 20인분 분량]
배 1개
양파 2개
대파 2줄기
다진 마늘 1큰술
다진 생강 1/2큰술
진간장 400mL
청주 200mL
설탕 200g
유자청 100g
물엿 300g
고운 고춧가루 400g
참기름 20mL
후춧가루 1/2큰술
꽃소금 약간
참깨 흑임자 약간

memo

유자의 효능

유자에는 비타민 C가 바나나의 10배, 감의 2배, 레몬의 3배가 들어 있다. 비타민 C와 구연산이 풍부하기 때문에 감기에 도움이 되고, 피로회복과 식욕 촉진, 스트레스 해소에 효과가 있다. 또한 리모넨 성분이 목의 염증을 가라앉혀 주고 기침을 완화시켜 주며, 호흡기 질환을 다스리거나 뇌혈관 장애 및 고혈압 예방에 효과가 있다.

누들과 라이스에 어울리는 소스

명란 로제 소스 파스타
pollack roe with rose sauce pasta

information

맛의 특징 부드러운 크림 맛과 명란의 짭조름함, 허브향이 잘 어우러진 소스

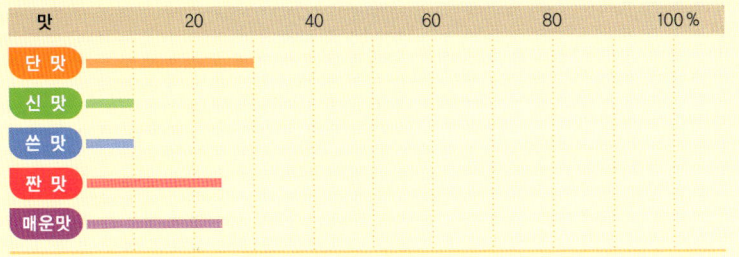

보관 기간 즉시 사용

어울리는 요리 각종 해산물을 넣은 파스타와 리조또, 각종 해산물 요리

파스타 만들기

1 팬에 올리브오일과 마늘 슬라이스를 넣고, 마늘을 볶는다.
2 1에 명란 젓갈과 양파 슬라이스, 피망을 넣고 볶다가 화이트 와인을 넣어 잡냄새를 없앤다.
3 2에 조개 육수와 토마토 소스, 생크림을 넣고, 바질은 찢어서 넣어 끓인다.
4 소스가 끓으면, 4분 삶고 실온에서 식힌 스파게티면을 끓는 물에 살짝 데친 다음 넣어준다.
5 충분히 면을 익힌 후 기호에 따라 소금, 후춧가루로 간을 한다.
6 소스와 면이 잘 버무려지면 그릇에 모양내어 담는다.

 재료

엑스트라버진 올리브오일 20mL
마늘 슬라이스 2개
명란 젓갈 50g
양파 슬라이스 1/4개
청·홍피망 1/4개
화이트 와인 20mL
삶은 스파게티면 150g
조개 육수 110mL
바질 2장
토마토 소스 170mL
생크림 50mL
소금 약간
후춧가루 약간

❋ 로제는 소스가 핑크 장미 색깔과 비슷하다 하여 붙여진 이름이다.

누들과
라이스에
어울리는
소스

포르치니와 치즈 크림 소스
porchini, gorgonjola cream sauce

information

— 맛의 특징   깊고 풍부한 크림 맛이 일품인 소스

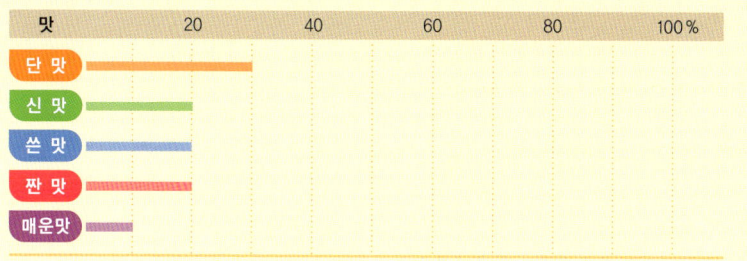

— 보관 기간   즉시 사용
— 어울리는 요리   버섯 요리, 육류 요리, 파스타

소스 만들기

1 양파는 잘게 다져 물기를 제거해 놓는다.
2 팬에 버터와 양파를 넣어 볶는다.
3 2에 생크림과 포르치니 파우더, 고르곤졸라 치즈를 넣는다.
4 3이 끓으면 고르곤졸라 치즈를 완전히 녹인다.
5 기호에 맞게 후춧가루를 넣고 체에 걸러 소스를 완성한다.

버터 1큰술
양파 1/2개
생크림 500mL(생크림과 휘핑크림 비율 1 : 1)
포르치니 파우더 2큰술
고르곤졸라 치즈 100g
후춧가루 약간

memo

포르치니(porchini)
　우리나라에 수입되는 포르치니는 건포르치니여서 불려서 사용하거나 가루로 사용하는데, 고소하면서 고기맛이 나며, 향이 강하다. 불려서 요리하면 질감이 부드러워진다. 또한, 다른 식용 버섯보다 수분 함량이 높아 말리면 단백질 함량이 대두를 제외한 다른 식물보다 높다. 주로 갈아서 파스타나 리조또, 수프 그리고 다양한 요리에 사용하며 프랑스, 이탈리아 요리에 주로 사용된다.

누들과
라이스에
어울리는
소스

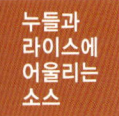

버섯 라구 소스

mushroom ragout sauce

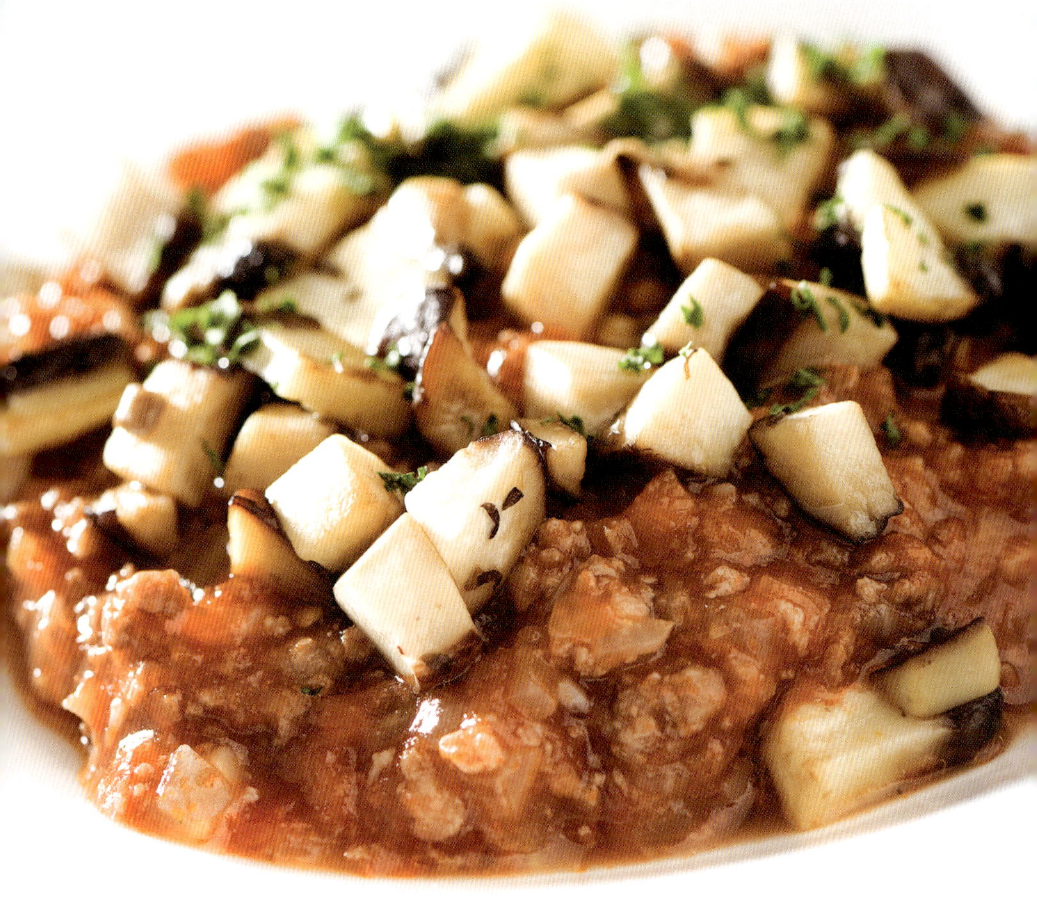

information

- 맛의 특징   깊고 풍부한 크림 맛이 일품인 소스

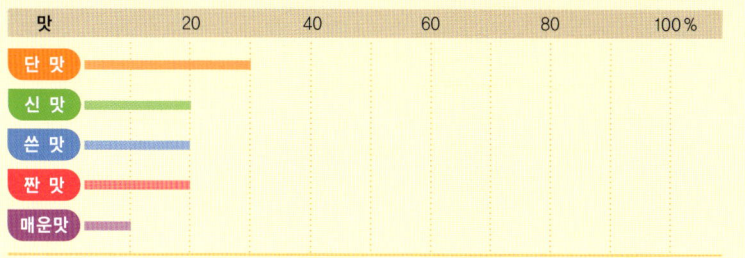

- 보관 기간   즉시 사용
- 어울리는 요리   버섯 요리, 육류 요리, 파스타

소스 만들기

1 양파는 잘게 다져 물기를 제거해 놓는다.
2 팬에 버터와 양파를 넣어 볶는다.
3 2에 생크림과 포르치니 파우더, 고르곤졸라 치즈를 넣는다.
4 3이 끓으면 고르곤졸라 치즈를 완전히 녹인다.
5 기호에 맞게 후춧가루를 넣고 체에 걸러 소스를 완성한다.

 재료

버터 1큰술
양파 1/2개
생크림 500mL (생크림과 휘핑크림 비율 1 : 1)
포르치니 파우더 2큰술
고르곤졸라 치즈 100g
후춧가루 약간

memo

포르치니 (porchini)
우리나라에 수입되는 포르치니는 건포르치니여서 불려서 사용하거나 가루로 사용하는데, 고소하면서 고기맛이 나며, 향이 강하다. 불려서 요리하면 질감이 부드러워진다. 또한, 다른 식용 버섯보다 수분 함량이 높아 말리면 단백질 함량이 대두를 제외한 다른 식물보다 높다. 주로 갈아서 파스타나 리조또, 수프 그리고 다양한 요리에 사용하며 프랑스, 이탈리아 요리에 주로 사용된다.

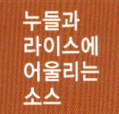

버섯 라구 소스
mushroom ragout sauce

누들과 라이스에 어울리는 소스

information

➡ **맛의 특징**   여러 가지 채소와 토마토 소스가 어우러진 산뜻한 소스

맛	20	40	60	80	100%
단 맛					
신 맛					
쓴 맛					
짠 맛					
매운맛					

➡ **보관 기간**   냉장고에서 2일 보관 가능
➡ **어울리는 요리**   파스타, 스테이크, 찜 요리

소스 만들기

1 버섯류와 채소류는 1cm 크기의 주사위 모양으로 잘라 준비한다.
2 올리브오일을 냄비에 두르고 마늘, 양파, 셀러리, 당근, 버섯 순으로 볶는다.
3 2를 볶다가 화이트 와인을 넣고 졸아들면 치킨 육수와 월계수잎을 넣는다.
4 치킨 육수가 반으로 졸아들면 토마토 소스와 오레가노를 넣고 푹 끓인다.
5 4가 반으로 줄어 되직해지면 생크림을 넣는다.
6 파마산 치즈가루와 소금, 후춧가루를 넣어 완성한다.

재료

양송이버섯 5개
표고버섯 5개
새송이버섯 3개
양파 1개
다진 마늘 1큰술
셀러리 2줄기
당근 1/2개
엑스트라버진 올리브오일 3큰술
화이트 와인 30mL
치킨 육수 200mL
토마토 소스 300g
월계수잎 1장
오레가노(드라이) 1작은술
파마산 치즈가루 1큰술
생크림 30mL
소금 약간
후춧가루 약간

라구(ragout) 소스
다진 고기와 채소들을 푹 끓여 만든 걸쭉한 소스를 말한다.
이탈리아 볼로냐 지역의 소스로 대표적인 것이 미트 소스이다.

누들과
라이스에
어울리는
소스

미트 소스
meat sauce

information

맛의 특징   채소와 고기가 어우러져 깊고 풍부한 맛을 내는 정통 소스

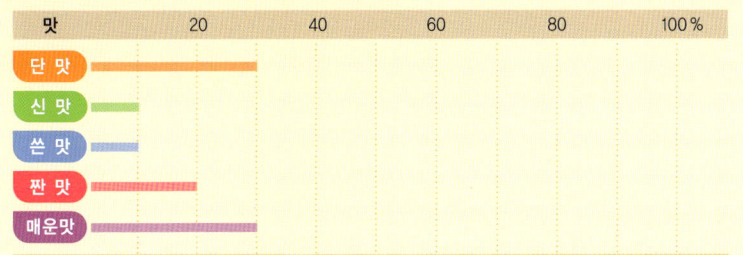

보관 기간   냉동 보관 1개월 가능, 냉장고에서 2일 보관 가능
어울리는 요리   파스타, 스파게티, 피자

소스 만들기

1 채소류는 1cm 크기의 주사위 모양으로 자른다.
2 냄비에 올리브오일을 두르고 다진 마늘과 고기를 볶다가 레드 와인을 반쯤 넣고 완전히 졸인다.
3 양파와 셀러리, 당근, 표고버섯 순으로 넣어 고기와 같이 볶다가 레드 와인을 마저 넣고 졸인다.
4 3에 치킨 육수와 오레가노, 월계수잎과 로즈메리를 넣는다.
5 치킨 육수가 반으로 줄아들면 이태리 토마토홀을 손으로 으깨서 넣고 푹 끓인다.
6 5가 반으로 줄어 되직해지면, 파마산 치즈가루, 타바스코와 소금, 후춧가루를 넣어 완성한다.

재료
올리브오일 3큰술
다진 마늘 3큰술
당근 1개
셀러리 1줄기
양파 1개
표고버섯 3개
돼지고기 갈은 것 100g
다진 쇠고기 300g
이태리 토마토홀(캔) 400g
치킨 육수 300mL
레드 와인 100mL
월계수잎 2장
오레가노 1작은술
로즈메리 2줄기
파마산 치즈가루 3큰술
타바스코 1작은술
소금 약간
후춧가루 약간

memo

타바스코
톡 쏘는 향과 새콤한 매운맛의 소스로 세계인이 애용하는 소스 중 하나이다. 현재 타바스코 소스는 매일 72만 개가 생산되며 전 세계 160여 개국에 22개 언어별로 포장되어 수출되고 있다.

누들과 라이스에 어울리는 소스

토마토 소스
tomato sauce

information

맛의 특징   신선하면서 감칠맛이 있는 소스

맛	20	40	60	80	100%
단 맛					
신 맛					
쓴 맛					
짠 맛					
매운맛					

보관 기간   냉장고에서 2일 보관 가능
어울리는 요리   모든 파스타에 어울리며, 육류 요리, 스튜, 찜 등에 사용

소스 만들기

1. 통마늘은 얇게 슬라이스한다.
2. 이태리 토마토홀은 손으로 최대한 으깨고, 이태리 쿨리스 토마토와 섞는다.
3. 2에 드라이 오레가노와 월계수잎을 넣고 꽃소금, 설탕을 넣는다. 바질은 손으로 찢어서 넣는다.
4. 팬에 올리브오일을 두르고, 슬라이스한 마늘을 넣어 금 빛깔이 될 때까지 볶는다.
5. 4에 준비한 재료들을 다함께 넣어 끓인다.
6. 약한 불로 끓이면서 타지 않게 저어준다.
7. 끓은 후 10분이 지나면 월계수 잎을 건져내어 소스를 완성한다.

재료

통마늘 10쪽
엑스트라버진 올리브오일 30mL
이태리 토마토홀 1캔
이태리 쿨리스 토마토 1/2캔
드라이 오레가노 1큰술
바질 10장
월계수잎 3장
설탕 40g
꽃소금 20g

월계수잎
　원산지는 지중해 연안이며 올림픽에서 승자에게 월계관을 주어 명예의 상징으로 삼았다. 말린 잎은 향기가 좋아서 요리나 차에 많이 사용하며 약용으로 쓰기도 한다.
　월계수잎은 소스의 잡내를 없애고, 고기를 재울 때 많이 사용한다. 특히 고기의 누린내를 없애는 데 효과가 탁월하며, 요리가 다 되면 건져낸다.

누들과
라이스에
어울리는
소스

소바 육수
soba deeping sauce

information

맛의 특징　멸치의 시원한 맛이 배어 있는 감칠맛 나는 소스

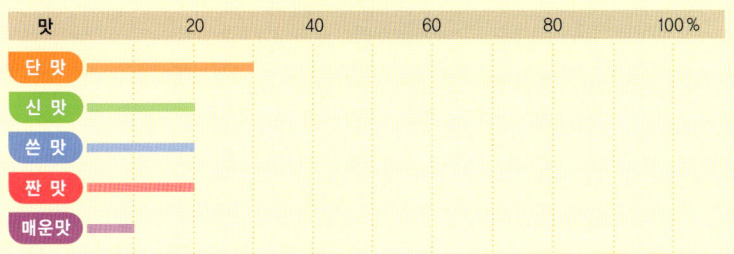

보관 기간　냉장고에서 2일 보관 가능
어울리는 요리　각종 면 요리의 육수로 사용

소스 만들기

1. 생강은 4등분하여 저며 썰고, 양파는 링 모양으로 3등분한다.
2. 석쇠에 대파, 양파, 생강을 놓고 중간 불에 갈색이 나도록 앞뒤로 굽는다.
3. 디포리와 건새우는 기름 없이 팬에 볶는다.
4. 냄비에 물을 넣고 간장과 정종, 가쓰오부시를 뺀 나머지 재료를 넣어 한번 끓으면 다시마를 꺼낸다.
5. 약한 불에 30분에서 40분간 더 끓이면서 거품을 제거한다. 40분 정도 끓으면 간장과 정종을 넣고 한 번 더 끓인다.
6. 가쓰오부시를 넣고 불을 끈다. 5분 뒤에 모든 재료를 체에 거른 후 식혀 완성한다.

재료

말린 디포리 멸치 6마리
물 1200mL
건표고버섯 2개
건새우 10개
대파 1개
양파 1개
통마늘 2쪽
생강 1쪽
다시마(30×30cm) 2장
무 140g
간장 3큰술
정종 5큰술
설탕 1큰술
가쓰오부시 1큰술

memo

디포리
밴댕이를 건조한 것으로 멸치보다 비린 향이 덜하고, 훨씬 더 담백하며 구수하다. 칼슘과 철분이 멸치보다 높아 골다공증 예방 효과가 뛰어나고 불포화지방산이 많아 성인병에 좋다.

누들과 라이스에 어울리는 소스

팟 타이 소스
phat thai sauce

information

→ **맛의 특징** 특유의 허브향과 새콤달콤한 맛이 어우러진 소스

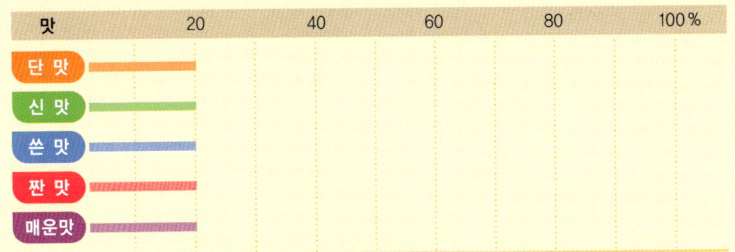

→ **보관 기간** 냉장고에서 2일 보관 가능
→ **어울리는 요리** 쌀국수 볶음, 해산물 또는 고기 볶음 요리

소스 만들기

1 고수는 흐르는 물에 깨끗이 씻어 잘게 다진다.
2 레몬 그라스를 뺀 나머지 재료를 믹싱볼에 넣어 잘 섞어준다.
3 2에 레몬 그라스를 넣고 24시간 냉장 숙성시킨 후 사용한다.

 재료

고수 10g
피시 소스 20mL
스위트 칠리 소스 50mL
굴 소스 200g
다진 마늘 1큰술
간 땅콩 1큰술
레몬 주스 2큰술
생강즙 1작은술
레몬 그라스 2줄기

---

memo

팟 타이(phat thai)
타이의 대표적인 요리이다. 설탕과 레몬즙, 피시 소스를 넣어 단맛과 새콤한 맛, 짭짤한 맛이 나는 것이 특징이며, 모든 재료를 센 불로 빠르게 볶아야 맛있다.
아유타야 왕조 시대에 아유타야를 방문한 베트남 상인들이 쌀국수를 가져온 것이 팟 타이의 기원으로 추정되며, 시대가 흘러서 다양한 형태의 팟 타이가 되었다.
그러나 팟 타이가 타이를 대표하는 요리가 된 것은 1930~1940년대에 쁠랙피분송크람 수상이 벌인 타이 민족주의 캠페인 덕분이었다. 타이 국내 쌀 소비량을 줄이고 수출을 늘려 당시 쌀 수출에 크게 의존하고 있던 타이의 경제를 개선하며, 국가적 쌀 사업 정책으로 팟 타이 요리가 권장된 바도 있었다고 한다.

누들과 라이스에 어울리는 소스

짜장 소스
jajang sauce

information

- 맛의 특징   양파의 감칠맛과 달콤함, 춘장의 부드러운 짠맛이 어우러진 소스

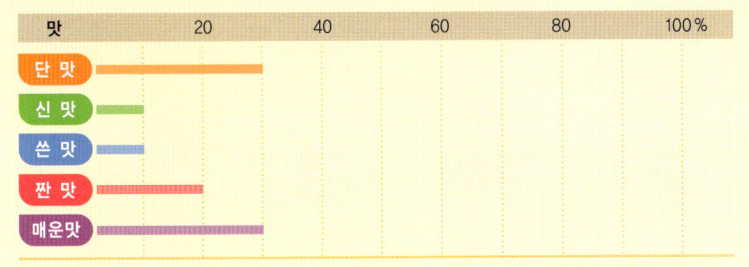

- 보관 기간   즉시 사용
- 어울리는 요리   각종 면 요리, 덮밥 소스

소스 만들기

1. 팬에 올리브오일 70mL를 두르고 춘장을 타지 않게 약한 불로 10분간 볶아 미리 준비한다.
2. 양파, 감자, 돼지고기, 애호박, 표고버섯을 2cm 크기의 주사위 모양으로 썰어 준비한다.
3. 나머지 올리브오일로 양파를 갈색이 나도록 볶다가 돼지고기와 다진 마늘을 넣고 볶는다.
4. 나머지 감자, 애호박, 표고버섯을 넣고 충분히 볶다가 정종을 넣어 잡냄새를 제거한다.
5. 볶은 춘장을 4에 넣고 설탕과 후춧가루를 기호에 맞게 넣어 잘 섞는다.
6. 재료가 잘 섞이면 치킨 육수를 붓고, 고기와 단단한 채소가 익도록 충분히 끓인다.
7. 채소가 익으면 소금으로 간을 하여 완성한다.

 재료

| 올리브오일 100mL |
| 춘장 150g |
| 양파 1개 |
| 감자 1개 |
| 양배추 100g |
| 돼지고기 100g |
| 정종 20mL |
| 다진 마늘 1큰술 |
| 애호박 1/3개 |
| 표고버섯 2개 |
| 설탕 40g |
| 소금 약간 |
| 후춧가루 약간 |
| 치킨 육수 100mL |

- 짜장 소스의 단맛과 소스 농도를 맞추는 치킨 육수는 취향에 맞게 가감하도록 한다.
- 해산물과 홍합 육수 등을 이용하면 해물 짜장을 만들 수 있고, 고추기름, 고춧가루, 굴 소스, 두반장, XO 소스 등을 기호에 맞게 선택하여 사용하면 한층 업그레이드된 맛을 느낄 수 있다.

누들과 라이스에 어울리는 소스

미고렝 소스
mi goreng sauce

information

— **맛의 특징**   새콤한 맛과 독특한 고수향이 풍미를 돋우는 달콤한 소스

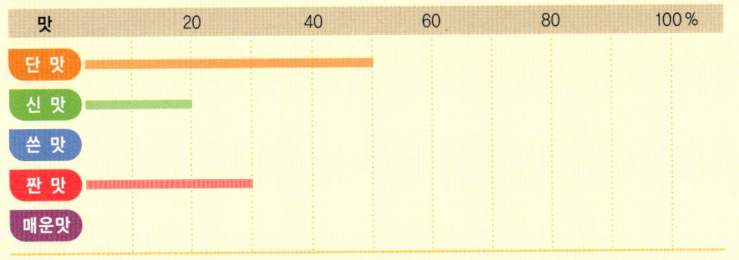

— **보관 기간**   냉장고에서 2일 보관 가능
— **어울리는 요리**   볶음 국수

소스 만들기

1 고수는 잎사귀만 떼어내어 잘게 다진다.
2 1에 나머지 재료를 잘 섞은 후 레몬즙을 짜서 섞는다.
3 2를 6시간 동안 냉장 숙성시킨 후 사용한다.

 소스에 땅콩가루와 양파 튀김을 곁들이면 더욱 맛있다.

재료

진간장 3큰술
굴 소스 3큰술
발사믹 식초 3큰술
레몬 1/4개
꿀 3큰술
고수 3줄기

미고렝(mi goreng)

　미고렝은 인도네시아의 전통 요리로 채소와 고기, 해산물, 달걀과 면을 함께 볶은 음식이다. '미(mee)'는 '국수', '고렝(goreng)'은 '볶음'이란 뜻이며, 원래 미고렝은 노란색이 나는 에그 누들인 미를 사용하는데, 면이 약간 두툼한 것이 특징이다.
　요즘은 쌀국수에 채소, 닭가슴살, 달걀 등을 넣어 만든 볶음국수를 비훈고렝(bihun goreng)이라고 하는데, 이것을 미고렝으로 판매하는 곳도 많다.

누들과 라이스에 어울리는 소스

비빔밥 양념
mixed rice spicy sauce

information

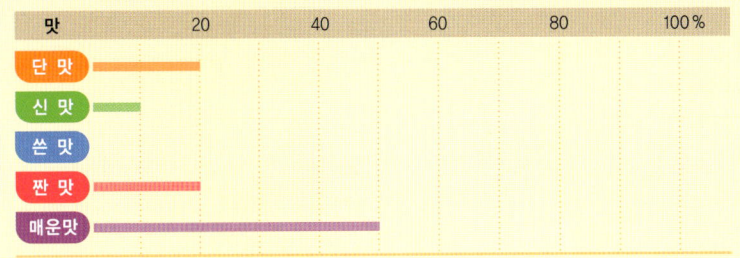

- 맛의 특징   쇠고기 육즙이 고추장에 스며들어 깊은 맛과 달콤함이 어우러진 소스
- 보관 기간   냉장고에서 2일 보관 가능
- 어울리는 요리   각종 비빔밥

양념 만들기

1. 배는 강판에 갈아 즙을 준비하고, 양파와 실파는 잘게 다져서 준비한다.
2. 배는 고추장과 섞어서 준비한다.
3. 다진 쇠고기는 다진 마늘, 양파, 맛술, 설탕, 간장과 함께 30분 동안 재워둔다.
4. 팬에 올리브오일을 두르고 재워둔 쇠고기를 넣어 볶는다. 고기가 중간쯤 익으면 고추장을 넣고 3분 가량 약한 불에 볶는다.
5. 4의 양념에 마지막으로 실파와 참기름을 넣고 하루 정도 냉장 숙성시켜 사용한다.

재료

고추장 300g
올리브오일 20mL
다진 마늘 1큰술
다진 쇠고기 100g
양파 1/2개
배 1/2개
물엿 2큰술
설탕 1큰술
간장 6큰술
맛술 2큰술
후춧가루 약간
통깨 1/2큰술
참기름 1큰술
실파 2줄기

memo

물엿의 종류
- 요리당 : 한마디로 합성 당인데, 설탕이나 과당 등을 섞어 만든 제품이다.
- 올리고당 : 설탕을 발효하여 만든 것으로 식이섬유와 유산균이 풍부하다.
- 물엿 : 전분을 산 또는 당화효소에 의해 당화한 점도가 높은 당이다.
  투명한 물엿은 맥아엿이라 부르며 보리로 얇게 만드는 물엿이고, 조청은 쌀과 엿기름을 고아서 만드는 엿이다. 이 중 올리고당이 건강에 제일 좋다고 할 수 있다.

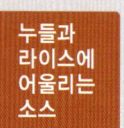
누들과 라이스에 어울리는 소스

커리 소스
curry sauce

information

맛의 특징 커리 특유의 스파이스향과 코코넛 밀크의 고소한 맛이 잘 어우러진 소스

맛	20	40	60	80	100 %
단 맛					
신 맛					
쓴 맛					
짠 맛					
매운맛					

보관 기간 냉장고에서 2일 보관 가능
어울리는 요리 스테이크 소스, 덮밥, 해산물 찜요리

소스 만들기

1 통마늘, 통생강, 양파, 셀러리, 사과는 잘게 슬라이스하여 준비한다.
2 팬에 올리브오일을 두르고 마늘, 생강, 양파, 셀러리 순으로 볶는다.
3 볶은 채소에 카레가루를 넣고 한 번 더 볶다가 화이트 와인을 넣고 졸인다.
4 3에 코코넛 밀크와 고수잎을 뺀 나머지를 넣어서 끓인다.
5 채소가 푹 익으면 코코넛 밀크와 고수잎을 넣고 한 번 더 끓인 후 불을 끈다.
6 월계수잎을 빼고 믹서에 곱게 갈아 체에 내린 후 차갑게 식혀 사용한다.

재료

올리브오일 30mL
통마늘 3쪽
통생강 1개
양파 1개
셀러리 1줄기
화이트 와인 50mL
사과 1/2개
고수잎 10줄기
물 100mL
카레가루 200g
코코넛 밀크 100mL
계핏가루 1/2큰술
월계수잎 1장
터메릭 파우더 30g

memo

터메릭 (turmeric)
터메릭은 생강과에 속하는 식물로 강황 또는 심황이라 부른다. 인도가 원산지이며 동아시아, 아프리카, 호주 등에서 재배되고, 강한 향이 나며, 뿌리의 노란색은 착색제로 사용된다.

누들과 라이스에 어울리는 소스

나시고렝 소스
nasi goreng sauce

information

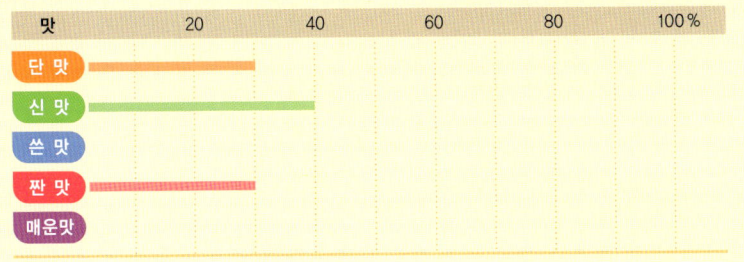

→ 맛의 특징   이국적인 맛이 매력적이고, 독특한 향이 느껴지는 소스

→ 보관 기간   냉장고에서 2일 보관 가능
→ 어울리는 요리   볶음면, 볶음밥

소스 만들기

1 팬에 올리브오일을 넣고 토마토 페이스트를 중간 불에 3분간 볶은 후 식힌다.
2 고수는 잎사귀만 떼어내고 잘게 다진다.
3 1의 볶은 토마토 페이스트가 식으면 나머지 재료를 넣어 잘 섞어 완성한다.
4 3시간 동안 냉장 숙성시킨 후 사용한다.

재료

올리브오일 20mL
토마토 페이스트 2큰술
다진 마늘 1큰술
굴 소스 60g
플레인 요거트(또는 사워크림) 1개
진간장 20mL
카레가루(또는 터메릭 파우더) 1큰술
고수 3줄기
소금 약간
후춧가루 약간

memo

나시고렝(nasi goreng)
미고렝과 마찬가지로 인도네시아 전통 음식이며, 나시는 쌀, 고렝은 볶음이란 뜻이다.

part 8

땅콩 소스 peanut sauce 칠리 소스 chilly sauce 다데기(양념장) 레몬 소스 lemon sauce 유린기 소스 china style fried chicken chilli soy sauce 가라아게 소스 japan style deep frying sauce 샤브샤브 shabu shabu 닭다리살 탕수육 deep fried chicken reg meat

전골과 튀김에 어울리는 소스

땅콩 소스
peanut sauce

전골과 튀김에 어울리는 소스

information

맛의 특징   고소한 땅콩의 맛과 부드러운 느낌의 달콤함이 어우러진 소스

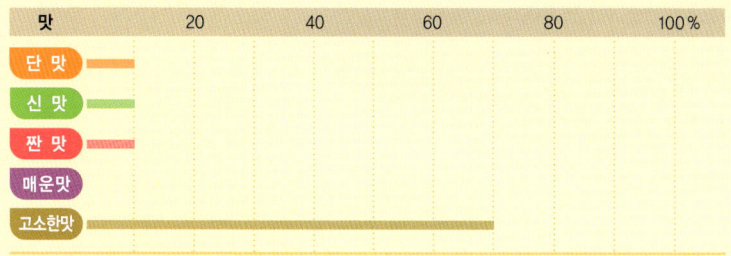

보관 기간   냉장고에서 2일 보관 가능
어울리는 요리   샤브샤브, 월남쌈, 중국 냉면

소스 만들기

1 볼에 땅콩버터를 제외한 모든 재료를 넣고 잘 저어 설탕을 완전히 녹인다.
2 오렌지와 레몬은 즙을 짜서 **1**에 넣고 껍질째 함께 담가 하루 동안 냉장 숙성시킨다.
3 땅콩버터에 **2**의 폰즈를 조금씩 부어가며 개어서 크림처럼 부드럽게 만들어 완성한다.

물 100mL
기꼬망 간장 40mL
미림 25mL
설탕 25g
식초 25mL
오렌지 1/2개
레몬 1/2개
땅콩버터 50g

땅콩의 효능

땅콩은 작지만 불포화지방산이 풍부해서 많이 먹어도 살이 찌지 않으며, 땅콩에 들어있는 필수지방산은 콜레스테롤 수치를 떨어뜨려 심장병 예방에 효과가 있다. 꾸준히 먹을 경우 노화 방지, 당뇨병 개선, 동맥경화 예방, 두뇌 발달에 좋다.

전골과 튀김에 어울리는 소스

칠리 소스
chilly sauce

information

→ 맛의 특징   달콤한 맛이 주가 되고 끝 부분에 살짝 매콤함을 느낄 수 있는 소스

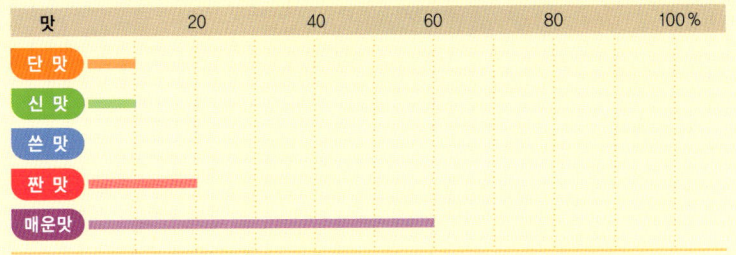

→ 보관 기간   냉장고에서 2일 보관 가능
→ 어울리는 요리   샤브샤브, 쌀국수

소스 만들기

1 미림, 정종과 같이 양파, 청량고추를 블렌더에 곱게 간다.
2 고수는 잎만 뜯어내어 잘게 다진다.
3 모든 재료를 분량대로 골고루 섞는다.
4 냉장고에서 12시간 동안 숙성시킨 후 사용한다.

재료

스위트 칠리 소스 100mL
쓰리라차 소스 50mL
굴 소스 1큰술
미림 1큰술
정종 1큰술
다진 마늘 1작은술
다진 생강 1/2작은술
양파 1/2개
청량고추 2개
레몬 주스 2큰술
고수 2줄기
타바스코 1큰술

memo

쓰리라차 소스
쌀국수 요리에 많이 사용하는 매운 칠리 소스인데 쓰리라차는 태국의 지역 이름이다. 쓰리라차 지역에서 처음 만들었다고 하여 붙여진 이름이다.

전골과
튀김에
어울리는
소스

다데기(양념장)

information

맛의 특징   깊은 매운맛이 얼큰함과 시원한 느낌을 주는 양념

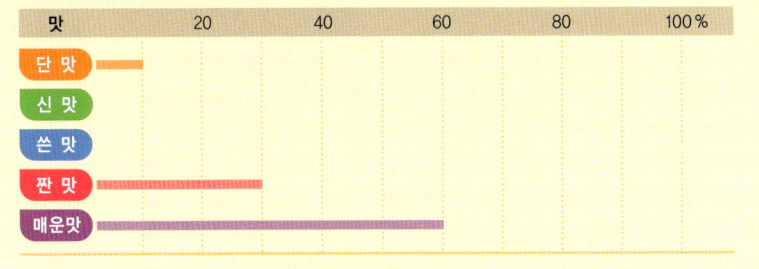

보관 기간   냉장고에서 2일 보관 가능
어울리는 요리   해물이 들어가는 탕과 전골, 찌개 등에 사용

다데기 만들기

1. 진미채는 블렌더에 갈아서 준비한다.
2. 청량고추는 꼭지를 떼어내고, 양파·대파·청량고추는 잘게 잘라 블렌더에 곱게 간다.
3. 큰 팬에 진미채 갈은 것을 5분간 중간 불에 타지 않게 볶다가 정종으로 잡냄새를 없앤다.
4. 진미채에 고추기름을 넣고 2분간 더 볶은 후에 양파, 대파, 청량고추, 다진 마늘을 넣고 5분간 볶는다.
5. 4에 고춧가루와 후춧가루를 넣고 섞은 후 홍합 육수를 넣어 20분간 저어가며 끓인다.
6. 끓인 다데기는 다른 소스 통에 담아 빠른 시간 내에 식히도록 하고, 12시간 동안 냉장 숙성시킨 후 사용한다.

 다데기를 넣고 너무 오래 끓이면 색깔이 탁해지기 때문에 적당히 끓인다.

재료

진미채 250g
정종 50mL
양파 380g
대파 130g
다진 마늘 250g
꽃소금 100g
청량고추 130g
고춧가루 150g
후춧가루 5g
고추기름 50mL
홍합 육수 900mL

memo
다데기

마늘이나 고추를 빻아서(tataku) 양념을 만든다는 뜻의 일본어인 타타기에서 나온 말이다.
다데기는 일제 시대에 전해진 잘못된 언어로, 양념이라는 뜻이다.

전골과
튀김에
어울리는
소스

레몬 소스
lemon sauce

information

맛의 특징   새콤한 단맛과 레몬의 청량감이 어우러진 소스

보관 기간   즉시 사용
어울리는 요리   매운 베이컨 소스와 구운 아스파라거스 해산물 샐러드

소스 만들기

1. 레몬은 얇게 슬라이스하여 준비한다.
2. 물전분과 계피를 뺀 나머지 분량의 재료를 물에 녹인다.
3. 냄비에 물전분은 빼고 **2**의 재료와 계피를 넣고 한번 끓이고 나서 재빨리 식힌다.
4. 준비된 소스를 튀김에 곁들일 때는 소스를 끓이면서 물 전분으로 농도를 조절하여 완성한다.

재료

레몬 파우더 30g
레몬 1/2개
레몬 주스 30mL
정수 200mL
설탕 30g
통계피 20g
꽃소금 1/2작은술
물 전분 약간

memo

레몬의 효능

레몬에는 비타민 C가 많은데 비타민 C는 신진대사를 원활하게 하여 체온을 유지시켜 주고, 피부와 점막을 튼튼히 해주며, 세균에 대한 저항력을 길러준다. 감기 예방에 좋으며 피부 미용에 효과가 있다.

전골과 튀김에 어울리는 소스

유린기 소스
china style fried chicken chilli soy sauce

information

→ 맛의 특징   청량감이 있는 매콤함과 짠맛이 어울리는 소스

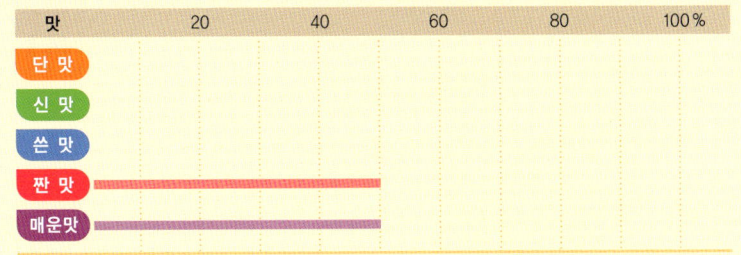

→ 보관 기간   냉장고에서 2일 보관 가능
→ 어울리는 요리   육류 튀김 요리, 어묵 요리, 전골, 찜 요리

소스 만들기

1 흰 대파는 잘게 다지고, 청량고추와 홍고추는 송송 잘게 썬다.
2 **1**에 나머지 재료를 잘 섞어 완성한다.
3 12시간 동안 냉장 숙성시켜 사용한다.

 재료

흰 대파 1/4줄기
청량고추 2개
홍고추 2개
다진 마늘 1큰술
다진 생강 1작은술
정종 20큰술
간장 50mL
레몬 주스 20mL
설탕 50g
참기름 1큰술

memo

유린기
　유린기(油淋鷄, 야우람까이)의 한자의 뜻은 뜨거운 기름을 뿌린 닭고기라는 뜻이며, 채소 위에 튀긴 닭고기를 얹은 뒤 청량고추와 홍고추를 가득 담은 간장 소스를 부어 먹는 음식을 말한다.

전골과 튀김에 어울리는 소스

가라아게 소스
japan style deep frying sauce

information

맛의 특징   간장의 진한 짠맛을 제거하여 기름진 튀김과 잘 어울리는 소스

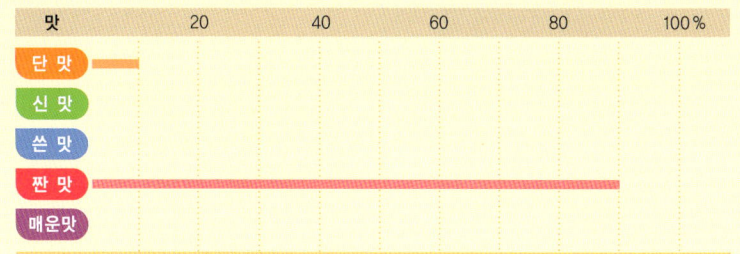

보관 기간   냉장고에서 2일 보관 가능
어울리는 요리   각종 튀김 요리와 튀김 덮밥

소스 만들기

1. 대파, 양파, 당근, 생강은 손가락 크기로 자르고, 생강은 4등분한다. 계피는 물에 씻는다.
2. 무를 제외한 나머지 재료를 모두 냄비에 넣고 약한 불에 끓인다.
3. 설탕이 잘 녹도록 저어 주며 끓인 후 당근이 물러지게 약한 불에 끓인 다음 건데기를 건져내어 식힌다.
4. 무는 강판에 내려 즙을 내고 내용물만 소스랑 조금씩 곁들이면 완성된다.

재료

생수	300mL
미림	70mL
설탕	70g
진간장	70g
대파	1/2줄기
양파	1/2개
생강	1/2개
당근	50g
디포리(멸치)	3마리
통계피	20g
건고추	3개
무	100g

memo

덴뿌라와 가라아게의 차이점

덴뿌라는 일식집에서 튀김 요리로 자주 등장하는데 어원은 포르투갈에서 유래되었다고 한다. 나가사키를 개항하면서 포르투갈 사람들이 들어와 하는 요리를 보고 배운 것이며 덴페라고 한다. 튀김옷을 묻히거나 적셔서 하는 요리법이다.

가라아게는 밑간을 하여 그대로 튀기거나 전분이나 밀가루를 묻혀서 튀기는 것을 말한다.

cooking plus
샤브샤브
shabu shabu

육수 재료

물 2L
다시마(손바닥 크기) 1장
새우 껍질 100g
통마늘 3쪽
통생강 1/2개
손질된 홍합 20개
대파 1줄기
정종 100mL

요리 재료

샤브용 등심 300g
청경채 3줄기
새송이버섯 2개
느타리버섯 10개
대파, 양파(손가락 크기) 100g씩
숙주 50g
조랭이떡 100g
육수 800mL

육수 끓이기

큰 냄비에 모든 재료를 넣고 끓으면 약한 불로 조절하여 30분 정도 더 끓이면서 거품을 제거한다.

요리 만들기

1 새송이버섯은 4등분하여 자르고, 청경채는 흐르는 물에 씻어서 준비한다.

2 전골 냄비에 육수를 붓고 끓으면 채소와 조랭이 떡을 넣고 끓인다.

3 채소가 익으면 고기를 넣어 샤브샤브하여 채소와 함께 먹는다.(취향대로 다데기의 양을 조절하고, 전골 요리에 맞는 소스 중 선택하여 먹으면 된다.)

요리와 어울리는 소스 칠리 소스, 땅콩 소스

샤브샤브의 유래

중국의 슈안양로(양고기를 뜨거운 화로에 데쳐 먹는 요리로, 흔히들 훠궈라고 함)가 기원이다.
교토의 한 가게 점주가 중국에서 생활한 사람에게 먹는 방법을 전수 받아 일본인의 취향에 맞게 양고기 대신 쇠고기를 넣어 먹은 것이 시작이다.
샤브샤브라는 이름은 1952년도에 오사카의 어느 사람이 샤브샤브라는 뜻은 살짝살짝 데친다는 의태어를 만들어 자신의 가게 메뉴로 만들면서 탄생했다고 한다.

cooking plus

닭다리살 탕수육

deep fried chicken reg meat

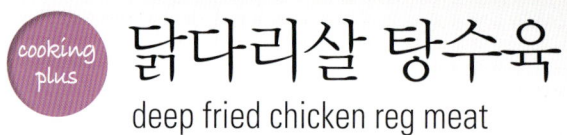

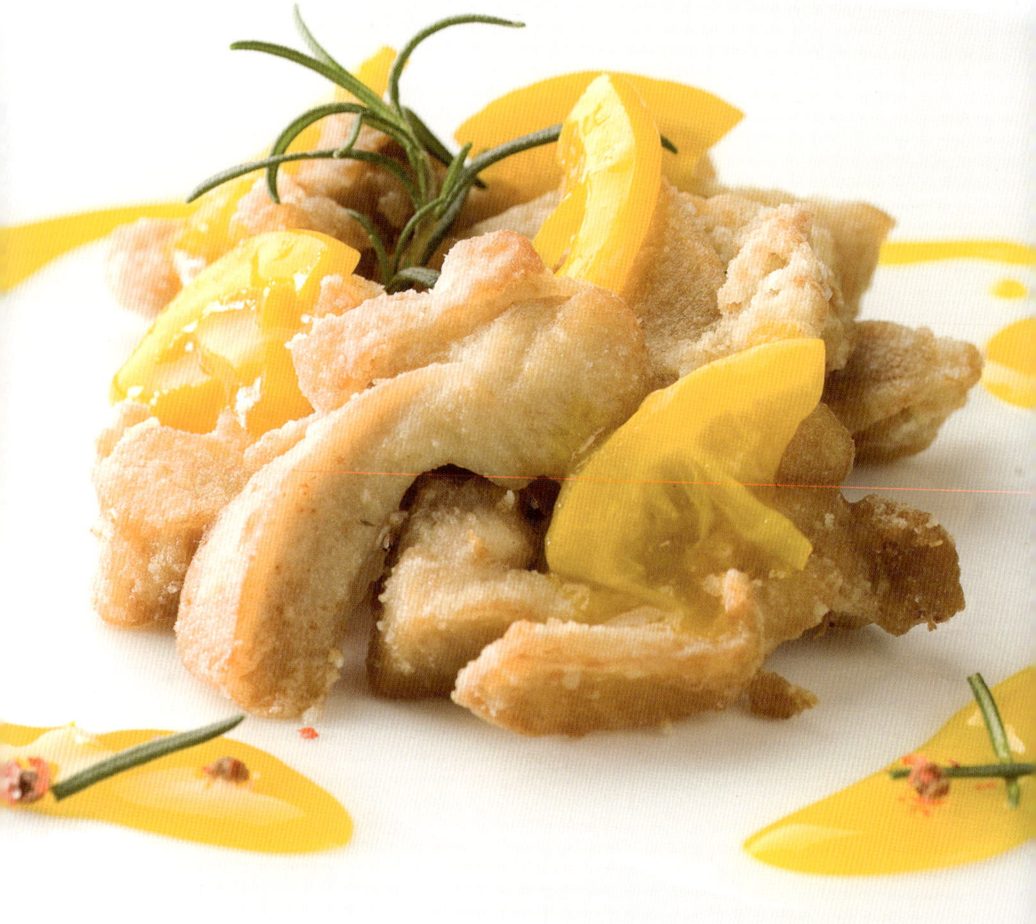

요리 만들기

1 닭다리살은 한입 크기로 자르고 다진 마늘과 간장 희석액을 섞어서 12시간 재워 양념이 배도록 한다.

2 양념이 된 닭다리를 건져서 물기를 빼고 물 전분을 묻혀서 170도 식용유에 바삭하게 튀겨낸다.

3 튀겨낸 닭에 소스를 곁들여 낸다.

요리와 어울리는 소스 유린기 소스, 레몬 소스

닭다리살 500g
간장 희석액
(간장 1 : 물 4) 300mL
다진 마늘 2큰술
물 전분(물 1 : 전분 1)
식용유 적당량

탕수육(糖水肉)

돼지고기를 잘라 양념을 해서 재운 후 전분을 무쳐서 튀긴 요리와 간장, 설탕, 채소 등을 물 전분을 넣고 끓인 소스와 함께 곁들여 만든 중화 요리로, 18세기 중국 광둥에서 유래하였다.

중국이 아편 전쟁(1840년~1842년)을 '탕수육 전쟁'이라고도 하는데, 전쟁에서 패전한 중국이 항구를 개방하면서 외국 상인들과 교역을 하였는데, 그 외국인 상대로 장사를 하기 시작하면서 젓가락질을 못하는 서양 외국 상인들을 위하여 포크로 잘 먹도록 돼지고기를 사각형으로 잘라서 만들면서 많이 알려지게 되는데, 그로 인해 아편 전쟁을 '탕수육 전쟁'이라 한다.

part 9

캐러멜라이즈 소스 caramelized sauce 오렌지 캐러멜 소스 orange caramel sauce 민트 초콜릿 소스 mint chocolate sauce 에스프레소 크림 소스 espresso cream sauce 포도 컴포트 소스 grape compote sauce 샴페인 사바용 소스 champagne sabayon sauce 체리 컴포트 소스 cherry compote sauce 모듬 과일과 호두 구이

디저트에
어울리는
소스

| 디저트에 어울리는 소스 |

캐러멜라이즈 소스
caramelized sauce

information

→ 맛의 특징 설탕의 달콤함이 그대로 녹아 부드러움이 느껴지는 소스

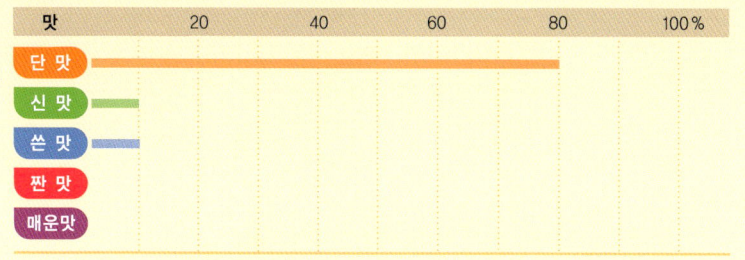

→ 보관 기간 즉시 사용
→ 어울리는 요리 구운 과일 디저트

소스 만들기

1. 레몬은 즙을 낸다.
2. 팬에 설탕을 넣고 중간 불에서 설탕을 녹인다.
3. 설탕이 녹기 시작하면 약한 불로 낮추어 연갈색으로 녹인다.
4. 설탕에 갈색 빛이 돌면 팬 가운데 녹지 않은 설탕과 섞어 설탕을 모두 녹인다.
5. 설탕이 모두 녹으면 생크림을 조금씩 넣어가며 섞는다.
6. 설탕과 생크림이 모두 섞이면 마지막으로 레몬즙과 바닐라 에센스를 넣어 소스를 완성한다.

재료

설탕 3큰술
버터 1큰술
생크림 3큰술
레몬 1/2개
바닐라 에센스 1/3작은술

memo

- 설탕을 녹여 캐러멜 색이 만들어지면, 중간 불에서 약한 불로 낮추어 너무 진한 색의 캐러멜이 되지 않도록 주의한다. 설탕이 진한 갈색(캐러멜)이 될 경우는 쓴맛이 난다.
- 캐러멜라이즈 소스를 기본으로 육즙이 풍부한 과일과 다양한 허브를 이용하여 다양한 종류의 캐러멜 소스를 만들 수 있다.

디저트에 어울리는 소스

오렌지 캐러멜 소스
orange caramel sauce

information

맛의 특징   달콤함과 부드러움에 오렌지의 상큼함을 더한 소스

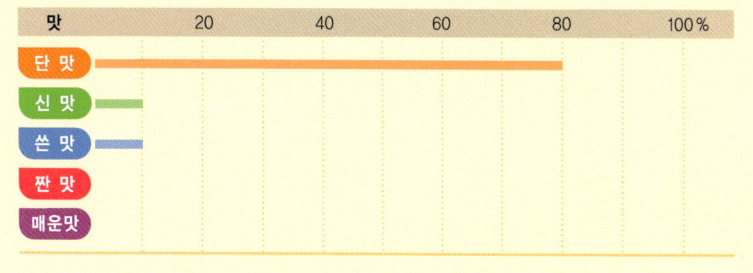

보관 기간   즉시 사용
어울리는 요리   푸딩, 무스를 곁들인 디저트 요리

소스 만들기

1 오렌지는 즙을 내고, 오렌지 껍질은 제스트한다.
2 민트는 줄기를 제거하고 잎을 곱게 다진다.
3 오렌지 주스와 오렌지 즙을 섞어 준비한다.
4 팬에 설탕을 넣어 중간 불에서 설탕을 녹인다.
5 설탕이 녹기 시작하면 약한 불로 낮추어 연갈색으로 녹인다.
6 설탕에 갈색 빛이 돌면 팬 가운데 녹지 않은 설탕과 섞어 설탕을 모두 녹인다.
7 설탕이 모두 녹으면 생크림을 조금씩 넣어가며 섞은 후 3의 오렌지 주스를 넣는다.
8 오렌지 제스트와 럼을 넣어 끓인다.
9 5분간 약한 불에서 끓인 다음 다진 민트를 넣고 불을 끄면 소스가 완성한다.

재료

오렌지 1개
설탕 1큰술
오렌지 주스 30mL
럼 1작은술
민트 1줄기
생크림 30mL

 설탕을 녹여 캐러멜 색이 만들어지면, 중간 불에서 약한 불로 낮추어 너무 진한 색의 캐러멜이 되지 않도록 주의한다. 완성된 소스는 냉장고에 보관해 차가운 소스로 사용하는 것이 좋다.

디저트에 어울리는 소스

민트 초콜릿 소스
mint chocolate sauce

information

맛의 특징　초콜릿의 달콤함과 민트의 상쾌한 향에 중독될 수 있는 소스

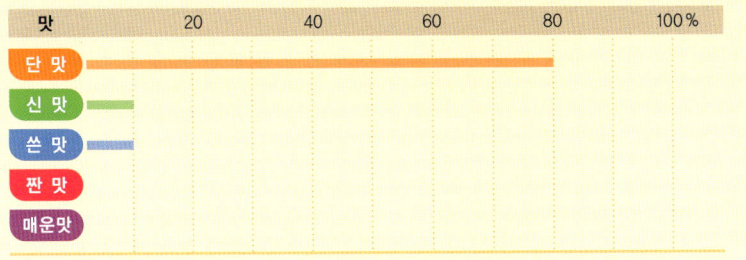

보관 기간　즉시 사용
어울리는 요리　아이스크림을 곁들인 디저트 요리

소스 만들기

1. 애플 민트는 줄기를 제거하고 잎을 준비한다.
2. 레몬은 즙을 내고, 레몬 껍질은 제스트해 다진다.
3. 초콜릿은 잘게 잘라 준비한다.
4. 팬에 우유를 담아 한번 끓인 후 불을 끈다.
5. 끓인 우유에 준비한 초콜릿을 넣고 약한 불에서 녹인다.(중탕)
6. 우유 속의 초콜릿이 모두 녹으면, 믹서에 우유와 민트를 넣어 곱게 간다.
7. 갈아 준비한 우유를 체에 거른다.
8. 생크림은 약한 불에서 1/3로 졸인다.
9. 졸인 생크림에 초콜릿을 녹인 우유와 레몬즙, 다진 레몬 껍질을 넣어 약한 불에서 1분 정도 끓여 소스를 완성한다.

 재료

애플 민트 15g
초콜릿 20g
생크림 30mL
우유 15mL
레몬 1개

※ 레몬즙은 개인의 취향에 맞춰 가감하여 사용한다.

디저트에 어울리는 소스

에스프레소 크림 소스
espresso cream sauce

information

➡ **맛의 특징** 은은한 커피의 맛과 향에 부드러움이 더해진 소스

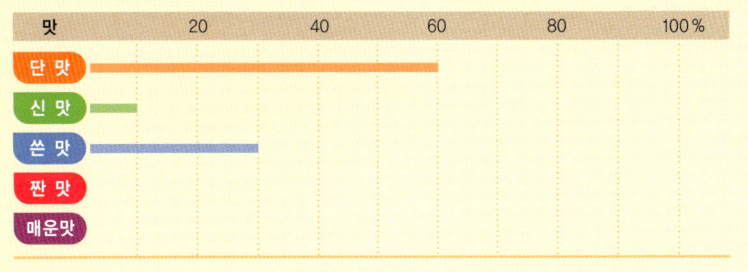

➡ **보관 기간** 즉시 사용
➡ **어울리는 요리** 케이크를 곁들인 디저트 요리

소스 만들기

1 민트는 줄기를 제거하고 잎을 곱게 다진다.
2 팬에 생크림과 우유를 섞어 약한 불에서 1/3로 졸인다.
3 생크림과 우유에 설탕과 소금을 넣고 불을 끈다.
4 레몬은 즙을 만들어 준비한다.
5 큰 볼에 달걀 노른자를 넣고, 끓인 생크림을 천천히 넣어 빠르게 섞는다.
6 달걀 노른자와 생크림을 모두 섞은 후 고운 체를 이용하여 걸러준다.
7 팬에 에스프레소와 체에 거른 생크림을 넣고 약한 불에서 끓인다.
8 마지막에 다진 민트와 레몬즙, 바닐라 에센스를 섞어 소스를 완성한다.

 재료

에스프레소(진한 커피) 50mL
생크림 30mL
우유 15mL
달걀 노른자 1개
바닐라 에센스 1/3작은술
설탕 1큰술
소금 1/2작은술
민트 3장
레몬 1개

✺ 달걀 노른자를 뜨거운 생크림에 넣을 때 재빠르게 섞지 않으면 달걀 노른자가 익어 부드러운 소스를 만들 수 없다.

| 디저트에 어울리는 소스 |

포도 컴포트 소스
grape compote sauce

information

➡ 맛의 특징   입에서 목으로 넘어가는 느낌이 좋은 달콤한 소스

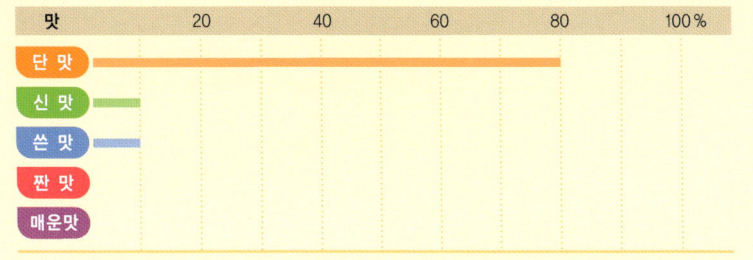

➡ 보관 기간   즉시 사용
➡ 어울리는 요리   와인 젤리를 곁들인 디저트 요리

소스 만들기

1 캔 포도는 흐르는 물에 헹궈 놓는다.
2 레몬은 즙을 만들어 준비한다.
3 민트는 줄기를 제거하고 잎만 다진다.
4 팬에 버터를 녹인 다음 포도를 넣어 중간 불에서 볶는다.
5 포도에 화이트 와인과 설탕을 넣어 녹인다.
6 설탕이 모두 녹으면 약한 불로 낮춘다.
7 6에 레몬즙과 다진 민트잎을 넣어 끓인다.
8 포도에 화이트 와인이 스며들도록 약한 불에서 약 10분간 서서히 끓여 소스를 완성한다.

재료

캔 포도 50g
화이트 와인 30mL
레몬 1개
민트 5g
설탕 1작은술
버터 1작은술

 포도를 버터에 볶을 때는 중간 불 또는 약한 불에서 짧은 시간에 볶아 포도의 색이 변하지 않도록 한다.

memo

컴포트(compote)
컴포트는 설탕 시럽 또는 꿀에 구운 과일, 견과류 등을 넣어 졸인 음식을 차갑게 보관해 먹는 음식을 말한다.

디저트에 어울리는 소스

샴페인 사바용 소스
champagne sabayon sauce

information

→ **맛의 특징** 달콤한 맛, 부드러운 느낌과 향 모든 것이 일품인 소스

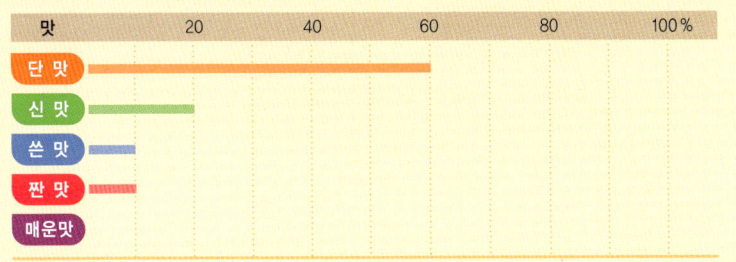

→ **보관 기간** 즉시 사용
→ **어울리는 요리** 과일 그라탕, 신선한 석화 그라탕 요리

소스 만들기

1. 큰 볼에 달걀 노른자와 설탕 1큰술을 넣고 섞는다.
2. 냄비에 물을 끓이고, 볼에 담은 달걀 노른자를 올려 설탕을 녹인다.
3. 달걀 노른자의 색이 연한 노란색으로 변하면, 과일 주스와 샴페인을 넣는다.
4. 큰 볼에 생크림과 나머지 설탕을 넣어 섞는다.
5. 3의 과일 주스를 섞은 노른자와 4의 생크림을 섞어 소스를 완성한다.

재료

달걀 노른자 1개
생크림 2큰술
우유 1큰술
과일 주스(오렌지, 포도, 자몽 등) 50mL
샴페인 1큰술
설탕 2큰술

- 끓는 물 위에 달걀 노른자를 올릴 때는 약한 불로 낮추어 익지 않도록 주의한다.
- 생크림 담은 볼을 뒤집어 생크림이 흐르지 않을 때까지 힘차게 섞는다.

memo

사바용(sabayon)
달걀 노른자와 설탕을 중탕하면서 거품내고 백포도주를 더한 프랑스식 디저트 크림 소스이다. 포도주 대신 리큐르, 샴페인, 생크림 등을 사용하기도 하며, 포도주를 넣은 크림은 따뜻한 디저트에, 생크림만을 쓴 것은 차가운 디저트에 잘 어울린다.
사바용은 이탈리아의 자바이오네(zabaione) 디저트 소스에서 유래했다고 한다.

디저트에 어울리는 소스

체리 컴포트 소스
cherry compote sauce

information

→ **맛의 특징**   아름다운 색과 달콤한 맛이 일품인 소스

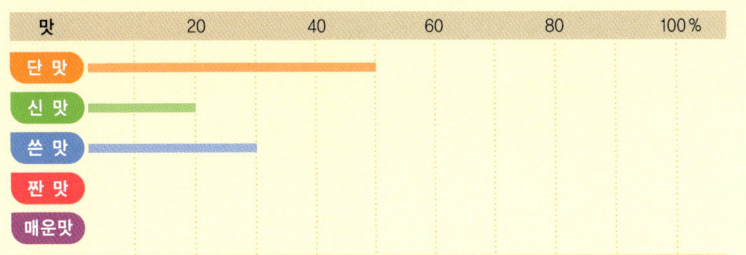

→ **보관 기간**   즉시 사용
→ **어울리는 요리**   젤리, 무스, 푸딩을 곁들인 디저트 요리

소스 만들기

1. 체리는 줄기를 제거하고 반으로 잘라 씨를 제거해 준비한다.
2. 레몬은 즙을 내어 준비한다.
3. 민트는 줄기를 제거하고 잎만 다진다.
4. 팬에 버터를 녹여 체리를 중간 불에서 짧은 시간에 볶는다.
5. 체리에 레드 와인을 넣어 강한 불에서 플람베한 후 불을 약하게 줄인다.
6. 5에 레몬즙과 다진 민트잎, 설탕을 넣어 약한 불에서 끓인다.
7. 레드 와인이 체리에 스며들도록 약한 불에서 약 10분간 더 끓여 소스를 완성한다.

 재료

체리(병조림 또는 생 체리) 10개
설탕 1큰술
레드 와인 30mL
레몬 1개
민트 1줄기
물 2큰술
버터 1작은술

memo
   체리에 레드 와인이 스며들어 부드러워지면 불을 끄고 팬에 남아 있는 열을 이용해 소스를 완성한다.

 # 모듬 과일과 호두 구이

요리 만들기

1 파인애플은 껍질과 중앙의 심을 제거하고 일정한 모양으로 자른다.
2 딸기는 꼭지를 제거하고 4~8등분한다.
3 키위는 껍질과 씨를 제거하고 일정한 모양으로 자른다.
4 팬에 버터를 넣고 파인애플, 딸기, 키위를 강한 불에서 아주 잠시 굽는다.
5 설탕시럽을 만들어 호두를 버무린다.
6 깊은 냄비에 식용유를 넣어 150도의 온도로 예열한다.
7 설탕시럽에 버무린 호두를 전분에 다시 넣어 예열한 식용유에 잠시 튀긴다.
8 구운 과일과 호두를 접시에 담고 캐러멜 소스를 올려 완성한다.

재료

파인애플 2조각
딸기 1개
키위 1/6개
호두 2개
설탕 1큰술
전분 1큰술
식용유 50mL
버터 2큰술

❋ 호두는 지방이 많고 산화되기 쉬운 단점이 있어 가능하면 껍질이 붙어 있는 것을 구입하여 먹을 때마다 깨서 먹도록 한다.

요리와 어울리는 소스 캐러멜라이즈 소스, 에스프레소 크림 소스, 민트 초콜릿 소스, 오렌지 캐러멜 소스

part 10

시소 미스트 siso mist 폰즈 젤리 ponz jelly 건포도, 올리브 퓌레 rasin, black olive purée 고르곤졸라 에스푸마 gorgonjola espuma 트로피컬 프루트 버블 tropical fruits bubble 컨템포러리 파우더 contemporary powder 로열 밀크티 거품 royal milk tea form 생선회 타르타르 diced fish fillet tartare 소프트 크랩 튀김 deep fried soft shell crab 연어 테린 salmon terrin

트렌디한
소스

시소 미스트
siso mist

트렌디한 소스

information

맛의 특징 시소의 향긋한 향과 와인의 맛이 느껴지는 액체 소스

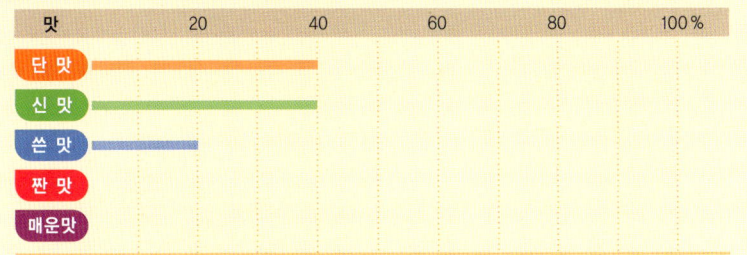

보관 기간 냉장고에서 2일 보관 가능
어울리는 요리 채소 샐러드, 해산물 샐러드

소스 만들기

1. 자몽, 오렌지 껍질은 채 썰어 끓는 물에 3초간 데치고, 찬물에 헹궈 물기를 제거한다.(제스트)
2. 시소는 흐르는 물에 헹궈 잘게 채 썰어 준비한다.
3. 팬에 화이트 와인을 넣어 센 불로 끓여 알코올을 없앤 다음 1/2로 졸인다.
4. 3에 꿀과 소금으로 간을 한 다음 식힌다.
5. 식은 화이트 와인에 시소와 화이트 와인 식초, 제스트를 넣고 하루 동안 냉장 숙성시킨다.
6. 5를 믹서에 곱게 갈아 체에 내린 후 향수 공병에 담아 사용한다.

 재료

시소 20장	
화이트 와인 500mL	
화이트 와인 식초 10mL	
자몽 껍질 1장	
오렌지 껍질 1장	
꿀 30mL	
소금 약간	

memo

미스트 사용 방법
- 병에 담은 액체를 어울리는 요리에 향수 뿌리듯 분사한다.
- 손님 테이블에서 직접 요리에 분사하는 퍼포먼스를 하기도 한다.

트렌디한 소스

폰즈 젤리
ponz jelly

information

맛의 특징   새콤, 짭짤한 맛과 말캉한 젤리의 질감을 느낄 수 있는 소스

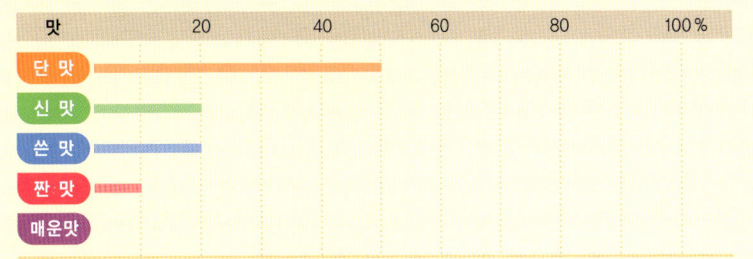

보관 기간   냉장고에서 2일 보관 가능
어울리는 요리   각종 샐러드 요리, 회 요리

폰즈 젤리 만들기

1 볼에 오렌지, 레몬, 판 젤라틴을 제외한 모든 재료를 넣고 잘 저어 설탕을 완전히 녹인다.
2 오렌지와 레몬은 즙을 짜서 넣고 껍질째 함께 담가 하루 동안 냉장 숙성시킨다.
3 판 젤라틴은 미지근한 물에 2분 동안 담가 흐물해지도록 만든다.
4 젤라틴의 물기를 빼고 만들어 둔 2의 폰즈에 넣어 한번 끓이고 적당한 용기에 넣는다.
5 4를 젤리가 되도록 냉장고에 넣어 두고 따뜻한 물에 중탕하여 빨리 떼어내면 완성된다.

재료

물 100mL
기꼬망 간장 40mL
미림 25mL
설탕 25g
식초 25mL
오렌지 1/2개
레몬 1/2개
판 젤라틴 4장

폰즈 젤리 – 음식의 변화

음식의 맛은 굉장히 중요하다. 혀에서 느끼는 단맛, 매운맛, 신맛, 짠맛 등이 있지만 그보다 업그레이드된 것이 식재료가 가지고 있는 질감이다. 그래서 음식 문화의 선진국들은 입안에서 느끼는 음식들의 천차만별한 질감을 요리하며 연구하는 시간에 많이 투자하기도 한다.

젤리는 많은 사람들이 먹어서 느껴봤듯이 부드럽거나 쫄깃하거나 탱탱하거나 등 여러 가지 버전이 있다. 폰즈 젤리는 곁들이는 소스를 젤리화시켜 맛은 같으나 질감에 부드러운 느낌을 줄 수 있도록 만들었고 입안에서 사르르 없어지는 기분 좋은 소스이다.

트렌디한 소스

건포도, 올리브 퓌레
rasin, black olive purée

information

— **맛의 특징** 건포도의 달콤한 맛과 올리브의 쌉싸름한 맛이 조화로운 소스

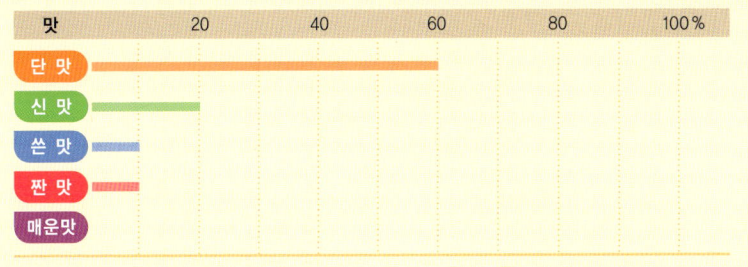

— **보관 기간** 냉장고에서 2일 보관 가능
— **어울리는 요리** 스테이크, 디저트

퓌레 만들기

1 이탈리안 파슬리는 찬물에 담가 싱싱함을 살린 후 잎사귀만 떼어내어 물기를 제거한다.
2 1의 파슬리는 잘게 다져서 준비한다.
3 모든 재료를 다진 파슬리와 함께 블렌더에 곱게 간다.
4 꿀은 기호에 따라 조절하여 넣는다.

 음식의 용도에 따라 올리브오일을 이용하여 농도를 조절한다.

재료

건포도 100g
블랙 올리브 50g
엑스트라버진 올리브오일 30mL
이탈리안 파슬리 5줄기
꿀 약간

memo

건포도의 효능

건포도는 포도를 말린 것으로, 미네랄이 풍부하여 피로회복에 좋으며, 철분 함량이 높아 임산부의 적인 빈혈에 좋으며, 식이섬유량이 높아 변비 예방에 효과적이다.
피부 건강에 도움이 되며, 노년의 골다공증 예방으로 특히 여성에게 좋은 음식이다.

트렌디한 소스

고르곤졸라 에스푸마
gorgonjola espuma

information

— **맛의 특징**   고르곤졸라의 고급스러운 풍미와 크림의 부드러움이 배어 있는 소스

맛	20	40	60	80	100%
단 맛					
신 맛					
짠 맛					
부드러운맛					
고소한맛					

— **보관 기간**   냉장고에서 2일 보관
— **어울리는 요리**   씨푸드 볼, 소프트 쉘 크랩 튀김

에스푸마 만들기

1 고르곤졸라 치즈는 잘게 잘라 준비한다.
2 냄비에 생크림을 넣고 고르곤졸라 치즈 자른 것과 오징어 먹물, 포르치니 파우더를 넣는다.
3 2를 중간 불에 올려 끓지 않도록 하면서 치즈를 완전히 녹인다.
4 치즈가 녹으면 고운 체에 부어 고무주걱으로 눌러가면서 거른다.
5 완전히 차갑게 식히고 뭉치지 않도록 섞어주면서 휘핑기에 붓는다.
6 충전식 질소가스를 끼우고 위, 아래로 30초간 흔들어서 냉장고에 넣어둔다.
7 사용할 때마다 조금씩 짜서 모양을 낸다.

 에스푸마 기구 : 휘핑건(휘핑기), 질소가스(충전식)

재료

고르곤졸라 치즈 70g
생크림 500mL
포르치니 파우더 1큰술
오징어 먹물 1작은술

트렌디한 소스

트로피컬 프루트 버블
tropical fruits bubble

information

⟹ **맛의 특징** 복숭아 향이 입안에서 퍼지는 거품 소스

⟹ **보관 기간** 냉장고에서 2일 보관
⟹ **어울리는 요리** 해산물 수프 요리, 해산물 샐러드

버블 만들기

1 냄비에 정수를 넣고 트로피컬 프루트 티를 넣어 끓여서 진하게 우려낸다.
2 레몬즙을 짜 넣고 꿀로 기호에 맞게 간을 하여 차갑게 식힌다.
3 차갑게 식힌 티에 민트잎을 넣고 믹서에 곱게 갈아 체에 내린다.
4 **3**에 레시틴을 넣고 휘휘 젓는다.
5 핸드 블렌더로 갈면서 거품을 일으킨다.
6 핸드 블렌더로 거품을 충분히 나도록 하면서 거품만 걷어서 사용한다.

재료

트로피컬 프루트 티 2큰술
레몬 1개
애플 민트잎 10장
정수 500mL
레시틴 1/2작은술
꿀 약간

memo

레시틴(lecithin)
유화제로 대두 단백으로 얻어지는 것이다. 물과 기름이 같이 섞이지 않는 것을 활성화시켜 서로 섞이도록 한다.
우리 몸 세포 구성에 있어서 경계, 테두리를 만들어주는 것이 레시틴이며, 담석, 피부병, 뇌세포에 영향을 주어 노인성 치매에도 효과가 있다.

트렌디한 소스

컨템포러리 파우더
contemporary powder

information

맛의 특징   재료 본연의 맛이 입안에서 부드럽게 녹아드는 파우더 소스

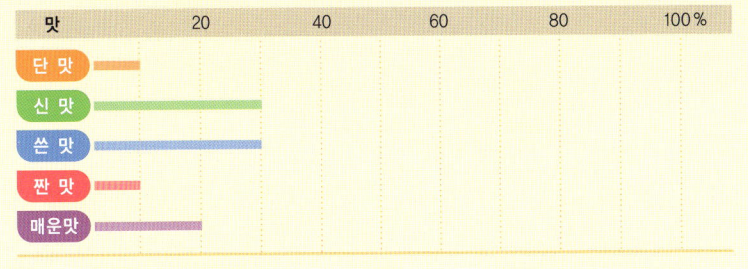

보관 기간   실온 보관
어울리는 요리   연어 절임, 스테이크

파우더 만들기

1 와사비는 건조기에 얇게 편다.
2 블랙 올리브와 케이퍼는 물기를 제거한다.
3 식품 건조기에 세 가지 재료를 70도에 12시간 건조시킨다.(식품의 수분 탈수를 위한 작업)
4 와사비와 올리브, 케이퍼는 완전히 수분이 제거되면 따로 따로 블렌더에 곱게 간다.
5 곱게 간 재료를 고운 체에 걸러 굵은 것은 버리고 고운 가루만 남겨 사용한다.

재료

와사비 200g
블랙 올리브 200g
케이퍼 500g

memo
- 각각의 파우더를 어울리는 요리에 따라 소스처럼 사용하고, 베이컨과 블랙 올리브 또는 와사비와 베이컨을 섞어서 사용한다.
- 각각의 식품 건조 시 수분은 증발하되 짠맛의 나트륨 성분이 남아 있기 때문에 따로 소금을 첨가할 필요가 없고 음식에 바로 사용할 수 있다.
- 대량 첨가가 아닌 소량 첨가로 포인트를 주는 데 사용한다.

트렌디한 소스

로열 밀크티 거품
royal milk tea form

information

맛의 특징   우유 거품처럼 몽글몽글한 느낌과 홍차의 고급스런 느낌의 거품 소스

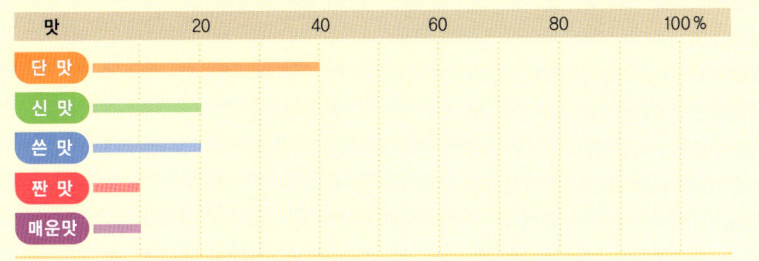

보관 기간   즉시 사용
어울리는 요리   해산물 구이, 샐러드, 애피타이저

거품 만들기

재료

1 정수에 홍차 티백을 넣고 은근한 불에 끓여 우려서 1/3로 졸인다.

2 졸인 홍차에 설탕을 넣어 완전히 녹인 후 우유에 홍차를 붓는다.

3 우유 넣은 홍차를 70도 정도가 되도록 따뜻하게 한 다음 핸드 블렌더로 갈아준다.

4 핸드 블렌더로 계속 갈아 거품을 충분히 일으켜서 거품만 떠서 사용한다.

홍차 티백 4개
(홍차 잎 5g)

정수 300mL

우유 400mL

설탕 2큰술

memo

우유가 70도에서 50도 미만으로 떨어지게 되면 거품이 잘 생성되지 않기 때문에 온도 유지가 중요하다. 60도에서 70도 사이가 거품 형성이 잘 이루어진다.

cooking plus

생선회 타르타르

diced fish fillet tartare

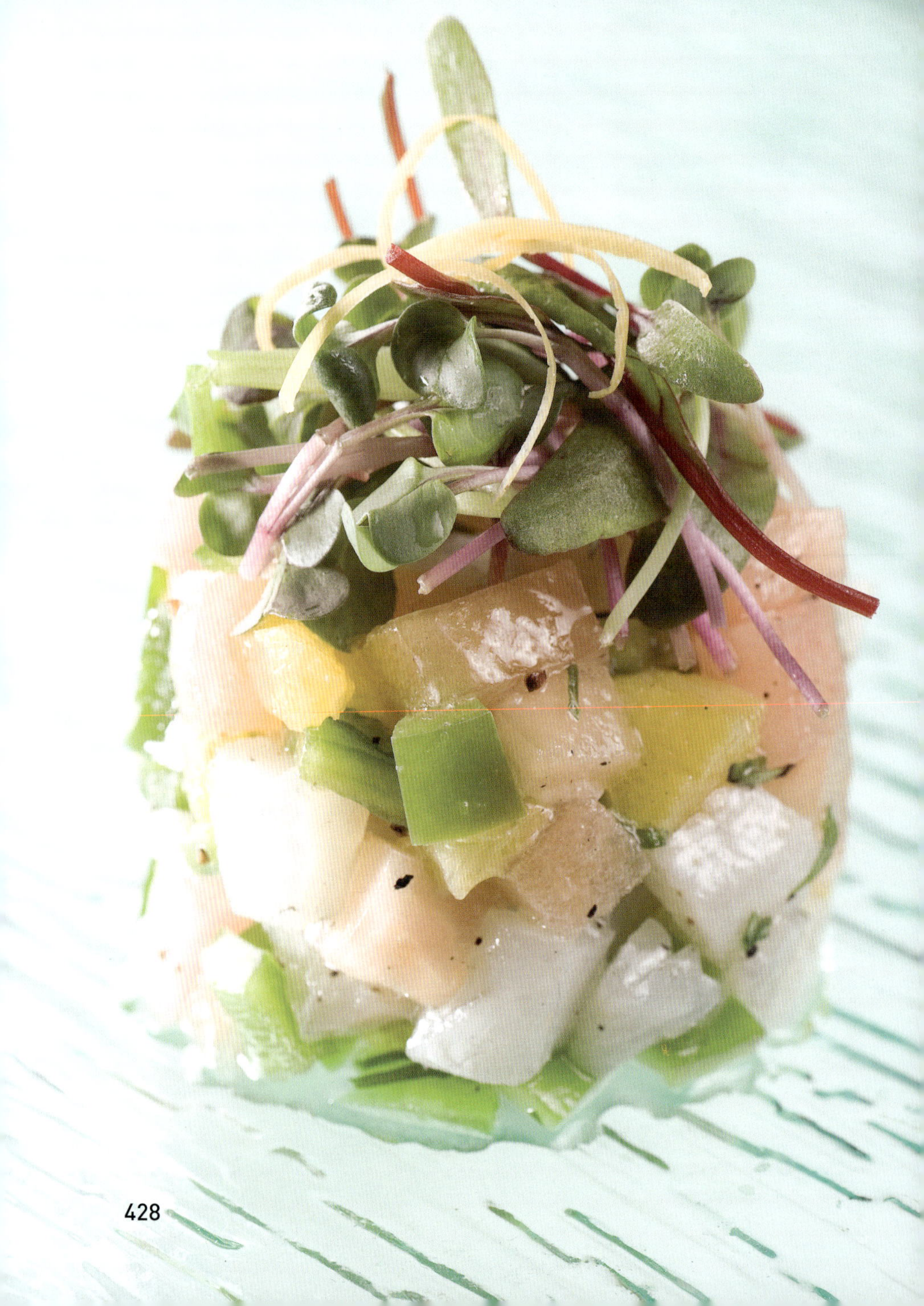

요리 만들기

1 광어살은 1.5cm 크기의 주사위 모양으로 자른다.
2 바질은 잘게 채 썰고, 광어, 제스트, 토마토 꽁까세, 청피망, 오렌지 과육은 1cm 크기의 주사위 모양으로 잘라 준비한다.
3 재료를 전부 섞어서 준비하여 틀 안에 채운다.
4 틀 안에 채운 내용물에 올리브오일을 조금씩 흘린다.
5 채운 틀을 내용물이 쓰러지지 않도록 조심스럽게 빼내면 완성된다.

요리와 어울리는 소스 폰즈 젤리

재료

광어살 100g
바질 5장
다진 제스트 1작은술
토마토 꽁까세 1큰술
청피망 1/3개
오렌지 과육 1/4개
엑스트라버진 올리브오일 1큰술
소금 약간
으깬 후춧가루 약간

- 타르타르는 요리의 한 방법으로 날생선이나 날육류를 여러 재료와 함께 작은 사이즈로 잘라 섞어서 만드는 것이다.
- 소스 중 타르타르 소스(탈탈 소스)는 마요네즈 베이스의 소스와 혼동되기 쉬우나 프랑스 조리법의 한 가지인 타르타르이다.

cooking plus

소프트 크랩 튀김

deep fried soft shell crab

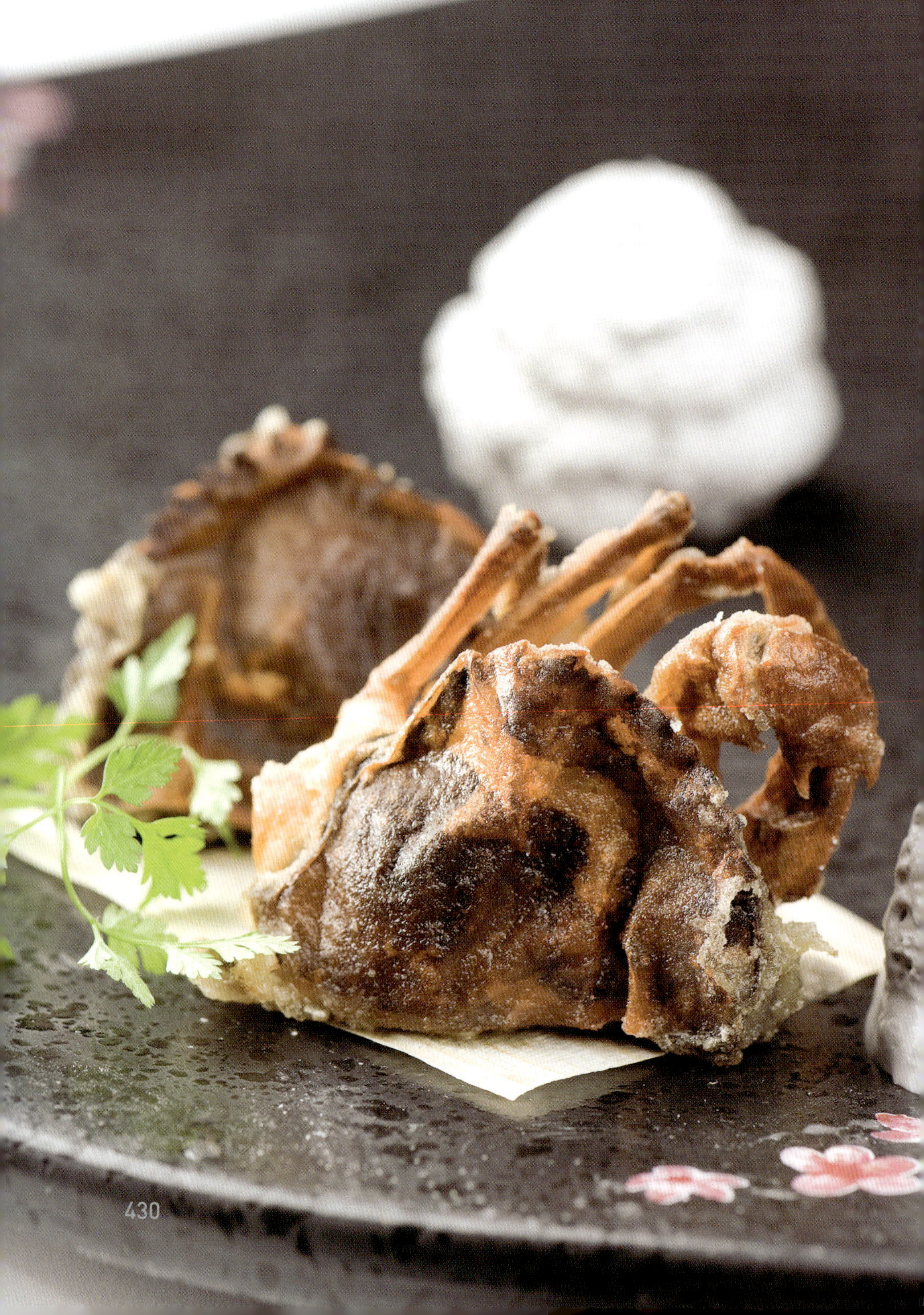

재료

냉동 소프트 크랩 3마리
마른 감자 전분 100g
식용유 1000mL
고르곤졸라 에스푸마(423쪽 참조)
샐러드 20g

요리 만들기

1. 냉동 소프트 크랩은 해동시켜 반으로 자른 후 자른 단면을 키친타월에 닿게 하여 물기를 최대한 제거한다.
2. 물기가 어느 정도 없어지면 마른 감자 전분을 크랩에 골고루 묻힌 후 170도 식용유에 바삭하게 튀겨낸다. 마른 키친타월에 밭쳐서 기름을 제거한다.
3. 에스푸마 기구를 이용하여 접시에 소스를 원하는 모양으로 짜고 소프트 크랩과 샐러드를 곁들여 요리를 완성한다.

요리와 어울리는 소스　고르곤졸라 에스푸마

소프트 크랩

　소프트 크랩은 주로 블루 크랩이 허물을 벗기 전에 어획하여 냉동시킨 제품인데 베트남, 태국, 대만 등 주로 동아시아에서 수입되는 식재료이지만 일식의 재료로 많이 사용하기도 한다.

연어 테린
salmon terrin

요리 만들기

재료

연어살 200g
바질 5장
다진 제스트 1작은술
소금 약간
후춧가루 약간
젤라틴 가루 2작은술
가정용 랩

1 바질은 잘게 채 썰어 준비하고, 연어는 잘게 잘라서 준비한다.

2 블렌더에 연어와 바질 채 썬 것, 제스트를 넣고, 소금, 후춧가루와 젤라틴 가루 1작은술을 함께 손으로 골고루 뿌려 넣고 곱게 잘 섞이도록 갈아준다.

3 도마 위에 랩을 깐 다음 나머지 젤라틴 가루를 펼쳐 놓는다.

4 곱게 간 연어를 랩 가운데 놓고 김밥 모양으로 만든 후 랩 밑 부분을 올려 김발로 감싸듯이 한 다음 잡아당겨 공기를 빼고, 양쪽 끝을 사탕처럼 양쪽 갈래를 꼬아서 압축시켜 묶는다.

5 냉장고에 2시간 정도 차갑게 두면 완성되며, 동전 모양처럼 잘라서 소스와 함께 곁들여 낸다.

요리와 어울리는 소스   컨템포러리 파우더, 폰즈 젤리

젤라틴 (gelatin)
동물의 가죽, 힘줄, 연골 등을 구성하는 천연단백질인 콜라겐을 뜨거운 물로 처리하면 얻어지는 유도단백질의 일종이다. 젤라틴은 단백질이기는 하나, 트립토판 등 영양상의 중요한 아미노산이 없거나 또는 적으므로 그 영향 가치는 적다.

소스 용어 해설

* **가쓰오부시** 가다랑어의 머리와 내장을 제거하여 쪄서 뼈를 발라낸 후, 불에 건조시킨다. 그리고 하루 동안 그대로 두었다가 다시 불에 쬐어 건조시키는 과정을 수차례 반복하여 충분히 건조시킨 후 1~2일 햇볕에 쬐어 밀폐된 상자에 넣어 약 2주를 두면 푸른 곰팡이가 핀다. 그것을 햇볕에 건조시킨 후 다시 상자에 넣어 곰팡이가 피도록 4~5회 반복하면 더 이상 곰팡이가 슬지 않는데, 완성품이 되는데 4~5개월 걸린다. 이렇게 완전 건조한 것을 종이보다 더 얇게 만든 것이다.

* **고수(코리안더)** 동양에서 많이 사용하는 허브 식재료로 쓰임새가 다양하다. 하지만 독특한 쌉싸름한 맛이 있어 싫어하는 사람도 많다. 쌀국수, 커리, 중국 음식과 김치류에도 많이 사용한다.

* **그레몰라타(gremolata)** 이탈리아 음식 중 오소 부꼬라는 송아지 정강이찜 요리에 즐겨 곁들이는 소스이다. 현재는 이 소스를 많이 응용하여 다양한 요리에 사용하고 있다.

* **기꼬망 간장** 기꼬망 간장은 일본의 대표적인 간장 브랜드로서, 간장 종류가 300가지이며 일본에서 가장 인정받고 있는 간장이다.

소스 용어 해설

* **기자메 소스**   기자메 소스는 '잘게 자르다' 라는 뜻의 키자무에서 유래된 일본식 채소 소스이다. 우리가 흔히 접하는 소스인데, 고기집에 가면 나오는 채소 소스로, 샤브샤브나 일식 레스토랑에서 많이 사용하는 채소 소스이다. 채소가 많이 들어있기 때문에 어느 샐러드류에나 잘 어울리며 만들기 간편하기 때문에 사용이 편리하다.

* **나시고렝(nasi goreng)**   미고렝과 마찬가지로 인도네시아 전통 음식이며, 나시는 쌀, 고렝은 볶음이란 뜻이다.

* **남플라(nam pla)**   태국의 유명한 발효 생선 소스이다.

* **너티(nutty)**   와인에서 견과류의 향이나 맛이 느껴질 때 사용되는 용어이다.

* **노르망디(normandy) 소스**   수산물과 육류가 풍부한 노르망디 지방에서 많이 해먹는 소스에서 유래된 것이다. 벨루테 소스에 생선 육수를 넣어 끓여 크림과 달걀 노른자로 농도를 맞추고, 이에 레몬즙과 소금, 후추 등으로 간을 한다. 새우나 굴을 숙성시켜 넣기도 하는데 변칙적으로 굴 소스를 넣어 향을 가미하기도 한다.

* **데리야키**   일본에서 처음으로 개발된 소스로 비프, 치킨, 장어 데리야키가 대표적인데 기본이 되는 재료와 채소를 구워서 간장과 물엿, 설탕을 물과 함께 첨가하여 오랫동

안 졸이는 소스이다. 어패류를 미림과 간장으로 만든 소스를 발라 윤기가 나도록 굽는 것을 말한다.

✱ **디포리**　밴댕이를 건조한 것으로 멸치보다 비린 향이 덜하고, 훨씬 더 담백하며 구수하다. 칼슘과 철분이 멸치보다 높아 골다공증 예방효과가 뛰어나고 불포화지방산이 많아 성인병에 좋다.

✱ **딜(dill)**　꽃·잎·줄기·종자를 허브로 사용하는데 잎은 꽃망울이 생기기 전에 수시로 수확한다. 씨는 소화, 진정효과, 최면효과가 뛰어나고, 구취 제거와 동맥경화증 예방에 좋으며, 베갯속으로 사용하면 숙면을 취할 수 있다고 한다. 잎의 향긋함이 비린내를 제거해 주기 때문에 생선 요리에 넣는 처빌과 함께 대표적인 허브이다.

✱ **레시틴(lecithin)**　유화제로 대두 단백으로 얻어지는 것이다. 물과 기름이 같이 섞이지 않는 것을 활성화시켜 서로 섞이도록 한다. 우리 몸 세포 구성에 있어서 경계, 테두리를 만들어주는 것이 레시틴이며, 담석, 피부병, 뇌세포에 영향을 주어 노인성 치매에도 효과가 있다.

✱ **로베르 소스**　식초와 화이트 와인을 이용해 만든 소스이다. 돼지고기, 쇠고기 등 육류 요리에 이 소스를 많이 사용한다.

✱ **르물라드(remoulade) 소스**　프랑스에서 개발된 이 소스는 타르타르 소스와 흡사하다. 타르타르 소스보다 르물라드는 좀 더 노르스름하다. 때때로 카레향을 첨가하고, 잘게 썬 피클을 넣기도 한다. 파프리카, 안초비 등을 다져서 넣으면 해산물 튀김 요리와 퐁듀 소스에도 잘 어울린다.

✱ **리치(litch)**　중국 남부가 원산지이며, 열매는 둥글게 생겼으며 겉면에는 거북의 등처럼 거칠고 돌기가 있다. 과육은 시고 달며 독특한 향기가 있어 생으로 먹는다. 피부 미용과 스테미너에 좋고 혈액 증강에 도움이 된다. 또한 양귀비가 즐겨 먹던 과일로 중국 남부에서는 과일 중의 왕이라 불린다.

✱ **마데이라 와인**　포르투갈에서 생산되는 와인 중에 대표적인 와인은 주정강화 와인인 포트와 식전 와인으로 유명한 마데이라가 있다. 포르투갈 마데이라 섬에서 생산되며, 인테넷 와인 구입처에서 쉽게 구매 가능하다.

✱ **마멀레이드**　마르멜로(marmelo)라는 펙틴질이 많은 과일을 설탕 조림한 것을 일컫

소스 용어 해설

는 말이었으나, 현재는 감귤류의 껍질로 만든 잼을 말한다. 껍질과 과즙을 물에 섞어서 약한 불로 끓이고, 설탕을 3~4 차례로 나누어 넣으면서 다시 약한 불에 끓여 완성한다.

✱ **무슬린(mousseline) 소스**   거품처럼 가벼운 느낌을 주는 소스로 홀랜다이즈 소스에서 파생된 소스이다. 홀랜다이즈 소스에 생크림과 레몬즙을 첨가해 만드는 소스로, 생선 요리와 해산물 요리에 많이 이용된다. 다임과 딜을 이용해 색다른 소스를 만들 수 있다.

✱ **미고렝(mi goreng)**   미고렝은 인도네시아의 전통 요리로 채소와 고기, 해산물, 달걀과 면을 함께 볶은 음식이다. '미(mee)'는 '국수', '고렝(goreng)'은 '볶음'이란 뜻이며, 원래 미고렝은 노란색이 나는 에그 누들인 미를 사용하는데, 면이 약간 두툼한 것이 특징이다.

✱ **미림(mirim)**   한국과 일본의 요리에 많이 사용하는 맛술이다. 찐 찹쌀에 소주와 누룩을 넣어 약 2개월 정도 발효시키면 누룩의 효소에 의해서 전분이 당화되며, 이것을 쪄서 여과시키면 투명한 액체가 된다. 포도당을 원료로 당류, 아미노산 등의 향질소 물질과 13~14% 정도 알코올이 함유되어 있다. 포도당 이외의 많은 당류가 들어 있어 순하고 고급스러운 맛을 낸다. 감미 조미료로서 다른 맛을 강조해 주고, 육질은 부드럽게 해 주며, 가열에 의해 향기가 나는데 식품 특유의 잡냄새를 없애주는 효과가 있다.

✱ **발사믹 식초**   진한 단맛을 내는 포도즙을 오크통 나무나 목질이 다른 나무통에 여러 번 옮겨가며 숙성시켜 만든 것이다. 보통 올리브오일과 섞어 샐러드 또는 식전 빵에 이용된다.

✱ **버터 마니에**   버터와 밀가루를 1:1로 섞어 반죽한 상태를 말한다. 팬에서 볶은 것을 색깔로 구분하여 화이트 루, 블론드 루, 브라운 루 3가지로 나눈다.

✱ **베어네즈(bearnaise) 소스**   정통 프랑스 소스로 식초, 와인, 타라곤, 샬롯을 넣어 졸인 후 걸러서 달걀 노른자를 넣고 중탕하여 반숙으로 익힌 다음 정제 버터로 유화시켜 만든 소스이다.

✱ **벨루테 소스**   루(밀가루를 버터에 볶은 것)에 치킨 육수, 생선 육수를 넣어 만든 화이트 소스이다. 벨루테 소스는 식재료에 따라 여러 가지로 파생되는 모체 소스이며,

어떤 종류의 스톡을 넣느냐에 따라 만들어지는 벨루테가 달라진다.

* **뵈르 블랑** 백색 버터를 의미하는 정통 프랑스 소스이다. 샬롯, 와인, 식초 등을 차가운 버터에 넣어 소스가 진하고 부드러워질 때까지 졸인 것이다.

* **브랜디(brandy)** 브랜디는 포도를 발효, 증류한 술에 붙인 명칭이다. 현재는 과실을 주원료로 하는 모든 증류주에 사용되고 있다. 브랜디라는 명칭은 꼬냑 지방에서 포도를 와인으로 만들어 다시 증류한 것을 반 브류레(Vin brule, 와인을 태운 것)라고 한 것에서 유래한다.

* **비가라드(bigarade) 소스** 프랑스에서 유래한 정통적인 브라운 소스로 쇠고기 육즙, 오리 육즙, 오렌지와 레몬 주스로 만든 오렌지 맛의 소스를 말한다.

* **비네가(vinegar)** 비네가는 식초라는 뜻으로, 각각의 식초가 갖는 맛과 향이 다르기 때문에 사용의 차이가 있다. 레드 와인 비네가, 화이트 와인 비네가, 셰리 와인 비네가, 샴페인 비네가가 있다.

* **살사(salsa)** 살사는 라틴 아메리카에서 요리에 사용되는 소스이다. 멕시코 음식 중 또띠야에 함께 곁들이는 토마토 살사가 가장 유명하다. 살사에는 찍어 먹는 소스도 있고, 살사의 내용물을 일정 모양으로 썰어 스푼으로 떠서 주요리와 함께 먹는 살사도 있다.

* **샬롯(서양 양파)** 고대 팔레스타인 도시 에스칼론에서 유래되었다. 통째로 오븐에 굽거나 잘게 다진 후 볶아 향을 내어 각종 소스나 생선 요리, 육류 요리에 곁들이며 다양한 샐러드 드레싱의 재료로 사용한다. 추위에 잘 견디고, 토양이 좋은 곳에서 잘 자란다. 이른 봄에 심어 가을에 거둬들인다. 작고 길쭉하며 양파보다는 마늘과 비슷한 형태로 아래쪽에서 무리지어 나온다. 맛이 순하여 녹색일 때 생으로 먹기도 한다.

* **사워 크림(sour cream)** 자연적인 방식이나 세균을 이용해서 발효시킨 크림으로, 떠먹는 요거트 같은 질감이다. 멕시코 음식이나 샐러드·빵·과자의 재료로 쓰거나 구운 감자에 얹어 먹는다. 레몬즙, 오이피클, 토마토, 양파 등을 섞기도 한다.

* **사프란(saffron)** 사프란은 창포, 붓꽃과의 일종으로 암술을 말려서 사용한다. 강한 노란색으로 독특한 향과 쓴맛, 단맛을 낸다. 주로 착색 및 방향제로 사용되며, 생선 요리의 소스 및 빵, 버터, 치즈, 과자류 등에 독특한 냄새와 색을 내기 위해 사용한다.

소스 용어 해설

해산물 요리, 파스타, 생선 요리에 잘 어울리고, 스페인의 파에야에 많이 쓰이는 재료이다.

* **수프림(supreme) 소스** 수프림 소스는 치킨 벨루테 소스를 모체 소스로 하여 만들어지는 여러 응용 소스 중 한 가지이다. 벨루테 소스에 생크림을 첨가해 만드는 소스로, 치킨 로스트는 물론 다양한 치킨 요리에 사용 가능한 소스이다. 또한 다양한 허브(로즈메리, 타임, 민트 등)를 사용해 소스의 풍미를 더욱 높일 수 있다.

* **쇼롱(choron) 소스** 옛날 프랑스 어느 주방의 이름을 딴 쇼롱 소스는 홀랜다이즈 소스에 토마토 퓌레를 넣어 분홍색이 되게 만든 소스이다.

* **시트러스(citrus)** 자몽, 오렌지, 귤, 레몬, 유자 등을 총칭하여 시트러스라 한다.

* **스트로가노프(stroganoff)** 옛날 러시아의 거상 스트로가노프 백작이 만찬을 하는데 쇠고기가 모자라 요리의 양을 늘리기 위해서 채소를 넣어 요리를 만든 것에서 유래가 되었다.

* **쓰리라차 소스** 쌀국수 요리에 많이 사용하는 매운 칠리 소스인데 쓰리라차는 태국의 지역 이름이다. 쓰리라차 지역에서 처음 만들었다고 하여 붙여진 이름이다.

* **아메리칸 머스터드(american mustard)** 미국의 핫도그에 사용되어 큰 인기를 얻었으며, 지금은 전 세계의 대중적인 식재료로 사용되고 있다. 주로 핫도그, 샌드위치, 햄버거 등에 많이 사용한다.

* **아이올리(aioli)** 다량의 마늘을 넣어 만든 프랑스 프로방스 스타일의 마요네즈이다.

* **안초비(anchovy)** 이탈리아어로 젓갈이란 뜻인데 정어리의 껍질과 뼈를 제거하고, 올리브오일에 재운 것을 말한다. 대부분은 수입하며 캔으로 가공된다. 주로 파스타, 샐러드 드레싱 등에 두루 사용된다.

* **알망드(allemande) 소스** 쇠고기 육수에 루(roux)를 첨가하여 만든 모체 소스로 송아지 고기에 많이 사용한다. 소스의 특징은 달걀 노른자로 마지막 농도, 색, 향, 맛을 조절하는 것이다.

* **유린기** 유린기(油淋鷄, 야우람까이)의 한자의 뜻은 뜨거운 기름을 뿌린 닭고기라는

뜻이며, 채소 위에 튀긴 닭고기를 얹은 뒤 청량고추와 홍고추를 가득 담은 간장 소스를 부어 먹는 음식을 말한다.

* **저염 간장**　일반 양조간장에 비하여 염도 수치를 낮춰서 제조한 것이다. 일반 양조간장의 염도는 15% 정도인데 11% 정도로 낮춰서 만들기도 하는데 짠맛의 느낌은 거의 구분이 없다고 한다. 신안에서 나오는 소금은 저염으로 유명한데 이 소금을 가지고 간장을 많이 만든다고 한다.

* **제스트**　레몬, 자몽, 오렌지류의 껍질을 잘게 채치거나 다진 것을 말한다.

* **젤라틴(gelatin)**　동물의 가죽, 힘줄, 연골 등을 구성하는 천연단백질인 콜라겐을 뜨거운 물로 처리하면 얻어지는 유도단백질의 일종이다.

* **처트니(chutney)**　익히거나 절인 채소와 망고, 파인애플, 기타 과일, 양파, 버섯, 건포도, 설탕, 향신료를 끓여서 잼처럼 만든다. 스테이크를 먹을 때 침샘을 자극해 고기를 잘 넘어가도록 하여 스테이크에 많이 사용한다. 커리 요리는 한 가지 이상의 처트니를 넣어 만들며, 서양의 처트니는 차가운 육류 요리와 함께 먹기도 한다.

* **컴포트(compote)**　생과일 또는 말린 과일을 설탕시럽이나 꿀을 넣어 천천히 요리한 것을 말하며, 와인이나 리큐르, 스파이스를 넣기도 한다. 프랑스어로 으깸을 말하며, 컴포트 요리는 오늘날 과일의 형태를 유지시키는 것을 말하고, 으깨어 설탕이나 꿀로 과일 졸임하는 것은 마멀레이드라 한다.

* **케이퍼(caper)**　지중해 연안의 식물로, 향신료로 이용하는 부분은 꽃봉오리이다. 후추 크기부터 강낭콩만한 것까지 다양하다. 주로 케이퍼는 식초에 절인 것이 판매되고 있다. 케이퍼는 식초나 소금, 기름에 절여서 육류나 기름기가 많은 생선 요리, 특히 연어에 생것을 다져서 소스나 드레싱, 마요네즈에 섞어 쓴다.

* **코리안더(coriander)**　미나리과 식물로 우리나라에서는 고수로 잘 알려져 있다. 이 식재료는 특유의 향이 강하기 때문에 식성에 따라 사용량을 조절한다. 중국을 포함한 아시아 전체에서 많이 쓰이는 식물이다.

* **코코넛 밀크**　코코넛은 반으로 쪼개면 과육과 물이 들어 있는데 물을 코코넛 워터라 한다. 맛은 고소하면서 약간 텁텁한 느낌이지만 열대 지방에서는 갈증 해소로 마시는 천연음료수이다. 프루트 칵테일 캔에 쫀득하고 투명한 정사각형의 묵 모양이 코코넛

소스 용어 해설

으로 만든 것인데, 나타 데 코코라고 한다.

* **콘소메(consomme)** 프랑스어로 '완성되다' 라는 뜻이며, 다진 쇠고기, 채소와 달걀 흰자, 허브와 스파이스를 넣어 오랜 시간 끓인 후 내용물을 걸러낸 맑은 수프이다.

* **콩까세** 토마토 껍질을 벗긴 후 과육만 1cm 주사위 크기 정도로 자른 것을 말한다.

* **쿨리(coulis)** 쿨리는 익힌 고기의 즙(jus)을 졸인 것에서 유래되었으나, 과일, 채소 등을 허브와 함께 끓여 졸인 것을 말하기도 한다. 대표적인 것은 쿨리스 토마토로 캔으로 수입되는 제품이 있다.

* **타르타르(tartar) 소스** 타르타르 소스는 주로 생선이나 새우튀김 요리에 많이 사용하는 소스이다. 타르타르 소스에 당근, 셀러리, 대파 등도 좋은 재료가 될 수 있다. 오랜 기간 보관할 경우 달걀은 사용하지 않는 것이 좋다.

* **타임(허브)** 타임은 '향기를 피운다' 라는 뜻이며 강한 향기는 보존제로도 사용하며 향이 멀리까지 간다하여 '백리향' 이라고 한다. 육류나 생선류, 수프, 진한 소스류 등에 사용되고, 비누나 샴푸, 미용 제품 등 생활 필수품에도 이용된다.

* **터메릭(turmeric)** 터메릭은 생강과에 속하는 식물로 강황 또는 심황이라 부른다. 인도가 원산지이며 동아시아, 아프리카, 호주 등에서 재배되며, 강한 향과 뿌리의 노란색은 착색제로 사용된다.

* **팟 타이(phat thai)** 타이의 대표적인 요리이다. 설탕과 레몬즙, 피시 소스를 넣어 단맛과 새콤한 맛, 짭짤한 맛이 나는 것이 특징이며, 모든 재료를 센 불로 빠르게 볶아야 맛있다.

* **페스토(pesto)** 페스토의 본명은 pesto genovese(페스토 제노베제)로 이탈리아 제노바 지역에서 유래된 소스이며, 주원료가 바질, 견과류, 올리브오일이다.

* **포트 와인(port wine)** 포르투갈에서 생산하는 포트 와인은 주정강화 와인(일반 와인에 비해 알코올 도수가 높은 와인)으로 알코올 농도는 19~22%이며, 일반 와인보다는 6~8도 알코올 도수가 높다. 와인 발효 공정 중에 브랜디를 넣어 양조하는 것이 특징이다.

* **퐁드뷰(fond de veau)** 송아지뼈와 정강이 고기, 마늘, 양파, 셀러리, 당근, 허브,

와인, 물 등을 넣고 일주일 이상 끓이는 기본 모체 소스이다. 하지만 요즘은 송아지뼈를 구하기 힘들어 소뼈(사골, 스지), 채소, 허브, 와인 등을 넣고 끓인다.

* **폰즈(ponzu)** 일본에서 많이 사용하는 소스로 간장을 물에 희석시켜 만드는 것이며, 이것을 기본으로 해서 다양한 재료를 사용하여 자신만의 소스를 만들 수 있다.

* **퓌레(purée)** 육류나 채소류를 갈아 체에 걸러 농축시켜 요리에 기본적인 맛을 내는 소스이다. 대표적으로 토마토 퓌레가 있으며 그 밖에 채소나 과일 등으로 만든다.

* **플람베(flamber)** 프랑스의 조리 용어로 조리 중이나 마무리 단계에서 와인이나 브랜디 등을 넣은 다음 불을 붙여 알코올 성분을 제거하여 향이나 풍미를 만드는 것이다.

* **피시 소스** 생선으로 만든 소스로, 서양 요리의 맛을 돋우기 위해 넣어 먹는 걸쭉한 액체이다. 피시 소스를 구입할 때는 갈색의 투명함이 선명하며 바닥에 가라앉은 것이 없는 것이 좋다. 통이 부풀거나 많이 찌그러진 것은 피한다.

* **핑크페퍼** 핑크페퍼는 붉은색이 나는 후추 열매를 소금물에 절여 건조시킨 것이다. 검은 후추와 흰 후추에 비해 딱딱하지 않으며 손으로도 쉽게 부스러질 정도로 부드러운 것이 특징이다.

찾아보기

[ㄱ]

가라아게 소스 ·················· 388
갈릭 안초비 오일 소스 ·············· 248
건포도 컴포트 소스 ················ 234
겨자 소스 ····················· 258
고르곤졸라 치즈 딥 ················ 72
고르곤졸라 치즈 소스 ··············· 140
곰취 바나나 소스 ················· 74
관자살 구이와 부드러운 달걀 카스텔라 ······ 340
구운 농어와 오븐 드라이 토마토 ·········· 342
구운 마늘 소스 ·················· 108
구운 사과 소스 ·················· 220
구운 아스파라거스와 해산물 샐러드 ········ 102
국수 양념장 ···················· 348
그린페퍼 소스 ··················· 204
기자매 소스 ···················· 30

[ㄴ]

나시고렝 소스 ··················· 374
남플라 소스 ···················· 40
너티 치킨볼 ···················· 216
노란 피망 소스 ·················· 320
노르망디 소스 ··················· 260

[ㄷ]

다데기(양념장) ··················· 382
닭다리살 탕수육 ·················· 392
대추 발사믹 소스 ················· 180
대추 오일 소스 ·················· 306

돼지 항정찜 ···················· 192
등갈비 양념 ···················· 188
딜 사워 크림 소스 ················· 322
땅콩 소스 ····················· 378
뜨거운 오렌지 소스 ················ 222

[ㄹ]

레드 와인 소스 ·················· 114
레드 와인 양파 소스 ················ 228
레몬 버터 소스 ·················· 314
레몬 소스 ····················· 384
레몬향 피클 소스 ················· 60
로메스쿠 소스 ··················· 76
로베르 소스 ···················· 174
로즈메리향 크림 소스 ··············· 212
르물라드 소스 ··················· 268

[ㅁ]

마늘 머스터드 소스 ················ 144
마데이라 와인 소스 ················ 148
맑은 간장 소스 ·················· 136
망고 요거트 살사 ················· 34
망고 할라페뇨 소스 ················ 226
매운 고추 소스 ·················· 168
매운 돼지갈비찜 양념 ··············· 186
매운 베이컨 소스 ················· 90
매운 크레송 페스토 ················ 304
멍게 살사 ····················· 270
멕시칸 소스 ···················· 138
멜론 오일 소스 ·················· 312
명란 로제 소스 파스타 ·············· 352
모네이 소스 ···················· 288
모차렐라 풍선과 아보카도 살사 ·········· 100
몽골리안 소스 ··················· 202
무슬린 소스 ···················· 292
무화과 소스 ···················· 170
미고렝 소스 ···················· 368
미트 소스 ····················· 358
민트 오일 소스 ·················· 316

찾아보기 **443**

민트 초콜릿 소스 ····· 400

[ㅂ]

발사믹 소스 ····· 110
발사믹 오일 소스 ····· 58
배 쿨리 소스 ····· 130
버섯 라구 소스 ····· 356
버섯 오일 소스 ····· 82
버섯 치즈 크림 소스 ····· 230
버섯 퓌레 ····· 146
베어네즈 소스 ····· 96
베이컨 크림 소스 ····· 94
복분자 소스 ····· 112
뵈르 블랑 ····· 266
불고기 양념 ····· 154
비빔냉면 양념 ····· 350
비빔밥 양념 ····· 370
비프 데리야키 소스 ····· 120
비프 카르파치오 ····· 160

[ㅅ]

사과 크림 소스 ····· 210
사프란 크림 소스 ····· 264
삼겹살 수육 ····· 190
새우 볼 ····· 338
생강 레몬 소스 ····· 296
생선 조림 양념 ····· 332
샤브샤브 ····· 390
샴페인 비네가 소스 ····· 32
샴페인 사바용 소스 ····· 406
성게알 아이올리 ····· 276
소 갈비찜 양념 ····· 158
소바 육수 ····· 362
쇼롱 소스 ····· 242
수프림 소스 ····· 284
숙주 치킨 스테이크 ····· 214
스시 소스 ····· 278
스위트 생강 소스 ····· 238
스위트 생강 처트니 ····· 308

스트로가노프 소스 ····· 150
스파이시 버터 ····· 116
스파이시 토마토 살사 ····· 254
시저 드레싱 ····· 52
시트러스 그레몰라타 ····· 324
시트러스 살사 ····· 46
씨겨자 소스 ····· 24
씨겨자 허니 소스 ····· 126

[ㅇ]

아메리칸 소스 ····· 298
아보카도 오일 소스 ····· 62
아이올리 소스 ····· 274
안초비 버터 ····· 272
안초비 오일 소스 ····· 128
알망드 소스 ····· 208
애플 시나몬 소스 ····· 196
애플 처트니 ····· 232
액젓 소스 ····· 172
야생초 페스토 ····· 38
양송이 소스 ····· 122
양파 소스 ····· 132
에스프레소 크림 소스 ····· 402
열대 과일 소스 ····· 88
오렌지 마멀레이드 소스 ····· 198
오렌지 민트 크림 소스 ····· 224
오렌지 캐러멜 소스 ····· 398
오로라 소스 ····· 300
오리 가슴살 스테이크 ····· 244
오리엔탈 과일 소스 ····· 134
오삼 불고기 양념 ····· 184
올리브 오이 소스 ····· 68
올리브오일 마요네즈 소스 ····· 50
와사비 마요네즈 소스 ····· 44
와사비 오일 소스 ····· 42
와사비 폰즈 ····· 256
유린기 소스 ····· 386
유자 장미 소스 ····· 166
육회 양념 ····· 334

으깬 감자와 안심 스테이크 ········· 162
이탈리안 드레싱 ···················· 92
인삼 허브 오일 소스 ················ 26

[ㅈ]

자몽 비가라드 소스 ················ 236
장어 고추장 양념 ·················· 330
장어 데리야키 소스 ················ 328
졸인 오렌지 소스 ·················· 240
중화풍 스테이크 소스 ·············· 118
짜장 소스 ························· 366

[ㅊ]

참깨 마요네즈 소스 ················· 84
참깨 소스 ························· 106
채소 크림 소스 ···················· 206
체리 컴포트 소스 ·················· 408
초 된장 소스 ······················ 294
초고추장 소스 ····················· 280
초콜릿 생강 소스 ·················· 318
치킨 데리야키 소스 ················ 200
칠리 소스 ························· 380
칠리 스위트 소스 ···················· 36

[ㅋ]

캐러멜라이즈 소스 ················· 396
커리 소스 ························· 372
케이퍼 두부 퓌레 ·················· 252
케이퍼 소스 ······················· 250
코코넛 밀크 소스 ··················· 22
콩 푸딩 ··························· 98
키위 오일 소스 ····················· 56

[ㅌ]

타르타르 소스 ····················· 302

타이 바비큐 소스 ·················· 182
토마토 마늘 오일 소스 ············· 178
토마토 살사 ························ 86
토마토 소스 ······················· 360
토마토 오일 소스 ··················· 70
토마토 크림 소스 ·················· 176

[ㅍ]

파인애플 살사 ······················ 80
팟 타이 소스 ······················ 364
포도 컴포트 소스 ·················· 404
포르치니와 치즈 크림 소스 ········· 354
포메리 머스터드 소스 ·············· 142
프렌치 마요네즈 소스 ··············· 64
프렌치 오일 소스 ··················· 66
프로방살 소스 ····················· 152
핑크페퍼 소스 ····················· 310

[ㅎ]

할라페뇨 살사 ····················· 282
허브 머스터드 크림 소스 ··········· 326
허브 오일 소스 ····················· 78
허브 크림 소스 ···················· 290
허브향 연어 절임 ·················· 336
호두 소스 ·························· 28
홀스래디시 요거트 소스 ············· 48
홍피망 크림 소스 ·················· 262
화이트 와인 소스 ·················· 286
회냉면 양념 ······················· 346
후추 소스 ························· 124

기타

1000 드레싱 ······················· 54
L.A 갈비 양념 ····················· 156

맛있는 소스백과

2012년 7월 10일 1판 1쇄
2022년 3월 10일 1판 6쇄

저자 : 안충훈 · 조원기
펴낸이 : 남상호

펴낸곳 : 도서출판 **예신**
www.yesin.co.kr

(우)04317 서울시 용산구 효창원로 64길 6
대표전화 : 704-4233, 팩스 : 335-1986
등록번호 : 제3-01365호(2002.4.18)

값 24,000원

ISBN : 978-89-5649-101-1

* 이 책에 실린 글이나 사진은 문서에 의한 출판사의
  동의 없이 무단 전재 · 복제를 금합니다.